Ecos Rosenroman
Ein Kolloquium

Herausgegeben von Alfred Haverkamp und Alfred Heit

Deutscher
Taschenbuch
Verlag

dtv

Originalausgabe
August 1987

Umschlaggestaltung: Celestino Piatti
Umschlagbild: Tullio Pericoli
Gesamtherstellung: C.H. Beck'sche Buchdruckerei, Nördlingen
Printed in Germany · ISBN 3-423-04449-7

Inhalt

Vorwort 7

ALFRED HEIT
Einleitung 11

HERMANN KLEBER
Der Autor und sein Roman
Hinführung zu Umberto Ecos ›Der Name der Rose‹ 19

JÖRN GRUBER
Spiel-Arten der Intertextualität im ›Namen der Rose‹
Aus der Werkstatt eines literarischen Falschmünzers
oder
Über die Kunst, aus fremden Texten neue Bücher zu machen 60

GEORG WIELAND
Gottes Schweigen und das Lachen der Menschen 97

MICHAEL THOMAS
Die mystischen Elemente und ihre Funktion im Roman ›Der Name der Rose‹ 123

ALFRED HEIT
Die ungestillte Sehnsucht – Geschichte als Roman 152

ERNST VOLTMER
Das Mittelalter ist noch nicht vorbei . . .
Über die merkwürdige Wiederentdeckung einer längst vergangenen Zeit und die verschiedenen Wege, sich ein Bild davon zu machen 185

Die Herausgeber und Autoren 229

Die im Text in Klammern stehenden Kürzel bedeuten:

R = Umberto Eco, Der Name der Rose. Roman. München 1982 (Hanser) und München 1986 (dtv).

N = Umberto Eco, Nachschrift zum ›Namen der Rose‹. München 1983 (Hanser) und 1986 (dtv).

Zu den mit Autorennamen angezeigten Werken befinden sich die bibliographischen Angaben in den Literaturverzeichnissen am Schluß der Beiträge; die Ziffern verweisen auf die Seitenzahlen.

Für die Kürzel im Beitrag von J. Gruber vgl. die Fußnote auf Seite 61.

Vorwort

Der hier vorgelegte Essayband steht auf seine Weise im Sog der Wirkung von Umberto Ecos Roman ›Der Name der Rose‹. Der Untertitel »Ein Kolloquium« bezieht sich auf die von den Professoren Alfred Haverkamp und Georg Wieland geleitete interdisziplinäre Veranstaltung an der Universität Trier im Wintersemester 1984/85, die sich unter reger Anteilnahme und mit eindringenden Referaten zahlreicher Studentinnen und Studenten Ecos Roman fachspezifisch näherte. Auch die Beiträger dieses Bandes wirkten mit, außer Professor Jörn Gruber, den eine Gastprofessur fernhielt. Der in der gemeinsamen Arbeit gezogene weite thematische Horizont mußte auf einige wenige, schärfer auf Interpretation hin gestellte Fragen eingegrenzt werden, doch hat er in vielen Reminiszenzen und Spiegelungen fruchtbar weitergewirkt. Die straffen thematischen Vorgaben der Veranstaltung wurden zugunsten individueller Gestaltung aufgelöst – wie wir hoffen, nicht zum Nachteil des Unternehmens, das durch enge kooperative Kontakte der Autoren seine Kohärenz behielt oder neu gewann. Die einzelnen Essays zeigen intensive Berührungspunkte der Wissenschaften mit Ecos realitäts- und ideengesättigter Romanwelt auf, zum andern offenbaren sie eine nur mit Hilfskonstruktionen überbrückbare Andersartigkeit von Romanwelt und Forschungswelt.

Der Band erscheint in ausgewogener Interdisziplinarität: Je zwei Beiträge entstammen der Sprach- und Literaturwissenschaft (H. Kleber, J. Gruber), der Philosophie und Theologie (M. Thomas, G. Wieland) und der Geschichte (A. Heit, E. Voltmer).

Hermann Kleber bietet eine literaturwissenschaftliche »Hinführung«, die er mit der »Einladung« zu einem so angeleiteten »(zweiten) Lesen« eröffnet. Den Skizzen über Autor und Buch folgen Ausführungen über die Erwartungen des Lesers und zum Aufbau des Romans wie auch zur Erzähltechnik, die in anschaulichen Details textnah dargeboten werden. Schließlich führt er die von Eco spielerisch eingesetzten Elemente des »postmodernen Vergnügens« vor und gibt dem Leser Anstöße zu einer Deutung des Romans als einer »ästhetischen Weltorientierung«.

Jörn Gruber unternimmt es, in Eco »einem der erfolgreichsten faux-monnayeurs der Weltliteratur auf die Schliche zu kommen«. Das vorangestellte Motto macht in seiner Übertreibung die »Unendlichkeit« des Untersuchungsfeldes sinnfällig. (Nicht, daß Eco alle Texte verwendet hätte, aber »alle« müssen durchforscht werden.) Die Untersuchung konzentriert sich auf das besonders ergiebige vorletzte Kapitel des dritten Tages und enthüllt in einem vergleichenden Textverhör Ecos Umgang mit seinen mittelalterlichen Quellen, wobei zugleich ein Beitrag zur Übersetzungskritik und zu einer subtilen, philologisch fundierten Charakterzeichnung Adsons geleistet wird.

GEORG WIELAND projiziert in seiner Abhandlung, die auf die Herausarbeitung und Bewertung der zentralen religiös-humanitären These des Romans zielt, die beiden einander spannungsreich zugeordneten Pole der Fragestellung auf deren Enuntiationsinstanz, den »Helden« William von Baskerville. Er stellt dabei Ecos Konzeption der »geistigen Gewährsmänner« Williams (Robert Grosseteste, Roger Bacon und William von Ockham) und der von ihnen konstituierten »mittelalterlichen Achse der Progressivität« auf den Prüfstand einer eindringlichen philosophie- und theologiegeschichtlichen Analyse.

MICHAEL THOMAS untersucht die mystischen Elemente des Romans und fragt »nach ihrer Funktion im Kontext und ihrer möglichen Bedeutung für ein Gesamtverständnis des Romans«. Untersuchungsschwerpunkte bilden die »Liebesszene Adsons« und »Adsons Schlußsentenzen« unter Heranziehung weiterer mystikbezogener Textstellen. Im Zusammenhang der Frage von Ecos Mystikverständnis wird auch dessen Verhältnis »zu einer ›neuen‹ Mystik unserer Tage« beleuchtet.

ALFRED HEIT begibt sich ins Spannungsfeld der Geschichte zwischen Wissenschaft und Roman. Vor dem Hintergrund der immanenten Überzeugung, daß Sinnlichkeit und Emotionalität brisante, aber notwendige Kategorien des Umgangs mit Geschichte sind, entwickelt er die »sinnliche Lesart« des (historischen) Romans: Antwort zu sein auf eine »ungestillte Sehnsucht«.

Im Beitrag von ERNST VOLTMER signalisieren bereits die vorangestellten Motti die Dimension des essayistischen Ausgriffs. In seinem von Ecos Roman »in Gang gesetzten Nachdenken über das Mittelalter und über die verschiedenen Bilder vom Mittelalter« handelt er in einer »lockeren, eher unernsten Form der Darstellung« in thematischer Dichte die hier nachzufragenden Aspekte ab, wobei er – ausgehend von einer themaspezifischen Analyse des Romans – seinen Blick ebenso intensiv auf das eigene Fach wie auf außerfachliche gesellschaftliche Phänomene richtet.

Der Dank der Herausgeber gilt den Beiträgern, aber auch allen Teilnehmern der obengenannten Veranstaltung für ihre lebhafte Mitarbeit.

Die Literaturangaben zu den einzelnen Beiträgen sind in der Konsequenz des essayistischen Stils in der Regel sparsam gehalten. Zur Vervollständigung des Literaturspektrums ist daher anzuraten, jeweils die Literaturangaben auch der übrigen Beiträge zu beachten.

Trier, im Januar 1987 Alfred Haverkamp, Alfred Heit

Alfred Heit
Einleitung

Umberto Ecos Erfolgshunger, den er in seiner ›Nachschrift‹ geflissentlich Alessandro Manzoni unterschiebt, gerinnt zu einer phantastisch anmutenden Zahl: »Fünfundzwanzig Millionen (Leser), das wollte er.« (N 58) Dem nüchtern nachrechnenden Erfolgsstatistiker des beginnenden Jahres 1987 erscheint diese Zahl nun keineswegs mehr so unwirklich: der Dimension nach ist Eco längst da. Nach dem letzten Magazinbericht aus dem Ursprungsland dieses Erfolgswunders, an dem die Experten herumrätseln, liegt die Zahl der verkauften Exemplare bei fünf Millionen (Dini; vgl. die Bibliographischen Nachweise). Hierzulande signalisierte dtv just zum 25jährigen Verlagsjubiläum für die Taschenbuchausgabe die Überschreitung der Millionengrenze. Der Carl Hanser Verlag hat auch für die nach der deutschen Erstausgabe 1982 ff. gestartete Luxusausgabe in der Rangliste der Bestseller des deutschen Buchmarkts beachtliche Plätze behaupten können. Das im Jahre 1980 von der Verlagsgruppe Fabbri, Bompiani, Sonzogno, Etas S. p. A., Mailand, nicht ohne gelinde Skepsis lancierte Unternehmen hat sich lawinenhaft Bahn gebrochen. Unmittelbar nach seinem Erscheinen hat der Roman in Italien Furore gemacht und den Literaturbetrieb in den Folgejahren nachhaltig geprägt (vgl. Battaggion). In 25 Sprachen wurde er übersetzt, und auch in den Übersetzungen wiederholte sich der spektakuläre Erfolg.

Am 16. Oktober 1986 lief in der Bundesrepublik der unter der Regie von Jean-Jacques Annaud entstandene und von Bernd Eichinger mit einem Aufwand von 46 Millionen D-Mark produzierte Film an. Trotz schlechter bis vernichtender deutscher Kritiken (vgl. Seidel, Künzel, Schödel) erreichte er nach knapp vier Wochen eine Besucherzahl von drei Millionen und spielte bis dahin 22 Millionen D-Mark ein. Ecos eigene Stellungnahme zum Film schnitt allen penetranten Nach-Fragern das Wort ab (›Prima e ultima dichiarazione‹). Der in den USA bereits Ende September 1986 gezeigte Film wurde als Enttäuschung registriert. Mit der negativen Filmkritik meldeten sich auch die bisher zurückhaltenden Kritiker (und Neider) zu Wort (vgl. Cotroneo).

Eine sechsstündige Hörspielfassung von Richard Hey strahlte der Südwestfunk (SWF 1) im Dezember 1986 und Januar 1987 in vier Teilsendungen aus. Die neu hinzugetretenen Medien Film und Funk, die für ihre Bedürfnisse teils drastische Schnitte und Veränderungen am Original vornahmen, verstärkten den Verkaufserfolg des Buches eher, als daß sie ihn schmälerten.

Der Ruhm des Romanautors Eco, der den wissenschaftlichen Erfolg des Semiotikprofessors längst hinter sich ließ, expandierte weltweit. Das amerikanische Magazin ›Newsweek‹, das bisher nur sehr wenigen Persönlichkeiten der europäischen Kulturszene gesteigerte Aufmerksamkeit zuwandte, präsentiert auf seinem Titelbild der Ausgabe vom 22. Dezember 1986 Eco in der Totale. In dem bewundernden Titel ›The Code Breaker‹ steht der Semiotiker im Abglanz des Erfolgsautors (»... has won fame and fortune«). Der Hanser Verlag bringt einen Aufsatzband heraus, der über Ecos Roman ›33 Lesarten aus West- und Osteuropa, Nord- und Südamerika‹ vereinigt.

Die Rezeptionsanalytiker werden mit Ecos Roman noch einige Zeit unter vielfältigen Aspekten beschäftigt sein. Denken wir beispielsweise an die ungezählten Veranstaltungen im öffentlichen Bildungsbereich, die Preisverleihungen in Italien (Premio Strega 1981), Frankreich (Prix Medici 1982) und Kanada (McLuhan-Preis 1985). Vorab bieten journalistische Repräsentativumfragen nicht uninteressante Aufschlüsse über elementare Fragen der Verbreitung wie auch der inhaltlichen Aneignung des Buches. Das obengenannte italienische Magazin ›Panorama‹ hat dazu bei rund 900 italienischen Probanden mit mindestens höherer Schulbildung quantifizierend ermittelt. Über 40 Prozent erwarben den Roman aufgrund der Erfolgsfama oder auf Empfehlung von Freunden, etwa 10 Prozent erhielten ihn geschenkt, um 16 Prozent gehörten zum Leserstamm Ecos. Fast 63 Prozent hatten den erworbenen Roman ganz gelesen – ein knappes Drittel der Leser las ihn zweimal oder öfter –, der Rest legte ihn entweder beiseite, brach die Lektüre ab oder nahm sie sich lediglich vor. Nur 6 Prozent gehörten zu den Lesern der ersten Stunde. Um 70 Prozent waren von der Lektüre begeistert, um 80 Prozent sprachen dem Roman eine nachdrückliche Erfolgsberechtigung zu. Etwa 45 Prozent der Leser hatten bereits den zur Zeit der Umfrage noch nicht allzulange angelaufenen Film gesehen. Ein für die Rezeptionsermittlung nicht unwesentlicher Aspekt, nämlich die private und öffentliche Ausleihe, blieb unberücksichtigt.

Die von Burkhart Kroeber übersetzte deutsche Erstausgabe des Jahres 1982, der die emphatische italienische Rezeption in die Segel blies, fand raschen und meist ungeteilten Beifall. Stimmen von Gewicht in maßgebenden Tageszeitungen, Zeitschriften und Magazinen bahnten neben der gezielten Werbekampagne des Hanser Verlages den Weg zu den vorderen Plätzen der Bestsellerlisten. Die kriminalistische Lesart vor allem hatte es den ersten Begutachtern angetan (vgl. Zimmer, Vollenweider, Drews, Gustafsson, Blake, Aschenbrenner, Imbach).

Alsbald folgten fachwissenschaftlich vertiefte Interpretationsansätze, entspannen sich Kontroversen. Heinz Robert Schlette (›Nur noch nackte Namen ...‹) liest den Roman als »explosive und radikale Kritik«, sieht Ecos Werk selbst als »Produkt des Zweiten Buches der Aristotelischen Poetik«, das »mit seiner Ironie nicht nur die Epoche ›Mittelalter‹, sondern das christliche Dogma schlechthin« überwinde. »So gelesen bietet Eco eine Perspektive, die in ihrer kritischen Radikalität und in ihrem religiös-humanistischen Verheißungspotential vielfach erst umrißhaft erkannt wird.« Harald Weinrich (›Unser Mann im Mittelalter‹) ergänzte seine Gegenüberstellung von Ecos William mit Viktor von Scheffels Ekkehard in seinem Festschriftbeitrag für Hans-Ludwig Scheel zu »Vergleichende(n) Bemerkungen zu Scheffel, Hesse und Eco«, die Ekkehard, Narziß und Goldmund mit William zu einem Reigen historischer Romanfiguren kombinieren. Doch müßten seine mit dem Silberstift gezeichneten hauchzarten Konturen in erneutem Ansatz kräftiger herausgearbeitet werden. Der im Titel ›Erzählte Semiotik‹ von Werner Hüllen wieder aufgegriffenen These (ähnlich Sabin) hatte Ursula Schick bereits entschieden widersprochen. Die Titelverheißung ›Das Geheimnis der Rose entschlüsselt‹ ihres gemeinsam mit Klaus Ickert geschriebenen Buches dürfte als »vorschnell« freilich auch nicht unwidersprochen bleiben. Hans-Jürgen Bachorski gab ein Sammelwerk heraus, das Erträge von »Lektüren« unter den Aspekten »Professorenroman«, »Bauplan und ... Erzählweise«, »historischer Roman«, »Kriminalroman«, »detektivische Logik«, »verkehrte Welt«/»Poetik der Umkehrung«, »Lachen«, »Zeichen«, »Literaturbetrieb«, »geplante(r) Erfolg« zusammenfaßte. In der von Renato Giovannoli herausgegebenen Sammlung ›Saggi su *Il nome della Rosa*‹, die 35 thematisch weitgefächerte Beiträge enthält, begegnen auch etliche Übersetzungen ins Italienische, so H. Weinrich und U. Schick. Der Band enthält eine Auswahlbibliographie, die ihrerseits die auf vollständige Literaturerfassung ausgehende Dissertation von Barbara Niederer als Ergänzungsquelle zitiert. Das deutschsprachige Pendant erscheint, von Burkhart Kroeber herausgegeben, beim Carl Hanser Verlag (›Zeichen in Umberto Ecos Roman ...‹).

Mitten ins Stimmengewirr der internationalen Ausdeuter ließ sich der Meister nun noch selbst vernehmen, freilich nicht in der Weise erschöpfender Auskunft, schon gar nicht einer Interpretation. Ecos ›Nachschrift‹, im italienischen Original 1983, in deutscher Übersetzung 1984 erschienen, schafft hier von vornherein klare Verhältnisse: »Ein Erzähler darf das eigene Werk nicht interpretieren, andernfalls hätte er keinen Roman geschrieben, denn ein Roman ist eine Maschine zur Erzeugung von Interpretationen.« (N 9f.) Ecos Einlassungen sind alles andere als kalmierende Schlußstriche, sie sind Stimulantia für den Leser, dem Eco zeigt, was man wo und wie noch alles suchen könnte, womit er den Dechiffrierkrieg gegen sich erst recht entfesselt. Der Gefahr der Banalisierung, die in der Versuchung liegt, den Roman als simpel diffamierenden Kirchenkrimi zu lesen, schiebt Eco einen wirkungsvollen Riegel vor, indem er den Kriminalroman als das »metaphysischste und philosophischste« Handlungsmuster (N 60) vorstellt. (Allerdings fühlt sich der Leser – wie bei Eco fast immer – auch auf diesem Boden schwanken.) Eco, der Stratege des Konzepts ›Lector in fabula‹, hat nun von dem, was er sich wünschte, die Fülle, ja das Übermaß. Noch immer zeigen die Interpreten keine Ermüdungserscheinungen. (Die »Zeitschrift für Kultur« ›Umbruch‹ stellt das Septemberheft 1986 ganz ins Zeichen von Ecos Roman.) Klaus Ickert und Ursula Schick bieten gar in Weiterführung der econischen Strategie die ungezählten quizgeübten und -besessenen Leser als Verstärkung auf, um die im Text noch nicht »entschlüsselten« Geheimnisse zu lüften. Dieser Heerbann von Interpreten und »Privatdetektiven« droht den Autor zu erdrücken. Jürg Altwegg fragte ihn: »Ist der Erfolg der ›Rose‹ für Sie zum Fluch geworden?« Darauf Eco: »Nicht gerade – aber zum Problem. Auch psychologisch. Man schreibt ein Buch, alle lesen und alle lieben es. Als Verfasser ist man darüber glücklich. Aber man kann schließlich auch vor lauter Liebe sterben. Und beginnt, sie zu verfluchen.«

Bei diesem Pfingsten der »freien« und »fachgebundenen« Interpreten zählen die Wissenschaftler in der Regel zu dem Kreis, den man die »anspruchsgehemmten Mittäter« nennen könnte.

Doch gestaltet sich ihre Distanzierung zu einer Facette des Rezeptionsprozesses und mündet in milde Selbstironie. Ecos entwaffnende und zugleich ansteckende Leichtigkeit – nicht Mühelosigkeit! – bei unverminderter Treffsicherheit der Behandlung wissenschaftlicher Problemkomplexe und ihre Anbindung an das »Leben« des nicht nur von rationalen Bedürfnissen beherrschten Menschen hat hier, insbesondere vielleicht in der Geschichte, manche unterschwellig gehegte Kritik gegen das eigene Fach entbunden. Der von Horst Fuhrmann am 1. September 1985 in Stuttgart zum Abschluß des »16. Internationalen Kongresses der Geschichtswissenschaften« gehaltene Vortrag ›Mundus vult decipi. Über den Wunsch des Menschen, betrogen zu werden‹ steht mit seiner Anzeige von Ecos Roman im ›Deutschen Archiv‹ in einem beziehungsreichen inneren Zusammenhang, obwohl er nicht formuliert wird. Bezeichnend im Sinne zurückhaltender geschichtswissenschaftlicher Rezeption des Romans die Schlußbemerkung: » ... auch der ernsthafte Mittelalterforscher sei auf dieses Lesevergnügen hingewiesen – daher eine Anzeige, selbst im DA, dem man ob dieses Hinweises die Seriosität hoffentlich nicht absprechen wird«. Fuhrmann war es auch, der als Präsident der »Monumenta Germaniae Historica« Eco einlud, den eröffnenden Festvortrag ›La falsificazione ieri e oggi‹ auf dem Münchener Kongreß über mittelalterliche Fälschungen zu halten (16. September 1986).

Zögernd und meist unter dem Eindruck des stupenden Erfolgs des Romans läßt sich das Fach Geschichte herbei, öffentlich Stellung zu beziehen. Das von Max Kerner als Herausgeber betreute Sammelwerk ›... eine finstere und fast unglaubliche Geschichte?‹ begründet sich nicht zuletzt damit, daß »der professionellen Mittelalterforschung ... eine solche Entwicklung von Einfluß und Wirkung nicht gleichgültig sein (kann)«. Jürgen Petersohn geht jedoch bereits von der Frage nach den »Ursachen und den Folgen der großen Wirkung von Ecos Roman« aus. Er liefert in ansprechender Durchführung ein Beispiel dafür, daß etliche Fachwissenschaftler über Eco ins Grübeln geraten, ja in Selbstzweifel verfallen. Ecos Mittelalter erscheint so nicht nur »vu par un tempérament« (E. Zola), sondern als sinnkonstituierende Darstellung von überlegener Konsistenz. Vielleicht kann Ecos Roman mindestens die für die Praxis unerheblich gewordene Diskussion des Gegensatzes von Geschichtsforschung und Geschichtsschreibung auf angemessenem Niveau und mit Folgen neu beleben.

Bibliographische Nachweise

Jürg Altwegg, Warum ist die Welt ein Buch, Herr Eco? Ein Interview. In: Frankfurter Allgemeine Zeitung, Magazin (21. 2. 1986), S. 62f.

Dieter Aschenbrenner, Im Labyrinth der Vergangenheit. In: lutherische monatshefte 22 (1983), S. 81.

Bianca M. Battaggion siehe unter: Lektüren.

Patricia Blake, Murders in a Medieval Monastery. In: Time Nr. 24 (13. 1. 1983), S. 66.

Roberto Cotroneo, Il nome della spina. In: L'Espresso 32, Nr. 41 (19. 10. 1986), S. 150–159.

Massimo Dini, Confesso che ho comprato. In: Panorama 25 (11. 1. 1987), S. 98–103.

Jörg Drews, Ecco! Ein Krimi aus dem Herbst des Mittelalters. In: Lesezeichen, Herbstheft 1982, S. 20.

Umberto Eco, Lector in fabula. Mailand 1979. Deutsch: Lector in fabula. Die Mitarbeit der Interpretation in erzählenden Texten. Aus dem Italienischen von Heinz-Georg Held. München 1987.

–, Prima e ultima dichiarazione. In: L'Espresso 32, Nr. 41 (19. 10. 1986), S. 152f. Deutsch: Erste und letzte Erklärung. Aus dem Italienischen übers. von Burkhart Kroeber. In: Die Zeit Nr. 45 (31. 10. 1986), S. 77.

Fälschungen im Mittelalter. Internationaler Kongreß der Monumenta Germaniae Historica. München, 16.–19. September 1986. Festvortrag von Umberto Eco: La falsificazione ieri e oggi (Die Fälschung gestern und heute).

H(orst) F(uhrmann), Besprechung von: Umberto Eco, Der Name der Rose. In: Deutsches Archiv für Erforschung des Mittelalters 39 (1983), S. 718f.

–, »Mundus vult decipi«. Über den Wunsch des Menschen, betrogen zu werden. In: Historische Zeitschrift 241 (1985), S. 529–541.

Lars Gustafsson, Bruder Humor, Schwester Toleranz. In: Der Spiegel 36, Nr. 48 (29. 9. 1982), S. 217f.

Werner Hüllen, Erzählte Semiotik. Betrachtungen zu Umberto Ecos ›Der Name der Rose‹. In: Literatur im Kontext. Festschrift für Helmut Schrey. Hg. von Renate Haas und Christine Klein-Braley, Sankt Augustin 1985, S. 113–132.

Klaus Ickert und Ursula Schick, Das Geheimnis der Rose entschlüsselt. Zu Umberto Ecos Weltbestseller ›Der Name der Rose‹. München 1986.

R. Imbach, »Der Teufel ist ... die Wahrheit, die niemals vom Zweifel erfaßt wird.« In: Civitas H. 1/2 (1983), S. 30–33.

Burkhart Kroeber siehe unter Umberto Eco und »Zeichen«.

Uwe Künzel, Das Mittelalter: eine Fehlbesetzung. In: Die Rheinpfalz Nr. 241 (17. 10. 1986).

Lektüren. Aufsätze zu Umberto Ecos ›Der Name der Rose‹. Hg. von Hans-Jürgen Bachorski. Göppingen 1985.
Enthält folgene Beiträge:
Hans-Jürgen Bachorski, Einleitung. – Jürgen Trabant, Professorenroman oder: Vorwort zu Worten über Worte über Worte. – Gerd Kruse, Transpiration und Inspiration. Beobachtungen zum Bauplan und zur Erzählweise von Umberto Ecos Rosenroman. – Hans-Jürgen Bachorski, Diese klägliche Allegorie der Ohnmacht. ›Der Name der Rose‹ als historischer Roman. – Elke Hentschel, Die positivistischen Ahnen des William von Baskerville oder: Ist ›Der Name der Rose‹ ein Kriminalroman? – Harald Haferland, Über detektivische Logik. – Ders., Verkehrte Welt. Zu einer Poetik der Umkehrung. – Hans-Jürgen Bachorski, Theorien des Lachens und seine Abwesenheit. – Elke Hentschel, Nomina nuda tenemus oder: Zeichen von Zeichen (von Zeichen). – Bianca M. Battaggion, ›Der Name der Rose‹ von 1980 bis 1984 im Rahmen des aktuellen italienischen Literaturbetriebs. – Gerd Kruse, Der geplante Erfolg eines »Überraschungsbestsellers«.

Barbara Niederer, Il trionfo della rosa. Indagine sulla ricezione del ›Nome della rosa‹. Diss. Univ. Fribourg 1985.

Jürgen Petersohn, Ecos Echo – ein »Anstoß« für Mittelalterhistoriker? In: Geschichte in Wissenschaft und Unterricht 37 (1986), S. 761–766.

Stefana Sabin, Semiotik als Kriminalistik als Semiotik. Zu Umberto Ecos Roman ›Il nome della rosa‹. In: Italienisch 12 (November 1984), S. 12–19.

Saggi su ›Il nome della rosa‹. Hg. von Renato Giovannoli. Mailand 1985.

Ursula Schick, Erzählte Semiotik oder intertextuelles Verwirrspiel? Umberto Ecos Il nome della rosa. In: Poetica. Zeitschrift für Sprach- und Literaturwissenschaft 16 (1984), S. 138–161.

Heinz Robert Schlette, »Nur noch nackte Namen ...« Überlegungen zu Umberto Eco: Der Name der Rose. In: Orientierung 48, Nr. 12 (1984), S. 135–138.

Helmut Schödel, Tote Rose. In: Die Zeit Nr. 43 (17. 10. 1986), S. 64.

Hans-Dieter Seidel, Das Mittelalter als fixe Idee. Umberto Ecos Roman in der Filmversion von Jean-Jacques Annaud. In: Frankfurter Allgemeine Zeitung Nr. 240 (16. 10. 1986), S. 25.

Umbruch. Zeitschrift für Kultur 5, Nr. 4 (September 1986).
Enthält folgende Beiträge:
Ralf Theers, Sherlock Holmes im Mönchsgewand. ›Der Name der Rose‹ – gelesen als Kriminalroman. – Kunibert Erbel, Von Zeichen, Mönchen und der Bibel. Ein Semiotiker als Romanautor. – Peter Kock, Konventionelle Masken, subversive Listen. Über Sprache, Stil und Schwachpunkte in Ecos Synthese-Roman. – Heinrich Fecher, Durchgänge im Chaos. Die Verwandlung des Umberto Eco vom Essayisten zum Romanschreiber.

Alice Vollenweider, Ein Krimi aus der Retorte. In: Frankfurter Allgemeine Zeitung Nr. 234 (9. 10. 1982).
Harald Weinrich, Namen des Mittelalters. Vergleichende Anmerkungen zu Scheffel, Hesse und Eco. In: Itala viva. Studien zur Sprache und Literatur Italiens. Festschrift für Hans-Ludwig Scheel. Hg. von Willi Hirdt und Reinhard Klesczewski. Tübingen 1983, S. 393–396.
–, Unser Mann im Mittelalter. In: Merkur 37 (1983), H. 415, S. 95–97.
Zeichen in Umberto Ecos Roman ›Der Name der Rose‹. Hg. von Burkhart Kroeber. München 1987.
Dieter E. Zimmer, Gipfelkonferenz im Kloster. Umberto Ecos Roman ›Der Name der Rose‹. In: Die Zeit Nr. 41 (8. 12. 1982), S. 9.

Hermann Kleber

Der Autor und sein Roman
Hinführung zu Umberto Ecos ›Der Name der Rose‹

> Bücher sind nicht dazu da, daß man ihnen blind vertraut, sondern daß man sie einer Prüfung unterzieht. Umberto Eco

1. Einladung zum (zweiten) Lesen

Mittlerweile haben einige Millionen den Erfolgsroman Umberto Ecos gekauft. Die meisten werden ihn wohl auch gelesen haben. Es gibt allerdings die Gruppe derer, die dieses Buch zwar erwartungsvoll begonnen, dann aber irgendwo zwischen den Seiten 1 und 100 ihre Lektüre abgebrochen und es enttäuscht zur Seite gelegt haben. Selbst unter den Lesern, die den Roman zu Ende gelesen haben, gibt es nach eigenem Bekunden so manchen, der mit dem Buch seine Schwierigkeiten hatte. Die Gründe mögen im einzelnen sehr verschieden sein. Eine Hauptschwierigkeit besteht jedoch zweifelsohne in dem gewaltigen Abstand, der die intellektuelle Persönlichkeit und die Gedankenwelt des Autors vom Gros seiner Leser trennt. Umberto Eco mag gleichermaßen im Mittelalter wie in der Postmoderne zuhause sein und sich heimisch fühlen, die Mehrzahl seiner Leser aber wird weder das eine noch das andere von sich behaupten wollen.

Vielleicht war sogar die Einsicht, daß hier eine allzu große Distanz zwischen Autor und Publikum besteht, für Eco selbst ein Grund, drei Jahre nach dem Erscheinen seines Romans (1980) diesem eine ›Nachschrift‹ (1983) folgen zu lassen, in der er einer Reihe von Mißverständnissen und Schwierigkeiten zu begegnen sucht. Dort erfährt der Leser, aus welchem Anlaß und wann Eco seinen Roman geschrieben hat. Ferner gewährt der Autor seinen Lesern bereitwillig Einblick in seine literarische Werkstatt. Er berichtet, welche Probleme er beim Schreiben hatte, wie er sie gelöst, wie er einzelne Passagen und Figuren gestaltet hat usw. Ja, er hat sogar den ersten Abschnitt der ›Nachschrift‹ mit »Titel und Sinn« überschrieben. Dazu verrät er auch einiges Erhellende. Aber er gibt keine zufriedenstellende Auskunft auf die Frage, wie sein Buch zu lesen sei, noch auf die Frage nach dem Wozu, dem Sinn des Romans. Denn mit der Geschichte der Entstehung ist die Frage nach Sinn und Absicht nicht zu beantworten.

So wie Eco seine Autorenrolle begreift, enthält er sich mit gutem Grund und ganz bewußt der Selbstinterpretation: »Ein Erzähler darf das eigene Werk nicht interpretieren, andernfalls hätte er keinen Roman geschrieben, denn ein Roman ist eine Maschine zur Erzeugung von Interpretationen« (N 9/10), schreibt er in seiner ›Nachschrift‹; und: »Es zählt nicht, was ich im nachhinein sage, der Text ist da und produziert seine eigenen Sinnverbindungen« (N 12); und wiederum ein wenig weiter, ganz radikal formuliert, aber nicht ganz so ernst gemeint: »Der Autor müßte das Zeitliche segnen, nachdem er geschrieben hat. Damit er die Eigenbewegung des Textes nicht stört.« (N 14) So hat es denn weder vor noch nach der Veröffentlichung der ›Nachschrift‹ an Versuchen gefehlt, Eco und seinem Roman auf die Schliche zu kommen (siehe: Klaus Ickert und Ursula Schick). Ebenso wie William in der Abtei haben sich viele Interpreten in scharfsinnigen Deutungen versucht, die alle etwas für sich haben, von denen aber keine beanspruchen kann – und vielleicht auch nicht will –, die richtige zu sein.

Trotzdem kann es einem Leser des Romans nicht gleichgültig sein, wie er zu verstehen ist, denn zumindest ein Teil des Lesevergnügens besteht in dem Genuß, eine Lesart entdeckt zu haben, die nicht nur vom Text her möglich ist, sondern die darüber hinaus das Gefühl vermittelt, den Autor verstanden zu haben. Auch Eco geht bei aller Aufgeschlossenheit für die Vielfalt der Deutungen und Lesarten nicht so weit, alle für gleich gut und gleich angemessen zu erklären (N 11/12; Lector in fabula).

Daher gibt es – trotz aller Freiheiten beim Lesen dieses Romans – aus der Sicht seines Autors und aus der des Lesers das Problem einer sachgemäßen, dem Werk angemessenen Lektüre. Folglich ist es auch nicht müßig, wenn man sich um eine solche Lektüre bemüht.

Die meisten Leser dieses Sammelbandes werden den ›Namen der Rose‹ in der deutschen Übersetzung von Burkhart Kroeber gelesen haben. Von der Lektüre der deutschen Übersetzung ist dann ihre Kenntnis des Romans bestimmt. Ferner sind Vorwissen und Kontext im weiteren Sinne bei den deutschen Lesern von unseren Kultur- und Lesetraditionen geprägt. Ihnen fügt sich die deutsche Übersetzung besser ein als das italienische

Original. Aus diesen Gründen bezieht sich dieser Beitrag in der Regel auf die deutsche Ausgabe des ›Namens der Rose‹. Nur an den Stellen, wo der Verfasser glaubte, dem italienischen Original den Vorzug geben zu müssen, ist dieses angeführt.

2. Zur Genese und literaturhistorischen Einordnung eines Bestsellers und seines Autors

Skizze einer kulturellen Biographie Umberto Ecos

Der 1980 erschienene Bestseller ›Il nome della rosa‹ ist das Werk eines Autors, der bisher nicht als Verfasser von Romanen in Erscheinung getreten ist. Umberto Eco war bis dahin, wenn überhaupt, international nur als Autor wissenschaftlicher Bücher bekannt und als Vertreter einer Wissenschaft, der Semiotik, deren Name nicht zuletzt durch ihn Eingang in den allgemeinen Sprachgebrauch gefunden hat.

In seinem Heimatland Italien hingegen war Umberto Eco schon seit langem als Wissenschaftler und als geistreicher Publizist bekannt; er zählte dort schon vor seinem Romanerfolg zu den führenden Köpfen des kulturellen Lebens. In Italien dürfte man sich auch wohl weniger darüber gewundert haben, daß der erste Roman dieses Autors sogleich ein Bestseller wurde. Denn außer der Kunst des Schreibens bedarf es dazu heute sehr guter Beziehungen zur schreibenden, insbesondere rezensierenden Zunft sowie eines finanzstarken Verlages, der nicht nur ein Buch publizieren, sondern ihm auch die nötige Publizität verschaffen kann, damit es sich auf dem Markt durchsetzt. Alle diese Voraussetzungen waren – und sind es jetzt wohl noch mehr – bei Umberto Eco in reichem Maße erfüllt.

Umberto Eco wurde am 5. Januar 1932 in Alessandria (Piemont, am Flüßchen Tanaro, mit circa 100000 Einwohnern, in der Gegend gelegen, in welcher der Roman spielt) geboren. Seine Berufskarriere begann gleich nach seinem Studium beim staatlichen italienischen Fernsehen RAI. Dort wurde er 1955 Mitarbeiter in der Kulturredaktion.

Seine Arbeit als Fernsehjournalist hinderte ihn aber nicht daran, auch weiterhin wissenschaftlich tätig zu sein. Er publizierte seit 1956 in der ›Rivista di estetica‹, und schon 1959 erschienen die ersten Entwürfe seines späteren Buches ›Opera aperta‹ (Das offene Kunstwerk) in der Zeitschrift ›Incontri musicali‹. Seit 1959 datiert auch seine Zusammenarbeit und seine Bindung an den Verlag Bompiani, für den er damals die Leitung einer Reihe übernahm, in welcher philosophische, soziologische und semiotische Beiträge erschienen.

Im gleichen Jahr 1959 erschien im ersten Band der ›Momenti e problemi di storia dell'estetica‹, einem Gemeinschaftsunternehmen des Verlagshauses Marzorati, eine umfangreiche Studie Ecos über die Entwicklung der mittelalterlichen Ästhetik: ›Sviluppo dell'estetica medievale‹. Deren wichtigste Gedanken fanden später Aufnahme in die zweite, überarbeitete Auflage seiner Dissertation, die Bompiani 1970 herausbrachte: ›Il problema estetico in Tommaso d'Aquino‹.

Seine wissenschaftliche Arbeit führte Umberto Eco auch wieder zur Universität und zur Lehrtätigkeit. 1961 begann er als nebenberuflicher Dozent mit Kursen über Ästhetik an der Universität Turin, wo er studiert hatte und promoviert worden war. In den Jahren 1964 und 1965 war er in gleicher Position an der Fakultät für Architektur in Mailand tätig, und 1966 erhielt er einen Lehrauftrag für visuelle Kommunikation an der Fakultät für Architektur in Florenz, den er bis 1969 wahrnahm. 1970 erhielt er einen Lehrauftrag für Semiotik, wieder an der Fakultät für Architektur in Mailand, und 1971 wechselte Eco schließlich an die Universität Bologna. Dort war er zunächst noch als Lehrbeauftragter tätig; 1975 aber erhielt er einen Lehrstuhl für Semiotik und wurde gleichzeitig Direktor des Instituts für Kommunikations- und Theaterwissenschaften der Universität Bologna ›DAMS‹.

Schon vor seiner Etablierung als ordentlicher Professor führte sein wissenschaftliches Ansehen Eco zu Vorträgen und zur Lehrtätigkeit ins Ausland. 1966 lehrte er an der Universität von São Paulo, 1969 an der New York University, 1970 an verschiedenen argentinischen Universitäten, u. a. auch in Buenos Aires – wie er im Vorwort seines Romans erwähnt – und 1972 schließlich an der Northwestern University bei Chicago. Ebenso noch vor seiner Bestallung als Professor organisierte Umberto Eco als Generalsekretär der »International Association for Semiotic Studies« den ersten internationalen Kongreß für Semiotik 1974 in Mailand.

Aus dieser Zeit der akademischen Lehr- und Wanderjahre datieren auch fast alle Bücher, die den Ruf Ecos als Semiotiker begründeten, um nur die wichtigsten zu nennen: ›Opera aperta‹ Mailand 1962, deutsch: ›Das offene Kunstwerk‹ Frankfurt a. M. 1973; ›Apocalittici e integrati‹ Mailand 1964, deutsch: ›Apokalyptiker und Integrierte‹ Frankfurt a. M. 1984; ›La struttura assente‹ Mailand 1968, deutsch: ›Einführung in die Semiotik‹ München 1972; ›Le forme del contenuto‹ Mailand 1971; ›Segno‹ Mailand 1973, deutsch: ›Zeichen‹ Frankfurt a. M. 1977; ›Trattato di semiotica generale‹ Mailand 1975.

Aber auch nach seiner Etablierung als Professor wurde Umberto Eco weder seßhaft noch schreibfaul. Er reiste immer noch sehr viel und publizierte fast jedes Jahr mindestens ein Buch (nicht gezählt seine zahlreichen Aufsätze): 1976 ›Il superuomo di massa‹, 1977 ›Dalla periferia dell'impero‹, 1979 ›Lector in fabula‹, alles Werke literaturkritischen und kulturkritischen Inhalts. 1980 erschien dann ›Il nome della rosa‹.

So wie in den ersten Jahren die Aufgabe des Journalisten Eco nicht daran gehindert hat, weiterhin wissenschaftlich zu arbeiten, so hinderte ihn in den folgenden Jahren die Aufgabe des akademischen Lehrers nicht daran, weiterhin als Journalist tätig zu sein.

Umberto Eco war und ist Mitarbeiter zahlreicher Zeitschriften, die nicht alle wissenschaftlich ausgerichtet sind. Über seine publizistische Arbeit kam er auch schon sehr früh in Kontakt mit Künstlern, insbesondere Literaten. So war er z. B. Mitbegründer der Gruppe ›Marcatré‹ (1961) und Initiator der Gruppe ›63‹ (1963). Seit dem gleichen Jahr schreibt er für ›The Times Literary Supplement‹, seit 1965 für den ›Espresso‹, das italienische Pendant des deutschen ›Spiegel‹. 1967 war er wieder einmal Mitbegründer eines literarisch-künstlerischen Zirkels, dieses Mal der ›Quindici‹, und 1971 gründete er die internationale Zeitschrift für Semiotik ›Versus‹.

Diese künstlerische – und zum Teil auch schwärmerische – Seite Ecos dürfte in Deutschland weniger bekannt sein und ebensowenig seine politischen Sympathien für die italienische Linke, vor allem in den sechziger und frühen siebziger Jahren, wenngleich er von den gewalttätigen »Brigate rosse«, den terroristischen Roten Brigaden, meilenweit entfernt ist und auch zu den orthodoxen Kommunisten auf Distanz blieb. Der Autor des Romans ›Il nome della rosa‹ ist nicht nur ein gelehrter Professor, sondern auch ein gelernter und altgedienter Journalist, der sein Handwerk vortrefflich beherrscht. Er ist ferner immer schon auch ein politischer und künstlerischer Kopf gewesen;

insgesamt also eine Persönlichkeit, die drei verschiedene Berufe und Lebensformen in sich vereint: den Wissenschaftler, den Künstler und den Journalisten.

Auf diesem biographischen Hintergrund erscheint Umberto Ecos Hervortreten als Romanautor zwar immer noch als etwas Neues, weil bisher noch nicht an ihm Bekanntes, aber nicht mehr als etwas gänzlich Unvorstellbares. Zu dieser Persönlichkeit paßt auch ein Roman, und daß sein Erstlingswerk gleich zu einem Bestseller wurde, paßt nur zu gut zu ihr.

In einem Brief an den Verleger Franco Maria Ricci aus dem Jahre 1973, den Eco dort als seine kulturelle Autobiographie bezeichnet, charakterisiert er sich selbst als »chierico vagante«, als »fahrenden Gelehrten«. Mit dieser leicht selbstironischen, aber sehr treffenden Charakterisierung bringt er seine verschiedenen beruflichen Aktivitäten und Persönlichkeitsmerkmale auf den Begriff. Der Begriff des fahrenden Gelehrten ist auch weit genug und zudem hervorragend geeignet, den neuen Aspekt mitabzudecken, den die kulturelle Biographie Ecos mit seinem Hervortreten als Romanautor und Promotor eines Bestsellers hinzugewonnen hat.

In einer der Person und dem Werk Umberto Ecos gewidmeten Studie spricht Teresa de Lauretis (11) von einer »internen Chronologie« Ecos, in der das Jahr 1968 eine besondere Rolle spiele. Es trenne Ecos vor-semiotische von seiner semiotischen Schaffensperiode. Diesem ersten Schicksalsjahr kann man nun als zweites das Jahr 1978 zur Seite stellen. Nach eigenem Bekunden begann Eco in diesem Jahr (N 21) und unter dem Eindruck der Ereignisse um die Entführung und Ermordung Aldo Moros (Slama-Cazacu 174) mit dem ›Namen der Rose‹. Im Vorwort dieses Werkes werden zudem die beiden schicksalhaften Jahre einander gegenübergestellt, um zwei (extreme?) Haltungen des Intellektuellen zur Politik zu charakterisieren: »In den Jahren, da ich den Text des Abbé Vallet entdeckte, herrschte die Überzeugung, daß man nur schreiben dürfe aus Engagement für die Gegenwart und im Bestreben, die Welt zu verändern. Heute, mehr als zehn Jahre danach, ist es der Trost des homme de lettres (der damit seine höchste Würde zurückerlangt), wieder schreiben zu dürfen aus reiner Liebe zum Schreiben.« (R 12) Symbolisiert das Jahr 1968 das politische Engagement der Intellektuellen – auch dasjenige Umberto Ecos –, so kennzeichnet das Jahr 1978 den Rückzug Ecos und vieler anderer Intellektueller aus dem politischen Engagement, ein Rückzug, der exemplarisch in der Figur des William von Baskerville dargestellt ist.

Der Einstieg Ecos in die Praxis des Erzählens ist vielleicht nicht nur der Versuch und der Ausdruck einer neuen geistigen Standortbestimmung, sondern brachte ihm auch eine neue intellektuelle und konkrete Erfahrung ein: »Als ich theoretische Werke schrieb, war meine Haltung gegenüber den Rezensenten die eines Richters: Ich prüfte, ob sie mich verstanden hatten, und beurteilte sie danach. Mit einem Roman ist das ganz anders. Nicht daß man als Romanautor keine Lesarten finden könnte, die einem abwegig erscheinen, aber man muß in jedem Fall schweigen und es anderen überlassen, sie anhand des Textes zu widerlegen. Die große Mehrheit der Lesarten bringt jedoch überraschende Sinnzusammenhänge ans Licht, an die man beim Schreiben nicht gedacht hatte.« (N 11/12) Diese Erfahrung hat Eco in der Praxis wohl weniger souverän bewältigt, als dies seine soeben und weiter oben zitierten theoretischen Äußerungen nahelegen. Denn außer der ›Nachschrift‹ gibt es zahllose Interviews, Autorbefragungen in mündlicher und schriftlicher Form und Lesungen, in denen sich Eco in der einen oder anderen Weise doch zu Lesarten seines Romans geäußert hat; und etwas maliziös könnte man die ›Nachschrift‹ als den nachhaltigsten Versuch Ecos ansehen, sich in seine neue Rolle als Romanautor zu schicken, ohne es jedoch ertragen zu können, seinen Roman ganz und gar den Lesern zu überlassen.

Auch nach außen hat ›Der Name der Rose‹ das Leben Ecos verändert. Aus einem international fast ausschließlich in Fachkreisen bekannten und geschätzten Wissenschaftler ist ein gefeierter Bestsellerautor geworden, aus einer Größe des italienischen Kulturlebens eine Persönlickeit mit weltweitem Bekanntheitsgrad; und nicht zuletzt ist aus einem – wenn auch nicht armen – Gelehrten ein reicher Mann geworden, dem seine Rechte an der Vermarktung seines Romans in Buchform und Film bisher circa 11 Millionen DM eingebracht haben dürften (Dieter E. Zimmer). Andererseits hat der immense Erfolg des Rosenromans auch den entsprechenden Tribut von seinem Autor gefordert: »Er hat meinen Arbeitstag von 24 Stunden auf zwölf reduziert. In diesem Sinne war er eine echte Tragödie. In den anderen zwölf produziere ich nicht mehr, sondern verwalte nur noch das früher Produzierte: checke Übersetzungen, schreibe Briefe, gebe Interviews«, antwortete Eco unlängst auf die Frage, ob der Erfolg seines Romans sein Leben verändert habe (ebd.).

Offensichtlich nahm die Vermarktung seines Romanerfolges in den letzten Jahren den größten Teil seiner Arbeitskraft in Anspruch. Seit 1980 erscheinen zwar noch neue Bücher von Eco; sie präsentieren aber fast ausschließlich ältere Studien in überarbeiteter Form oder in einem neuen Kontext, wie z.B. die Essaysammlung ›Sette anni di desiderio‹ (Mailand 1983), ›Semiotica e filosofia del linguaggio‹ (Turin 1984, deutsch: ›Semiotik und Philosophie der Sprache‹. München 1985) und ›Sugli specchi e altri saggi‹ (Mailand 1985). Aber auch diese Erzeugnisse der Kunst des Verschnitts, dessen virtuose Beherrschung Eco dem großen Publikum im ›Namen der Rose‹ demonstrierte, werden ebenso wie die Neuauflagen und Übersetzungen älterer Werke von einem dankbaren – wenn auch ungleich kleineren – Publikum aufgenommen. Was aussteht, ist ein wirklich neues, großes Buch dieses ungemein produktiven Autors. Viele erwarten nach dem Welterfolg des ›Namens der Rose‹ einen weiteren Roman von ihm. Ob Eco sich jedoch nach den Erfahrungen mit seinem ersten Roman zu einem zweiten Versuch entschließen wird, das zu erzählen, wovon er nicht theoretisch sprechen kann, bleibt abzuwarten.

Kleine Geschichte eines großen Erfolges

Aus der ›Nachschrift‹ zum ›Namen der Rose‹ wissen wir, daß dieser dicke Roman in ziemlich kurzer Zeit entstanden ist. Im März 1978 hat Eco begonnen (N 21) und, nachdem er Adson von Melk als Ich-Erzähler erfunden hatte, sehr schnell das Vorwort »Natürlich, eine alte Handschrift« geschrieben (N 28). Dann folgte ein Jahr Schreibpause, in welchem Eco recherchierte, um seine mittelalterliche Romanwelt zu erschaffen und einzurichten (N 28, 32–37). Von Frühjahr 1979 bis Sommer 1980 muß er dann den ganzen Roman geschrieben und auch die Korrekturen der Druckfahnen gelesen haben (N 13), denn im Herbst des gleichen Jahres erschien das Buch.

Dieses Buch war in Italien bereits ein Bestseller, bevor ein einziges Exemplar davon ausgeliefert und es am 13. Oktober 1980 in ›Panorama‹ mit großem Aufwand offiziell vorgestellt wurde (Cadioli 173). Der Bekanntheitsgrad des Autors, eine nicht allenthalben wohlwollende Erwartung – aufgebaut vor allem durch Ecos 1979 erschienenes Buch ›Lector in fabula‹ –, die wissen wollte, ob Eco in der Praxis des Erzählens das einlösen könnte, was er als Theoretiker und scharfzüngiger Kritiker forderte, sowie eine gezielte Werbekampagne des Verlags Bompiani, die sich eben diese beiden Faktoren zunutze machte und die mit Vorgriffen auf den Inhalt und die Machart des Buches viele verschiedene Leserschichten anzusprechen wußte, bescherten dem Verlag schon vor Erscheinen des Buches Vorbestellungen in der Größenordnung eines italienischen Bestsellers (Kroeber, in: Saggi 69). Nach dem Erscheinen taten die durchweg positiven Besprechungen in allen größeren Tageszeitungen, Literatur- und Kulturzeitschriften, der Promotion-Einsatz des Autors, die Auszeichnung mit dem Premio Strega 1981, dem wichtigsten italienischen Literatur-Preis des Jahres, und die regelmäßige Publikation der Verkaufsziffern ein Übriges, den ›Namen der Rose‹ zu einem Selbstläufer und Langzeitbestseller zu machen, der es bis zum Herbst 1986 auf circa 1200000 verkaufte Exemplare des italienischen Originals gebracht hat (Cotroneo, in: L'Espresso 152).

Der rasche und geplante Erfolg in Italien empfahl den ›Namen der Rose‹ auch bald für den außeritalienischen Buchmarkt. Nach dem Vorbild und in Wiederholung des italienischen Erfolges wurden die bisher vorliegenden Übersetzungen alle Bestseller auf den jeweiligen Buchmärkten: seit 1982 die deutsche, französische und spanische Übersetzung; seit 1983 die englische, brasilianische, holländische und schwedische Übersetzung, seit 1984 die norwegische, dänische, finnische, kroatische, slowenische, isländische und rumänische Übersetzung und seit 1985 eine katalanische und griechische Übersetzung. In Vorbereitung oder bereits im Erscheinen begriffen sind weitere Übersetzungen, so z.B. in die großen Sprachen Türkisch, Japanisch und Arabisch (Saggi 442).

Ein Bestseller dieser Größenordnung zieht auch irgendwann unweigerlich das Interesse eines Star-Regisseurs auf sich. Für den ›Namen der Rose‹ geschah dies bereits 1982 in der Gestalt des französischen Oscar-Preisträgers Jean-Jacques Annaud. Bis zur Verfilmung war es aber dennoch ein langer Weg. Die Filmrechte waren bereits an das italienische Fernsehen RAI vergeben. So bedurfte es langwieriger Verhandlungen, ehe im Herbst 1985 die Verfilmung beginnen konnte. Produziert wurde der Film von der deutschen »Neuen Constantin« unter der Leitung von Bernd Eichinger; Regie führte wie gewünscht Jean-Jacques

Annaud, und für die Ausstattung zeichnete Dante Ferretti verantwortlich, der sich mit der Ausstattung von Fellini-Filmen einen Namen gemacht hat. Gedreht wurde in den deutschen Klöstern Eberbach und Maulbronn, für die Außenaufnahmen in der römischen Cinecittà und in der Umgebung mit einer internationalen Besetzung. Der bekannteste Schauspieler, der bei diesem Mammutunternehmen mitwirkt, dürfte der ehemalige James-Bond-Darsteller Sean Connery sein, der die Rolle des William von Baskerville spielt. Soll der Film auch nur seine Produktionskosten von 46 Millionen DM einspielen, muß er weltweit 20 Millionen Zuschauer in die Kinos locken. Das sollte ihm nicht schwerfallen. Allein in der Bundesrepublik Deutschland zog er bis Jahresende 1986 seit seiner deutschen Premiere Mitte Oktober in nur zehn Wochen 4,5 Millionen Kinobesucher an.

Ob der zum Zuschauer verwandelte Leser im Film noch den Roman zu erkennen vermag, ist nach Ecos ›Erste(r) und letzte(r) Erklärung‹ wieder allein Sache eines jeden einzelnen. Doch wenn der Romanautor es geschafft hat, im Annaudschen Palimpsest seine eigene Handschrift noch zu erkennen, dürfte dies dem Leser auch möglich und erlaubt sein. Sollte er damit seine Schwierigkeiten haben, wird ihm das Buch zum Film (H. D. Baumann, A. Sahihi) weiterhelfen und die Verfilmung als die fünfte Verpuppung des ›Namens der Rose‹ erklären: »Der geneigte Zuschauer möge bedenken: was er vor sich hat, ist die Annaudsche Verfilmung (1986) der italienischen Fassung von Umberto Eco (1980) der obskuren neugotischen französischen Version des Abbé Vallet (1842) der lateinischen Druckausgabe des Dom J. Mabillon (1721) der Handschrift des Adson von Melk (circa 1380–1400)« (frei nach Eco, R 10).

So wie der Welterfolg des Romans dem Film nicht nur zum Leben, sondern auch zum raschen Erfolg verhalf, so verhilft der Film nun seinerseits dem Buch zu neuen Verkaufserfolgen. In der Bundesrepublik, in Österreich und der Schweiz z. B. brachte der Film noch vor Jahresende 1986 die Anzahl der verkauften Taschenbuchexemplare des Romans auf eine Million und gestattete dem Verlag Hanser, auch eine Luxusversion seiner Hardcover-Ausgabe auf den Markt zu bringen, die ihrerseits bereits 500000 mal verkauft worden war. Wo das gegenseitige Sich-hoch-schaukeln von Buch und Film für beide enden wird, ist noch nicht abzusehen. Denn das Geschäft mit den Lizenzausgaben in den Buchclubs hat ebenfalls schon sechsstellige Absatzziffern erreicht, und die Fernseh- und Videofassungen des Films stehen auch noch an. Vielleicht kein Geschäft, aber verdienstvoll ist die vierteilige deutsche Hörspielfassung des ›Namens der Rose‹ von Richard Hey, weil sie auch diejenigen, die weder das Buch lesen, noch den Film ansehen können, auf anspruchsvolle Weise an diesem Glanzstück der modernen Massenkultur teilhaben läßt.

Nach seinem Siegeszug durch die Verlage, Buchclubs, Kinosäle, Videotheken, Rundfunk- und Fernsehanstalten wird ›Der Name der Rose‹ dann allmählich aufhören, ein Werk der modernen Massenkultur zu sein. Vielleicht wird es ihm gelingen, ein kanonisiertes Werk der Höhenkammliteratur zu werden. Erste Anzeichen dafür sind jedenfalls erkennbar: Seit 1982 taucht ›Der Name der Rose‹ in den Lektürelisten der weiterführenden Schulen und Universitäten auf, und etwa seit dem gleichen Jahr kann man eine zunehmende wissenschaftliche Beschäftigung mit diesem Werk beobachten. Sollte es Ecos Roman schaffen, auch noch Aufnahme in die Handbücher und Nachschlagewerke zu finden, hätte er gute Voraussetzungen, tatsächlich in die Literaturgeschichte einzugehen.

3. Zum Aufbau der Erwartung

Das Vorwissen des Lesers

Von vielen Büchern, die man zur Hand nimmt, weiß man bereits eine ganze Menge, bevor man mit der Lektüre beginnt. So werden die meisten Leser Ecos ›Namen der Rose‹ nicht per Zufall in der Auslage einer Buchhandlung entdeckt haben, sondern diese bereits mit dem Vorsatz betreten haben, eben jenen Bestseller zu erwerben. Vor dem Kaufentschluß oder der nicht ganz unerwarteten Überraschung auf dem Gabentisch lag eine Zeit der ersten, in der Regel noch durchaus immateriellen Kontaktaufnahme mit dem Buch. Der Ruf, der einem Bestseller vorauszueilen pflegt, dürfte auch in diesem Fall die meisten der zukünftigen Leser auf irgendeine Art erreicht haben: durch Anzeigen, Kritiken oder einfach durch die Mund-zu-Mund-Propaganda, welche immer noch die persönlichste Art der Empfehlung und oft auch die effizienteste Art der Werbung ist.

Das Vorwissen, das die künftigen Leser auf diese Art erwarben, bezog sich dabei nicht nur auf den Namen des Autors und den Titel des Buches, sondern umfaßte auch – je nach Informationsquellen und eigenen Interessen recht unterschiedlich – eine Vorstellung davon, was einen in diesem Buch erwartete: eine Kriminalgeschichte aus dem Mittelalter, ein historischer Roman mit aktuellen Bezügen, eine hintergründige Allegorie der politisch-gesellschaftlichen Szene Italiens am Ausgang der siebziger Jahre, eine erzählte Semiotik, ein Verwirrspiel aus Zitaten, Anspielungen und Nachahmungen usw. In irgendeiner konkreten Ausformung bestimmte also der Ruf dieses Bestsellers vorab seine Lektüre; ja er bestimmte sogar seine Jungfernlektüre in Italien.

Am Anfang war also nicht das Buch, sondern nur die Idee eines Buches. Diese setzte den Rezeptionsprozeß in Gang und am Ende kam und kommt immer noch das Buch selbst. Es gibt also – um es mit Umberto Eco zu formulieren – nicht nur auf seiten des Autors »Visionen von Büchern, die noch nicht geschrieben worden sind« (R 9), sondern auch auf seiten des Lesers Visionen von Büchern, die noch nicht gelesen worden sind. Ja diese Visionen bringen die potentiellen, möglichen Leser dazu, sich die materielle Konkretisierung ihrer Visionen zu kaufen und sich in aktuelle, tatsächliche Leser zu verwandeln.

Name oder Titel?

Anders als Werke der bildenden Künste, die man durchaus auch ohne Titel präsentieren und verkaufen kann, müssen Bücher Titel haben. Ein Buchtitel hat daher zunächst einmal nichts mit dem Inhalt oder dem Sinn eines Buches zu tun. Er ist vielmehr zuallererst der Name eines Buches, mit dem man es benennt, wenn man es bezeichnen, kaufen oder sonstwie in praktischer Absicht identifizieren will. Nun können Namen aber auch so gewählt sein, daß sie über ihre bloße Benennungsfunktion hinaus etwas aussagen wie z. B. der alte deutsche Vorname »Fürchtegott«. Zu dieser Art »sprechender« Namen gehören auch durchweg die Buchtitel. Jedenfalls haben wir uns daran gewöhnt, Buchtitel so zu verstehen. Die allermeisten Buchtitel tragen dieser Tatsache nicht nur Rechnung, sondern ziehen sogar Nutzen daraus, indem sie bereits etwas über die Bücher aussagen, die sie benennen.

Diesem kaum mehr entrinnbaren Zusammenhang zwischen Namensfunktion und Aussagefunktion eines Buchtitels wäre Eco gerne entkommen. Daher hat er den zunächst ins Auge gefaßten Titel seines Romans ›Die Abtei des Verbrechens‹ als zu aussagestark verworfen, während sein anschließend ersonnener »Traumtitel« ›Adson von Melk‹ wohl umgekehrt dem Verleger zu aussagearm erschien (N 10). Der schließlich »wie zufällig« gefundene Titel ›Der Name der Rose‹ ist ein glücklicher Kompromiß, mit dem Autor und Verleger zufrieden sein konnten. Einerseits ist die Rose eine so reichhaltige Symbolfigur, daß sie sich auch auf der Textebene des Romans mit sehr vielem verbinden läßt (z. B. dem namenlosen Mädchen, der Abtei, der Bibliothek, dem Wahrheitsbegriff, der abendländischen Kultur), andererseits verhindert es gerade die schier unbegrenzte Vielfalt der Assoziationsmöglichkeiten, daß der Leser in eine bestimmte Richtung gelenkt wird: »Ein Titel soll die Ideen verwirren, nicht ordnen.« (N 11)

Verwirrt wird der Leser nicht nur durch die Vielfalt der möglichen symbolischen Bedeutungen der Rose, sondern auch und vor allem durch die nominalistische Lesart des Titels, mit der er spätestens am Ende seiner Lektüre konfrontiert wird. Das problematische Verhältnis zwischen den Namen der Dinge und den Dingen selbst, dessen Spannweite vom schöpferischen göttlichen Wort im Eingangszitat bis zu den *nomina nuda* (R 635) des Schlußzitates reicht, ist eines der großen Themen des Romans, das ihn von Anfang bis Ende durchzieht. Insofern ist die nominalistische Lesart des Titels, auch vom Inhalt des Romans her gesehen, hoch motiviert. Wendet man jedoch diese Lesart auf das Verhältnis von Buch und Buchtitel an, so ist der Titel ›Der Name der Rose‹ vielleicht doch nur der nackte Name des Buches, das er benennt, ohne irgend etwas über es auszusagen.

Der äußere Rahmen

Schon kurze Zeit nach ihrem Erscheinen in der italienischen Kulturzeitschrift ›Alfabeta‹ wurde die ›Nachschrift zum »Namen der Rose«‹ als das Gegenstück zum Vorwort des Autors, »Natürlich, eine alte Handschrift«, gelesen. Im Jahre 1984 brachte sie der Verlag Bompiani als dünnes Bändchen zusammen mit der Taschenbuchausgabe des Romans auf den Markt. Seit 1985 ist sie in die italienische Taschenbuchausgabe des Romans integriert, im Anschluß an den Roman mit fortgesetzter Seitenzählung abgedruckt, aber abgesetzt durch Kursivdruck wie das Vorwort. So wird die ›Nachschrift‹ nun definitiv und völlig zu Recht als das Gegenstück zum Vorwort angesehen. Mit ihm zusammen bildet sie den jetzt kompletten, stark autobiographisch gefärbten Rahmen für die Memoirenerzählung Adsons von Melk.

In deutscher Übersetzung wurde die ›Nachschrift‹ erstmals 1984, bereichert um Illustrationen und Anmerkungen, als eigenständiges Bändchen publiziert. Mittlerweile scheint sich aber auch bei den deutschen Lesern die italienische Lesart der ›Nachschrift‹ durchzusetzen. Gleichzeitig mit der deutschen Taschenbuchausgabe des ›Namens der Rose‹ erschien im April 1986 auch eine Taschenbuchausgabe der ›Nachschrift‹.

Während die ›Nachschrift‹ ohne weiteres als Text des Autors Umberto Eco erkennbar ist, kann man beim Vorwort dessen nicht sicher sein. Schon die Überschrift »Natürlich, eine alte Handschrift« enthält ein unübersehbares Ironiesignal, das den Leser darauf aufmerksam machen möchte, daß er dieses Vorwort mit dem gleichen Augenzwinkern zu lesen habe, mit dem es geschrieben worden ist. In diesem unüblichen Vorwort gibt sich der tatsächliche Autor des Romans als (erneuter) Entdekker, Übersetzer und Herausgeber der Memoiren Adsons von Melk. Damit erschafft sich der reale Autor Eco als literarische Figur seines Vorwortes und weist diesem insgesamt einen fiktionalen Status zu.

Das Vorwort des realen Autors und fingierten Übersetzers und Herausgebers ist durch den Tempusgebrauch unverkennbar zweigeteilt. In einem ersten und längeren Teil werden in den Zeiten der Vergangenheit die Geschichte der Entdeckung, die Etappen der Quellenkritik und die Lösung einiger konkreter Editionsprobleme erzählt. Dabei wollen die vielen Orts- und Zeitangaben, die namentliche Anführung bekannter Mittelalterforscher, die minutiösen bibliographischen Angaben, die im Prinzip richtige Vorgehensweise bei der Quellenkritik sowie die Ausbreitung der Probleme und Zweifel, die der Herausgeber eines Textes mit solch unsicherer Überlieferungsgeschichte überwinden mußte, glauben machen, daß die anschließende Erzählung trotz allem die echten Memoiren des Adson von Melk wiedergibt. Gleichzeitig aber wird dieser Echtheitsanspruch fortgesetzt in Frage gestellt. Die ungeklärten Umstände, wie, durch wen genau und wieso der Herausgeber in den Besitz des

Buches von Abbé Vallet gekommen ist, die mysteriösen, allzu persönlichen Umstände, unter denen dieses Buch dem Herausgeber wieder abhanden gekommen ist, einige evident symbolische Angaben (Abbaye de la Source), viele Ungereimtheiten und die vom Herausgeber auch noch wiederholt beschworenen Ahnungen des Lesers, daß an den entscheidenden Stellen jedesmal die Traditionsglieder fehlen, alles das ist nicht gerade geeignet, das Vertrauen in die Echtheit des präsentierten Textes zu stützen. Während am Ende seines Editionsberichtes der fingierte Herausgeber voller Zweifel ist, inwieweit seine Übersetzung des Buches von Abbé Vallet noch die Memoiren Adsons von Melk wiedergibt, haben sich die Zweifel des Lesers zu der Gewißheit verdichtet, daß die Memoiren Adsons samt ihrer Überlieferungs-, Entdeckungs- und Editionsgeschichte nur der freien Phantasie des realen Autors Umberto Eco entstammen, daß er es folglich mit einer Quellenfiktion und der Parodie eines wissenschaftlichen Vorwortes zu einer Textedition zu tun hat.

In dem zweiten, kürzeren Teil des Vorwortes, das in der Gegenwart geschrieben ist und sich durch die nachstehende Datumsangabe auf den 5. Januar 1980 bezieht, scheint der reale Autor Eco teilweise aus seiner Herausgeberrolle herauszutreten. Denn er erläutert die Motive, welche ihn bewogen haben, »den Bericht des Adson von Melk der geneigten Öffentlichkeit vorzulegen, als ob er authentisch wäre« (R 12). Ähnlich wie Adson am Ende seiner Memoiren gibt auch Eco am Ende seines Vorwortes vor, gar nicht mehr so recht zu wissen, warum er schreibe. Er führt eine Reihe von unklaren, aber andeutungsreichen und sich widersprechenden Gründen an. So behauptet er einerseits, diese Publikation sei »eine Geste der Zuneigung« – an wen eigentlich – an Adson, an den Leser, ans Mittelalter? –, andererseits solle sie für ihn selbst »ein Akt der Befreiung von zahllosen uralten Obsessionen« darstellen. Diese sehr persönliche und aktuelle Begründung wird sogleich durch die folgenden Behauptungen, daß er »ohne Präokkupationen um Fragen der Aktualität«, »aus reiner Liebe zum Schreiben« und »aus schierer Lust am Fabulieren« (R 12) die Geschichte des Adson von Melk erzähle, wieder in Frage gestellt. Auch hier also das gleiche widersprüchliche Spiel, das den Leser über die wahren Beweggründe des Autors im Unklaren läßt.

Dafür weiß der Leser nun aber, was er zu erwarten und auf was er zu achten hat. Zu erwarten hat er »eine über Jahrhunderte akkumulierte Summe von Kenntnissen und Stilgewohnheiten« (R 10), dargeboten in Form der Memoirenerzählung eines fingierten Ich-Erzählers, Adson von Melk, niedergeschrieben von ihm selbst am Ende seines Lebens irgendwann zwischen 1380 und 1400 im Kloster zu Melk und zeitlich zentriert um Ereignisse, die sich in der letzten Novemberwoche des Jahres 1327 in einer nicht näher bezeichneten Benediktinerabtei irgendwo »zwischen Lerici und La Tourbie« abspielten und an denen Adson als junger Novize selbst teilgenommen hatte (R 10). Zu achten hat der Leser auf die doppelte Erzählerstimme, auf die Neigung zur Parodie und den ironischen Unterton, mit der die ganze Geschichte erzählt wird; zu achten hat er auf die lateinischen Passagen, die angeblich authentischen Reste des ursprünglichen Textes von Adson, in denen dem Leser das Mittelalter sozusagen noch »live« begegnet; zu achten hat er auf die vielfältigen Masken, hinter denen sich der reale Autor verbirgt, auf die so freimütig eingestandenen autobiographischen Bezüge und auf die allzu hartnäckig geleugneten Bezüge zur Gegenwart; zu achten hat er schließlich vor allem auf das, was der Autor vorgibt, selbst nicht zu wissen: auf den Grund oder die Gründe, warum er überhaupt dieses Werk geschrieben hat.

Bei näherer Betrachtung wird der Leser auch feststellen, daß die ›Nachschrift‹ ihn im Grunde nicht besser, sondern nur detailreicher als das Vorwort auf die Lektüre der Adsonschen Memoiren vorbereiten kann. Denn die meisten Fragen, auf welche die ›Nachschrift‹ antwortet, stellen sich – wenn überhaupt – erst nach der Lektüre des Romans, und die entscheidende Frage nach Sinn und Aussageabsicht wird in der ›Nachschrift‹ ebensowenig beantwortet wie im Vorwort. Vorwort und ›Nachschrift‹ sind vielmehr eine Einladung zur Kooperation mit dem Autor und die Aufforderung an den Leser, seine ureigene Domäne in diesem Buch durch Lektüre und Interpretation in Besitz zu nehmen.

4. Zum Aufbau des Romans

Die äußere Form

Der ›Name der Rose‹ hat in seiner äußeren Form einen sehr klaren Aufbau. Wie gezeigt, umschließt ein äußerer Rahmen, bestehend aus Vorwort und ›Nachschrift‹ des Autors, die Memoirenerzählung des Adson von Melk. Diese ist ebenfalls in eine Rahmen- und eine Binnenerzählung gegliedert. Die Rahmenerzählung besteht aus Prolog und Epilog (in der italienischen Ausgabe allerdings »ultimo folio«), die durch die entsprechenden Überschriften und im Druckbild deutlich abgesetzt sind. Die Binnenerzählung besteht aus einem in sieben Tage gegliederten Bericht von den Ereignissen, die sich in der Abtei zugetragen haben. Die Tage sind jeweils nach dem Stundengebet der Mönche unterteilt, ein Umstand, der jedem nicht einschlägig vorgebildeten Leser Schwierigkeiten bereitet und der daher den realen Autor in der Rolle des fingierten Herausgebers zu einer langen Anmerkung veranlaßte, welche als eigene Texteinheit zwischen das Vorwort und die Memoirenerzählung Adsons gestellt ist.

Aus dieser gelehrten Anmerkung kann der Leser nicht nur die Entsprechung zwischen der mittelalterlichen liturgischen Tageseinteilung und der heutigen Stundenzählung entnehmen, sondern auch eine weitere, wichtige Information: Die Rubriken (Kapitelüberschriften), die den liturgischen Stunden nachgestellt sind, sollen von Abbé Vallet hinzugefügt worden sein. Sie sind nämlich in der dritten Person gehalten – können also kaum vom Ich-Erzähler Adson stammen. Trotzdem hat sie der fingierte Herausgeber stehen lassen: »Doch da sie nützlich sind zur Orientierung des Lesers und im übrigen keineswegs den Gebräuchen der Volksliteratur jener Zeit widersprechen, hielt ich es nicht für nötig, sie zu entfernen.« (R 13) In der Tat sind diese Rubriken eine wertvolle Orientierungshilfe für den Leser. Denn in der Regel fassen sie den Inhalt des jeweiligen Kapitels zusammen, gegen Ende kommentieren und interpretieren sie aber auch zunehmend das Geschehen oder den Erzählvorgang. Ohne die Rubriken des Abbé Vallet hätte es der Leser gewiß schwerer, sich in der Fülle der Themen und Ereignisse zurechtzufinden, und darum sei ihm an dieser Stelle noch nachträglich gedankt und ebenso der unbekannten Hand, welche uns Lesern die übersichtliche Skizze der Abtei hinterlassen hat.

Die klare, fast starre äußere Form des Romans dient aber nicht nur dazu, die ungeheure Stoffülle so zu präsentieren, daß sie – ganz im Kontrast zu dem erzählten Geschehen – den Eindruck vollkommener Ordnung hervorruft (ein Eindruck, vor dem Adson ausdrücklich warnt; seine Ordnung ist nur eine chronologische). Die äußere Form des Romans dient auch dazu, auf die literarischen Muster oder Vorbilder hinzuweisen, auf die sie sich bezieht. Der Sieben-Tage-Bericht der Binnenerzählung verweist als literarische Schöpfung auf das Sieben-Tage-Werk des biblischen Schöpfungsberichtes, aber auch mit seinem Ende auf die Apokalypse des Johannes, deren Strafandrohungen mit der Ekpyrosis der Hure Babylon (siehe die Illustration auf dem Umschlag, bzw. dem Einband!) enden. Ferner gleicht der ›Name der Rose‹ in seiner äußeren Form stark jenem volkssprachlichen Werk, mit dem die Memoiren Adsons, wären sie historisch, fast als gleichzeitig anzusetzen wären: dem ›Decameron‹ Boccaccios. Das ›Decameron‹ hat den gleichen äußeren, autobiographisch gefärbten Rahmen aus Vorwort und Nachwort des Autors, die gleiche Gliederung der Erzählung in eine Rahmen- und eine Binnenerzählung, und schließlich folgt die Binnenerzählung einer ähnlichen Einteilung in Tage und Kapitel mit Rubriken wie die Binnenerzählung des ›Namens der Rose‹.

Die innere Form

Seiner inneren Form nach ist ›Der Name der Rose‹ im Vorwort des realen Autors und fingierten Herausgebers als »Summe« bestimmt worden. Die mittelalterliche Summe ist eine literarische Gattung mit ganz lockerer Organisationsform ohne jeden Systemzwang. Sie dient in der Regel der zusammenhängenden und zusammenfassenden Darstellung eines bestimmten Wissensgebietes, das im Titel oder am Ende der Summe meistens mitangegeben ist. Die einzigen tatsächlichen Beschränkungen, die mit der literarischen Form der Summe verbunden sind, liegen einmal in den Grenzen und in der Natur des zu behandelnden Wissensgebietes und zum anderen in den methodisch-didaktischen Gesichtspunkten seiner Vermittlung. Bei der Wahl der einzelnen Darstellungsmittel, der Methode usw., ist der Autor einer Summe also weitgehend frei, so zu verfahren, wie er es zur Erreichung seines Zieles für das beste hält. Daher können innerhalb einer Summe ohne weiteres andere literarische Gattungen Platz finden, sofern sie dem Verfasser geeignet erscheinen, den zu behandelnden Stoff zu vermitteln.

›Der Name der Rose‹ ist nun nicht als Summe eines bestimmten Wissensgebietes ausgewiesen, sondern als »eine über Jahrhunderte akkumulierte Summe von Kenntnissen und Stilgewohnheiten« (R 10). Manche Interpreten haben hier die fehlende Näherbestimmung des Wissensgebietes vorgenommen, indem sie den Roman als »summa narrativa« oder »summa semiotica« bezeichneten. Aber die Berechtigung für eine solche Eingrenzung ist fraglich. Einmal kommen im ›Namen der Rose‹ eine ganze Reihe nicht-erzählender Textsorten vor und zum anderen taugt die Semiotik nicht so recht zur Ausgrenzung eines bestimmten Wissensgebietes, da sie sich als universale Kulturwissenschaft grundsätzlich auf alle Wissensgebiete erstreckt, sofern sie Kulturphänomene sind und Zeichencharakter haben. Als Summe ist ›Der Name der Rose‹ vielmehr gerade durch die fehlende Eingrenzung auf ein bestimmtes Wissensgebiet charakterisiert, und das Konstruktionsprinzip dieser Summe ist anderweitig zu suchen.

Um so freier war also der Verfasser dieser Summe bei der Wahl seiner Darstellungsmittel. Die Form der Memoirenerzählung schien ihm am geeignetsten, seine Summe literarisch zu gestalten. Mit dieser Wahl hat er sich für eine bestimmte Natur seines Stoffes entschieden – er muß Ereignischarakter haben –, für eine bestimmte Erzählsituation und, damit verbunden, für eine bestimmte zeitliche Anordnung des Stoffes, die sich auch in der äußeren Form zeigt. In anderen Punkten ist der Verfasser noch relativ frei, insbesondere was die Auswahl der Stoffe und Stile betrifft und auch darin, andere literarische Formen in die Memoirenerzählung aufzunehmen. So gibt z.B. die Memoirenform in der Binnenerzählung geradezu den Raum frei, die zu berichtenden Ereignisse nach den Gattungskonventionen des historischen Romans und des Kriminalromans zu gestalten.

Die drei literarischen Formen der Memoirenerzählung, des historischen Romans und des Kriminalromans bestimmen zusammen mit dem Konstruktionsprinzip der *disiecta membra* im wesentlichen die innere Form des ›Namens der Rose‹ und gestalten ihn zu derjenigen Summe, die Eco schreiben wollte. Die drei klar erkennbaren Gattungen und die Collagetechnik sind, wie in der ›Nachschrift‹ erläutert, Träger fundamentaler Sinnschichten, deren Erfassung wiederum Voraussetzung für die Entdeckung weiterer Bedeutungsstrukturen und Lektüremöglichkeiten ist. Daher sollen sie im folgenden näher erklärt werden.

Adson von Melk präsentiert seine Erzählung als Memoiren. Zwar ist die gesamte Erzählung als Memoiren zu lesen, angesprochen ist ihre Memoirenform aber vor allem in Prolog und Epilog. Im Prolog stellt sich Adson nach einem ersten Abschnitt, in dem er die großen Themen seiner Memoiren in dunkler und rätselhafter Weise andeutet, als Memorialist vor. Im Mittelpunkt seiner Erzählung stehen die Ereignisse, die er der Nachwelt überliefern möchte, nicht seine eigene Person. Obwohl Ich-Erzähler und *dramatis persona* ist Adson nicht Hauptperson in der Darstellung der Ereignisse; er ist nicht der Held seiner Erzählung, sondern Miterlebender, Mithandelnder und Mitbetroffener, allerdings in herausgehobener Stellung, dicht beim Protagonisten William und den Ereignissen selbst. Nur einmal innerhalb des Sieben-Tage-Berichtes gerät Adson in die Protagonistenrolle und wird zum »Helden« einer Episode, als er auf eigene Faust in die Bibliothek eindringt und am Ende in der Klosterküche sein erstes und letztes Liebeserlebnis hat. Hier gewinnt sein Bericht auch prompt eine autobiographische Färbung. Adson scheint in seiner literarischen Beichte seine Jugendsünde noch einmal zu erleben und sich durch den reinigenden Akt der Niederschrift ein zweites Mal, dieses Mal aus eigener Kraft, davon zu befreien. Aufs Ganze gesehen erscheint seine eigene Lebensgeschichte gegenüber den erzählten Ereignissen als unbedeutendes Randphänomen, ja er stilisiert sich sogar des öfteren als bloßer Mittler, welcher der Nachwelt die denkwürdigen Ereignisse in ihrer Rätselhaftigkeit überliefern möchte.

Die Ereignisse in jener ungenannten Abtei will Adson einerseits so erzählen, wie er sie als junger Mann erlebt hat, andererseits aber auch so, wie diese Ereignisse am Ende seines Lebens in seiner Erinnerung gegenwärtig sind (R 18). Adson spricht hier die typische Erzählsituation des Memorialisten an. Zwischen den erlebten Ereignissen und ihrer Niederschrift liegen Jahrzehnte. Diese Erzählsituation bringt es mit sich, daß Adson mit zwei verschiedenen Stimmen spricht und in zwei verschiedenen Zeiten: Erzählt er die Ereignisse so, wie er sie damals erlebt hat, gebraucht er die Zeiten der Vergangenheit; erzählt er, wie er im Moment der Niederschrift diese Ereignisse in der Erinnerung gegenwärtig hat, spricht er in der Gegenwart. In der Erinnerung sind ihm aber die Ereignisse von damals nicht nur neutral gegenwärtig, sondern hier bewertet er sie auch, vorzugsweise sofern sie ihn persönlich noch betreffen, und in der Gegenwart legt er sich auch Rechenschaft ab über den Akt der Niederschrift und die Aufnahme seiner Memoiren durch die zukünftigen und ihm unbekannten Leser.

Adsons Darstellung der miterlebten Ereignisse ist also zugestandenermaßen subjektiv, lückenhaft und ganz im Stile eines umsichtigen Memorialisten »ergänzt um später Gehörtes« (R 18). Trotzdem oder gerade wegen dieser Eingeständnisse beansprucht er, ein getreuer Chronist, ganz im Dienste der Überlieferung jener denkwürdigen Ereignisse zu sein.

In Prolog und Epilog erstellt Adson auch den zeitlichen Rahmen. Dabei greift er zunächst auf »später Gehörtes« zurück, um den historischen Hintergrund mit einigen markanten Daten und Fakten zwischen 1300 und 1327 zu erläutern. Danach ordnet er die sieben Tage in der Abtei in seine eigene Lebensgeschichte ein. Diese läßt er, abgesehen von einer ganz flüchtigen Erwähnung seiner Kindheit, mit seinem Italienaufenthalt in Begleitung seines Vaters, der als Vasall Ludwigs des Bayern an der Belagerung Pisas teilnahm, im Sommer des Jahres 1327 beginnen. Es folgen das Kennenlernen Williams, seine Annahme als dessen Adlatus und die gemeinsame vierzehntägige Reise bis zur Abtei. Je näher Adson an die letzte Novemberwoche des Jahres 1327 herankommt, um so genauer und dichter werden seine Zeitangaben, um so diffuser seine Ortsangaben. In gleicher Weise nehmen nach dem Sieben-Tage-Bericht die Dichte und Genauigkeit seiner Zeitangaben ab und die der Ortsangaben zu. Nach dem dreitägigen Brand der Abtei erzählt Adson zunächst die Rückreise Richtung Osten über Bobbio und Pomposa. Hier blendet er wieder die Zeitgeschichte ein, einerseits weil er sie braucht, um den historischen Ausgang des Italienfeldzuges Ludwigs des Bayern zu schildern, andererseits um seine und Williams Kehrtwendung zu erklären. Mit wenigen Sätzen erzählt Adson dann ihre Rückkehr über die Alpen (wahrscheinlich im Frühjahr oder erst im Frühsommer 1328) nach München. Es folgen der Abschied von William in München und als Ausblick – wiederum als später Gehörtes – der Tod Williams um die Jahrhundertmitte in der großen Pest.

Der anschließend folgende Reisebericht von Adsons zweitem Italienaufenthalt hat mit den in der Binnenerzählung berichteten Ereignissen nicht mehr viel zu tun, sondern erzählt das um Jahrzehnte später in der eigenen Lebensgeschichte liegende

Schlüsselerlebnis für die Niederschrift seiner Memoiren, für das Begreifen seines Schreibaktes und für dessen Ausdeutung im Hinblick auf den Leser.

Am Ende seiner Memoiren hat Adson nach der schrittweisen Annäherung von der Gegenwart der Erzählzeit bis zu den berichteten Ereignissen und der schrittweisen Entfernung von ihnen wieder die Gegenwart der Erzählzeit und seines Schreibaktes erreicht. Nur ist er sich am Ende seiner Niederschrift über nichts mehr im klaren, und mit dem literarischen Gestaltungswillen scheint ihn auch der Lebenswille verlassen zu haben.

Innerhalb der Binnenerzählung tritt die Memorialistenrolle Adsons gegenüber seiner Rolle als Miterlebender und Mitgestalter zwar in den Hintergrund, sie ist aber trotzdem immer gegenwärtig. Nicht nur daß der Ich-Erzähler in der Vergangenheit real identisch ist mit der *dramatis persona,* der Ich-Erzähler unterbricht auch bisweilen den Erzählvorgang, um zu reflektieren, zu kommentieren und manchmal sogar zu interpretieren trotz seiner Erklärung, dies nicht tun zu wollen (R 17, 26). Außerdem verklammert der Ich-Erzähler immer wieder seinen Bericht aus der Perspektive des Memorialisten durch Vorgriffe und Rückverweise und verleiht ihm dadurch einen noch höheren Grad an Kompaktheit, als er durch die äußere Form ohnehin schon hat.

Die Anwesenheit des Memorialisten in der Binnenerzählung verrät auch, wenn in das stark betonte gradlinige Vorwärtsschreiten von Zeit und Handlung des Sieben-Tage-Berichtes – sei es durch den Ich-Erzähler, sei es durch andere Personen – die Chronologie der Rahmenerzählung eingebracht wird. Wird auf den historischen Hintergrund Bezug genommen, so reicht der Rückgriff oft weit in die Zeit vor 1327 zurück, und wenn Adson an einigen wenigen Stellen auf seine eigene Lebensgeschichte Bezug nimmt, verläßt er bei näherem Hinsehen auch die Zeitstruktur der Binnenerzählung. So gehörte zum Beispiel der Bericht vom Ketzerprozeß und der Hinrichtung des Fra Michele in Florenz, deren Augenzeuge Adson – angeblich im Sommer des Jahres 1327 – noch vor seinem Zusammentreffen mit William wurde, in einer streng chronologischen Ordnung in die Rahmenerzählung. Diese Ereignisse werden aber in der Binnenerzählung (3. Tag, Nach Komplet) dort erzählt, wo sie, ausgelöst durch die Lektüre der Geschichte des Fra Dolcino, als Erinnerung wieder vor Adsons geistiges Auge treten. Außerdem erfährt der Leser in dieser Szene, daß Adson sich damals

Aufzeichnungen machte und diese wohl auch bei der Niederschrift vor Augen hat; denn wie sonst könnte er hier wortwörtlich lange Passagen aus dem Gerichtsurteil zitieren. Zumindest für diese Passagen (möglicherweise aber auch für viele andere) stützt sich Adson (Eco) im Stile eines Chronisten nicht nur auf seine Erinnerungen, sondern auch auf schriftliche Aufzeichnungen.

Der memorialistische Rahmen ist also in der chronikalen Binnenerzählung stets latent, oft aber auch ausdrücklich gegenwärtig, wo die memorialistische Erzählsituation oder die Chronologie der Rahmenerzählung angesprochen werden. Nirgends jedoch sprengt die Gegenwart des memorialistischen Rahmens die Binnenerzählung. Sie trägt vielmehr im Hinblick auf den Leser zur Überschaubarkeit der Binnenerzählung bei, sie läßt die vielen verschiedenen Themen, Stile und Nebenerzählungen mit ihren zeitlich selbständig gegliederten Ausgriffen auf den historischen Hintergrund wahrscheinlich erscheinen und ordnet sie einander zu, indem sie auf die eigene, interne Chronologie Bezug nimmt. Insgesamt stellt der memorialistische Rahmen den Raum und die Zeit, d.h. die Welt zur Verfügung, in welcher sich die Strukturen des historischen Romans und des Kriminalromans entfalten können.

Der historische Roman

Die im memorialistischen Rahmen aufgebaute, aber noch spärlich eingerichtete Welt wird mit den Mitteln des historischen Romans ausstaffiert. Der Ort der Handlung, die Abtei, erhält konkrete Formen und Abmessungen; der kleine Personenbestand wird kräftig mit realen und fiktiven Personen aufgefüllt, und die im Prolog nur im Vorgriff angedeutete Handlung wird zum Treffen der beiden Delegationen ausgestaltet, das am Abend des vierten und am fünften Tag erzählt wird.

Vor allem durch den großen und differenzierten Personenbestand erhält die Erzählung die nötigen historischen Dimensionen eines im Sinne der ›Nachschrift‹ »wahren historischen Roman(s)« (N 87), in dem die dargestellte Epoche nicht bloß Staffage ist, um irgendeine beliebige historische Begebenheit zu erzählen oder banale Ereignisse in historischer Distanz darzustellen, sondern in der das Handeln und Denken der Romanpersonen zum besseren Verständnis der Geschichte dient (N 87).

Die erstrangigen Figuren, der Ich-Erzähler Adson und der Protagonist William, sind fiktive Personen, aber sie sind nach dem Vorbild und aus Elementen historischer Personen gestaltet. So erzählt und verhält sich Adson (zumindest teilweise) so, wie sich Chronisten der Epoche verhalten; William trägt Züge von William von Ockham und von Marsilius von Padua. Die zweitrangigen Romanfiguren (alle diejenigen, welche die Handlung mittragen) sind teils historische (z. B. Ubertin von Casale, Bernard Gui), teils fiktive Personen (z. B. der Abt Abbo von Fossanova, Jorge von Burgos, Remigius von Varagine, Salvatore). Desgleichen sind die drittrangigen Figuren (alle diejenigen, die nur am Rande an der Handlung teilnehmen) teils historische (z. B. Michael von Cesena, Bertrand del Poggetto), teils fiktive Gestalten wie z. B. alle Mönche, die zwar namentlich genannt sind, aber nur als Statisten auftreten (Aymarus von Alessandria, Petrus von Sant'Albano, Pacificus von Tivoli). Als viertrangige Figuren treten am Rande des Geschehens die Kollektive der Novizen, der Klosterknechte, der Umlandbewohner und der Bogenschützen des Königs von Frankreich in Erscheinung. Historisch erstrangige Persönlichkeiten, politische wie Päpste, Kaiser und Könige, aber auch Geistesgrößen wie William von Ockham, Marsilius von Padua und Johannes von Jandun treten nicht am Ort des Geschehens auf, sondern werden wie viele andere historische Persönlichkeiten (1327 noch lebende und bereits verstorbene) nur erwähnt.

Die erstrangigen, zweitrangigen und teilweise auch die drittrangigen Figuren erhalten im Laufe der Erzählung eigene, mehr oder weniger ausführliche Lebensgeschichten, so daß man fast ein biographisches Lexikon der realen und fiktiven Personen dieses Romans erstellen könnte, um daraus zu ersehen, welche historische Tiefe und geographische Weite der Roman aufweist. Durch die Lebensgeschichten der handelnden Personen reicht der Roman weit ins 13. Jahrhundert zurück, und durch die vielen nur erwähnten historischen Persönlichkeiten und Fakten ist er vielfältig und tief in der abendländischen Geschichte verankert.

Andererseits zeigt der Roman trotz seines umfangreichen Personenbestandes und gerade in dessen Differenziertheit nur einen bestimmten Ausschnitt der dargestellten Epoche. Die Abtei wird zwar mehrmals als *speculum mundi*, als Spiegel der Welt, bezeichnet, sie spart aber bestimmte Bereiche der Welt aus oder zeigt sie in perspektivischer Verzerrung. Diese Aussparungen und Verzerrungen sind alle durch die Eigentümlichkeiten der Abtei bedingt. Von der geographischen Lage der Abtei aus gesehen, liegen das Zentrum Europas, der Westen und mehr noch der Osten und der Norden nur am Rande oder ganz am Rande, während der Mittelmeerraum und speziell Norditalien perspektivisch vergrößert erscheinen. Aber auch im engeren Umfeld der Abtei wird nur ein Ausschnitt der Welt erfaßt. Die Abtei ist ein Männerkloster, zu dem Frauen keinen Zutritt haben; sie ist eine konservative Benediktinerabtei, die in ihrer Unabhängigkeit und Selbstgenügsamkeit nicht auf Kontakte mit den aufstrebenden Stadtstaaten Italiens angewiesen ist, sondern diese Entwicklung eher argwöhnisch und – aus ihrer Perspektive – als Verfallserscheinnung der alten Gesellschaftsordnung betrachtet. Weitgehend ausgespart ist auch der Feudaladel mit seinen Problemen und politischen Bestrebungen.

Die Abtei ist im Grunde genommen ein Überbleibsel einer bereits überholten politischen und geistlichen Reichsordnung, an der Peripherie des Reiches gelegen. Daher erscheinen viele zukunftsweisende gesellschaftliche und politische Entwicklungen der Epoche und die Träger dieser Entwicklungen nur als Randphänomene, und als solche werden sie auch noch nach 50 Jahren in der Retrospektive des Benediktiners Adson dargestellt. Aus dem gleichen Grunde erscheinen diejenigen gesellschaftlichen Entwicklungen und Probleme, die einen religiösen, geistigen und geistlichen Stellenwert haben oder sonst in Bezug zum Ort der Handlung, zu den Personen und zur Handlung selbst stehen, perspektivisch vergrößert.

Vor allem die erst- und zweitrangigen Figuren bringen die aus ihrer Perspektive großen Themen und Probleme der Epoche zur Sprache und verdeutlichen diese sogar teilweise in ihrer Person: Ubertin von Casale die Mystik, Remigius von Varagine, Salvatore und Ubertin die Armuts- und Ketzerbewegungen und die damit verbundenen gesellschaftlichen Spannungen, William (in seinem Vorleben) und Bernard Gui die Inquisition, Severin von St. Emmeran, Nicolas von Morimond und William den Aufbruch der Naturwissenschaften, Alinardus von Grottaferrata und Jorge von Burgos das apokalyptische Denken usw., die beiden Delegationen schließlich die Auseinandersetzungen zwischen Papst und Kaiser und – am Rande – die Gegenwart der französischen Bogenschützen die ehrgeizigen Bestrebungen der französischen Krone.

Sowohl die historisch realen als auch die fiktiven Personen

des Romans reden und handeln aber nicht nur so, wie es entweder historisch tatsächlich oder wahrscheinlich war, sondern sie bringen die großen Probleme und Themen so zur Sprache, daß bestimmte (vorzugsweise die widersprüchlichen) Tendenzen der dargestellten Epoche zu Ende gedacht erscheinen. Ja manchmal reden sie (insbesondere William) so, als hätten sie Marx, Freud, Wittgenstein und viele andere moderne Autoren gelesen, und als hätten sie eher unsere Zeit im Blick als ihre eigene.

Während die Ausstattung der Romanwelt, die Handlung und der Personenbestand aufs Ganze gesehen in den Grenzen des historisch Tatsächlichen oder Wahrscheinlichen bleiben, sprengt die Personenkonzeption der erst- und zweitrangigen Figuren diesen Rahmen. Die überdehnte Personenkonzeption öffnet zum einen die fiktive Welt des historischen Romans für die Darstellung von Gegenwartsproblemen in historischer Distanz und zum anderen für die Aufnahme weiterer Gestaltungselemente, die nicht der Gattung des historischen Romans zuzurechnen sind.

Der Kriminalroman

Die vom historischen Roman eingerichtete Welt entspricht ohne weiteres den Erfordernissen des Kriminalromans: der Ort, die Abtei, ist eine Welt für sich; ihre Bewohner bilden eine geschlossene Gesellschaft, die nur durch den Besuch der beiden Delegationen in ihrer Abgeschiedenheit gestört wird. Auch der Personenbestand des historischen Romans reicht bei weitem für den Kriminalroman aus. Er kann die erforderlichen Leichen unter den erforderlichen mysteriösen Umständen liefern, viele Verdächtige, mehrere Schuldige und einen Erzbösewicht, der am Ende entdeckt wird und seine Strafe findet. Der Detektiv und sein Gehilfe kommen, wie erforderlich, von außen in die geschlossene Gesellschaft am abgeschiedenen Ort.

In den Charakteren der erst- und einiger zweitrangiger Figuren müssen allerdings einige Ergänzungen vorgenommen werden, und es bedarf ferner noch eines Mordfalles (sozusagen eines Initialmordes). Dann wird aus dem Exinquisitor, Franziskanerpater und kaiserlichen Geheimdiplomaten zusätzlich noch ein Detektiv in der Kutte, aus seinem Sekretär sein Assistent, aus dem blinden Apokalyptiker Jorge von Burgos der große, bis ans Ende unbekannte Gegenspieler Williams und aus dem Benediktinerkonvent eine Gesellschaft von Intriganten, Machthungrigen und potentiellen Triebtätern. Auch die vielen Informationen, die der historische Roman über den zeitgeschichtlichen Hintergrund, die Umstände und die Probleme der Abtei bietet, erscheinen in der Perspektive des Kriminalromans in einem anderen Licht. Sie dienen hier zur Beleuchtung des sozialen und politischen Umfeldes, des Milieus, der Charaktere der möglichen Täter und ihrer Motive.

Was der historische Roman dem Kriminalroman nicht bieten kann, ist eine entsprechende Handlung. Dafür hat er aber reichlich Platz gelassen dadurch, daß seine eigene Handlung, obwohl hochpolitisch, etwas unterentwickelt, nicht sonderlich dramatisch und auf nur eineinhalb Tage der zur Verfügung stehenden Woche beschränkt ist.

Nach einer Kostprobe von Williams analytischer und kombinatorischer Denkfähigkeit kommt die Kriminalhandlung mit dem Auftauchen der ersten Leiche und der Beauftragung Williams mit der Lösung des Falles schon am Morgen des 1. Tages in Gang. Sie gewinnt auch von Tag zu Tag in dem Maße, wie sich die Anzahl der Leichen, der Spuren, der Hinweise, der Motive und der Verdächtigen erhöht, und in dem Maße, wie William auf seinem Weg ins *Finis Africae* vorankommt, beständig an Fahrt, bis sie am Abend des 4. Tages und am 5. Tag vorübergehend gebremst und teilweise sogar ausgesetzt wird. Hier muß die Kriminalhandlung der hohen Politik und einem anderen Untersuchungsverfahren, Inquisition genannt, das Feld überlassen. Aber die Nacht zum 6. Tag produziert wieder eine Leiche, und nach der Abreise der beiden Delegationen am Morgen des gleichen Tages bestimmt die Kriminalhandlung allein den Gang der Ereignisse, die in der Nacht zum 7. Tag ein in mancher Hinsicht nicht gattungskonformes Ende finden und schließlich im Epilog auf die Rahmenerzählung übergreifen.

Am Ende der Kriminalhandlung wird zwar der Hauptschuldige und Gegenspieler des Detektivs entlarvt, aber er kann nicht der Justiz zur Bestrafung überstellt werden. Vielmehr gibt er sich – seinen letzten Triumph auskostend, daß William nicht in den Besitz des so sehr gesuchten Buches gelangt – selbst den Tod. Mit dem Tod des Erzbösewichts wird die alte Ordnung aber nicht wieder hergestellt, sondern sie findet durch ihn und mit ihm ein gewaltsames, definitives und apokalyptisches Ende.

Auch die Art und Weise, in der am Ende alle Mordfälle ihre Aufklärung finden, entspricht nicht ganz den Gattungskonventionen des Kriminalromans. Zwar leistet der Detektiv Erstaunliches, aber schließlich ist es doch der Zufall, der den größten Anteil an der Aufklärung der Fälle hat, und die einzelnen Morde finden nicht, wie vom Detektiv angenommen und vom Leser erwartet, eine einzige, geniale Erklärung als Mordserie, sondern jeder Mord hat seine eigene Ursache, jeder Mörder sein eigenes Motiv. Die Aufklärung gelingt dem Detektiv letztlich nicht aufgrund seines überragenden Kombinationsvermögens, sondern trotz (oder wegen?) einer Serie von falschen Hypothesen. Am Ende steht der Detektiv nicht als der strahlende Sieger da, sondern wie alle anderen als Verlierer oder höchstens als Pyrrhussieger. Strotzte William bei seiner Ankunft in der Abtei nur so von Zuversicht in die Leistungsfähigkeit menschlicher Vernunft (vorzugsweise seiner eigenen), so kommt ihm diese Zuversicht schrittweise abhanden und, wie es scheint, in dem Maße, wie die Aufklärung der Morde vorankommt. In der Schlußkatastrophe ist nicht nur sein Glaube in die detektivische Logik erschüttert, sondern darüber hinaus auch die generelle Zuversicht, daß sich die Dinge auch nur in etwa so verhalten, wie wir sie denken: »Ich bin wie ein Besessener hinter einem Anschein von Ordnung hergelaufen, während ich doch hätte wissen müssen, daß es in der Welt keine Ordnung gibt.“ (R 625) Das einzige, was William von den Leistungen menschlicher Vernunft noch gelten lassen will, ist ihr strikt instrumentaler Gebrauch. Als Adson, der durch den Lauf der Ereignisse und das Vorbild seines Meisters aus seinem dogmatischen Schlummer erwacht ist, ihm daraufhin die theologischen, erkenntnistheoretischen und sozialpolitischen Konsequenzen dieser Position vor Augen stellt, bereitet er ihm eine ähnlich »tragische Nacht« (R 631), wie sie der fingierte Herausgeber am Mondsee erlebt haben muß (R 7/8).

Adson hat erfahren, was William auf seine Schlußfolgerungen antwortete. Ihm hat William sein »tiefstes Seelenleid« (R 631) geoffenbart; uns Lesern leider nicht. Daran ist nicht nur das (rechtzeitig) herunterstürzende Dach des Dormitoriums schuld, sondern auch die stillschweigende Übereinkunft zwischen Adson und William, »nie wieder auf die Geschichte zurück(zu)kommen« (R 631).

Ähnlich wie die überdehnte Personenkonzeption des historischen Romans der Ansatzpunkt für weitere Bedeutungsmöglichkeiten und Lektüren ist, so stellt das unkonventionelle Ende der Kriminalgeschichte nicht nur einen Ansatz, sondern sogar die (allerdings auch übersehbare) Aufforderung an den Leser dar, nach der Metaphysik dieses Kriminalromans (N 63–66) zu fragen. Einige Hinweise dazu stehen in dem Kapitel, das der Technik der *disiecta membra* gewidmet ist, sowie im Schlußkapitel.

5. Zur Erzähltechnik

Der Autor und sein Leser

Über die Rolle des Ich-Erzählers als Memorialist und *dramatis persona* ist bereits hinreichend gesprochen worden. Im folgenden soll daher nur noch geklärt werden, wie durch die Person des Ich-Erzählers Adson der reale Autor Umberto Eco sich seinen idealen Leser schafft und durch diesen den realen Leser beeinflussen kann.

Die Autorenperspektive begegnet dem Leser zunächst einmal in der Perspektive des Ich-Erzählers Adson. Durch Adson erschafft der Autor die Romanwelt, durch Adson werden alle anderen Personen erschaffen und durch Adson werden die Ereignisse erzählt. Aber einmal geschaffen, gewinnen die anderen Romanfiguren ihr Eigenleben und wirken je nach ihrem Rang innerhalb des Romans an der Gestaltung der Welt, der anderen Romanfiguren und der Handlung mit. Dadurch werden Stimme und Perspektive des Ich-Erzählers dort, wo er zugleich als *dramatis persona* agiert und redet, durch eine Vielzahl von nachrangigen Erzählerstimmen und Erzählperspektiven ergänzt, zurechtgerückt und manchmal auch korrigiert. Der reale Autor redet also nicht nur mit einer, sondern mit sehr vielen Stimmen und beleuchtet die Personen, Ereignisse und Probleme aus vielen verschiedenen Perspektiven, so daß man ihn nicht mit dieser oder jener Äußerung des Ich-Erzählers Adson oder einer anderen Romanfigur identifizieren darf. Eco ist also weder Adson noch William oder sonst eine Romanfigur.

Trotzdem kommt Adson als Ich-Erzähler und unter den sekundären Erzählerstimmen William eine besondere Bedeutung zu. Adson enthält als Ich-Erzähler nicht nur die Autorenperspektive, sondern auch diejenige des Lesers. Wir können bei einer ersten, undistanzierten Lektüre gar nicht anders, als zunächst einmal alles so wahrzunehmen, wie Adson es darbietet. Der Leser sieht, hört und fühlt, urteilt und verurteilt, lobt und tadelt mit den Augen Adsons. Um die erzählte Geschichte mitzuerleben und zu verstehen, muß sich der Leser – wenn auch nur vorläufig – mit Adson identifizieren. Der Leser identifiziert sich aber mit Adson nicht nur wegen dessen Ich-Erzählerrolle, sondern auch wegen seines sympathetischen Identifikationspotentials: der junge Adson wirkt so herrlich naiv, unverstellt in seinen Gefühlen und gradlinig in seinen Urteilen, daß man ihn einfach sympathisch finden muß, selbst wenn man sich an seiner Stelle ganz anders verhalten würde. Der alte Adson wirkt hingegen so abgeklärt, daß man gerne eine Lektion von ihm annimmt, zumal er dem Leser zu der gleichen Erziehung des Herzens und des Verstandes verhelfen möchte, die ihm einst selbst durch William zuteil wurde.

Das absolut höchste Identifikationspotential hat aber nicht Adson, sondern William. Adson sieht seinen Meister mit den Augen uneingeschränkter, warmherziger Bewunderung, die selbst dort ihre Glaubwürdigkeit und Reinheit nicht verliert, wo er ihn wegen seines geistigen Hochmuts tadelt oder sonstige Züge und Reaktionen Williams erwähnt, die er nicht verstehen oder gutheißen kann. Der alte Adson sieht seinen ehemaligen Meister immer noch so – ja vielleicht sogar noch verklärter –, wie er ihn als junger Novize kennen- und liebengelernt hat. Selbst wenn der Leser die rückhaltlose Bewunderung Adsons für seinen Meister nicht übernehmen möchte, so weist William noch eine ganze Reihe von Eigenschaften auf, die den Leser unmerklich dazu verleiten können, sich in seiner Bewunderung für William mit diesem zu identifizieren (Bachorski, in: Lektüren 84–86).

William ist nicht nur der Protagonist der Handlung, er weiß auch immer mehr als alle anderen und scheint den Fortgang der Handlung oft so vorauszusehen, wie Adson ihn später erzählt. Über den Meisterdetektiv hinausgehend, verkörpert William den Prototyp des moralisch engagierten Wissenschaftlers, jedoch ohne Moralist zu sein oder Neigungen zum Martyrium zu verspüren. William ist ein Mann mit Augenmaß, der allen politischen Extremen abhold ist, der sich nicht zu fein ist, sich in einer politischen Mission zu engagieren, der aber erkennt, wann seine Möglichkeiten erschöpft sind und der ehedem auch schon bewiesen hat, daß er persönliche Konsequenzen zu ziehen vermag (Ex-Inquisitor!).

Nur zu Beginn des Romans ist William der Vertreter des Hochmuts der Vernunft; er macht im Laufe der Ereignisse einen schmerzlichen Lernprozeß durch und ist am Ende in seinen intellektuellen Ansprüchen recht bescheiden geworden. Seine etwas spröde Art als Semiotiker und Universalgelehrter wird ausgeglichen durch einen urwüchsigen Humor, eine feine Ironie und Selbstironie, und schließlich gewinnt seine Person durch das pädagogische und freundschaftliche Engagement gegenüber dem jungen Adson sogar unleugbar eine menschliche Wärme.

Insgesamt bieten Adson und William ein breites Spektrum an Identifikationsmöglichkeiten, das sehr verschiedene Leserschichten anspricht und durch das der Autor vor allen anderen Mitteln auf die Einstellung seiner Leser Einfluß nehmen kann. Darüber hinaus enthält die Figur Williams bei genauerem Hinsehen auch ein sehr spezielles Identifikationspotential, das vor allem den Intellektuellen der westlichen Welt ansprechen kann, der es nach einschlägigen Erfahrungen mit seinem gesellschaftlich-politischen Engagement nun vorzieht, »das Ganze gefahrlos aus sicherer Entfernung (zu) betrachten« (R 623) und zu kommentieren, ganz so, wie William und Adson den Brand der Abtei (Slama-Cazacu 206–209; Ferretti 63–71; Bachorski, in: Lektüren 82–90). Schließlich enthält William derart viel an realem und besserem Eco, daß es erlaubt sein muß, den ›Namen der Rose‹ auch autobiographisch als Ecos »Rückzug in epischer Parade« zu lesen (de Lauretis 88–90).

Die Ökonomie des Erzählers

Zur Ökonomie des Erzählers ist in den vorausgegangenen Kapiteln schon einiges gesagt worden. Die Binnenerzählung hat einen Grundrhythmus, der durch die Abfolge der einzelnen Morde an den jeweiligen Tagen und die Etappen ihrer Aufklärung bestimmt ist. Dem entspricht, daß die Erzählung für die Tage 1 bis 6 von einem großen äußeren Gleichmaß geprägt ist: der Tageseinheit entspricht eine Erzähleinheit mit ungefähr jeweils der gleichen Menge an Erzählstoff und Handlungsprogression, die in der deutschen Ausgabe je rund 100 Seiten Text einnimmt. Eine Ausnahme bildet der 7. Tag, der nur aus der

Nacht besteht, die ansonsten immer zum Vortag gerechnet wird. Hier kommt einerseits das Sieben-Tage-Schema zum Tragen und andererseits der Umstand, daß die spannungslösende Klärung der Mordfälle und die aktionsgeladene Ekpyrosis der Abtei von ihrem notwendigen Erzähltempo her keinen kompletten Tag in der Größenordnung von circa 100 Seiten füllen konnten (Kruse, in: Lektüren 31–32).

Trotz ihres Gleichmaßes im Grundrhythmus und ihres stark beschleunigten Endes weist die gesamte Binnenerzählung auch eine dynamische Bewegung auf. Die Spannung wird durch den Fortgang der Kriminalhandlung kontinuierlich gesteigert, wie bereits ausgeführt. Darüber hinaus wird die Haupthandlung durch eine Vielzahl von Nebenhandlungen begleitet, zunächst von nur erzählten, virtuellen Nebenhandlungen in den Lebensgeschichten und historischen Ausgriffen. Mit dem Ende des 3. Tages beginnen auch die tatsächlichen Nebenhandlungen: Adsons Alleingang und sein Liebeserlebnis, am 4. Tag die Ankunft der beiden Delegationen, Salvatores Hexerei und seine Festnahme; am 5. Tag setzt schließlich die Handlung des historischen Romans mit der Auseinandersetzung der beiden Delegationen und dem Inquisitionsverfahren die kriminalistische Haupthandlung vorübergehend aus. Der 6. Tag wirkt nach diesem Höhepunkt des historischen Romans im Zentrum der Binnenerzählung wie ein Ritardando, ehe in der Nacht zum 7. Tag das Ende des Kriminalromans und der Brand der Abtei folgen.

Auch die Behandlung der großen Themen folgt der dynamischen Handlungsentwicklung der Binnenerzählung. So wird z. B. die Armutsfrage zunächst nur im Bericht Adsons (R 67 bis 73) dargeboten, dann in Dialogform durch die Lebensgeschichten Ubertins, Salvatores und Remigius' an Beispielen verdeutlicht, in der Gleichnisrede Williams und den Fragen Adsons (R 250–260) soziologisch reflektiert, durch Adsons Lektüre der Geschichte des Fra Dolcino und seine Erinnerung an den Prozeß und die Hinrichtung des Fra Michele als dokumentierte und selbsterlebte historische Ereignisse angeführt (R 297–308) und schließlich am 5. Tag in der gewalttätigen Diskussion und im folgenden Ketzerprozeß in dramatisierter Form vor Augen geführt. Liebe und Sexualität werden zunächst in ihrer sublimierten, geläuterten oder verdrängten Form als Mystik beleuchtet, dann als Vision oder Liebestraum präsentiert und schließlich als Erlebnis des Ich-Erzählers Adson. Desgleichen werden andere Themen (wie z. B. das Lachen, die Wahrheitsfrage und die Funktion der Zeichen) in sich steigernder Form behandelt. Insgesamt nehmen also nicht nur in der Handlung die Aktionsmomente zu, sondern auch in der Behandlung der eingebrachten Themen, die zunächst theoretisch und abstrakt und später zunehmend an praktischen Beispielen und dramatisiert erscheinen.

Die meisten Gestaltungsmittel, derer sich Eco in der Führung des Lesers und bei der Gestaltung der Erzählung bedient, sind durchweg ganz traditionell wie der Wechsel von Bericht und Dialog, der Einsatz von Reden und Visionen, von Predigten und Debatten, aber auch von wiedergegebenen Lektüren und Aufzählungen. Neben der Paralipse des Ich-Erzählers (N 44 bis 46) ist es der gekonnte Einsatz dieser traditionellen Erzähltechniken, der aus dem ›Namen der Rose‹ nicht nur einen Krimi aus dem Herbst des Mittelalters macht, sondern auch einen »wahren historischen Roman«, in welchem der Leser zwar belehrt, vor allem aber unterhalten wird.

Die Technik der *disiecta membra*

Unterhalten wird der Leser im ›Namen der Rose‹ nicht nur durch die traditionellen, ihm vertrauten Gattungsmuster und Erzähltechniken, sondern auch durch eine Technik, die den ›Namen der Rose‹ als »postmodern« ausweist, die darüber hinaus seine gesamte innere Form bestimmt und dem Leser eine weitere, in sich gegründete Lektüremöglichkeit anbietet.

Als Adson zum erstenmal mit Salvatore zusammentrifft, erklärt er dem Leser dessen Sprache damit, daß Salvatore »weniger eigene Sätze bildete, als daß er verstreute Bruchstücke (im italienischen Original: *disiecta membra,* I 55) anderer Sätze, die er irgendwo aufgeschnappt hatte, je nach der Situation und nach dem, was er sagen wollte, benutzte und irgendwie zusammenfügte« (R 65). Mit dieser Erklärung ist zugleich auf saloppe, aber durchaus zutreffende Art das fundamentale Organisationsprinzip angegeben, das den ›Namen der Rose‹ auf allen Ebenen und von Anfang bis Ende kennzeichnet und dessen praktische Handhabung Eco in seiner ›Nachschrift‹ am Beispiel der Liebesszene Adsons so anschaulich erklärt hat (N 51).

Das Vorwort des Autors beginnt mit einer fingierten bibliographischen Angabe, der Prolog mit einem Zitat, die Binnenerzählung mit einem Pastiche, einer zum Verwechseln ähnlichen

Nachahmung (N 27), der allerletzte Satz des Buches ist wieder ein Zitat, und wer weiß, wieviele Zitate, Pastiches und andere Anleihen sich sonst noch in diesem Buch befinden. Es wäre nicht verwunderlich und würde weder der Qualität des Buches noch dem Ansehen seines Autors Abbruch tun, wenn nicht ein einziges Wort ein Original wäre (was Eco auch behauptet haben soll; doch wer weiß, ob es stimmt?). Jedenfalls könnte Eco am Ende der Niederschrift des ›Namens der Rose‹, auch ohne die Rolle des fingierten Autors Adson benutzen zu müssen, ohne jede Einschränkung sagen: »... mich dünkt beinahe, als wäre, was ich hier geschrieben habe und was du nun liest, mein unbekannter Leser, nichts anderes als ein Flickwerk, ein großes Figurengedicht, ein immenses Akrostichon, das lediglich wiederholt, was jene Fragmente (aus meinem Zettelkasten) mir eingegeben, und ich weiß nicht einmal mehr, ob *ich* es war, der hier gesprochen hat, oder ob nicht vielmehr *sie* durch meinen Mund gesprochen haben.« (R 633, 634)

Die Technik der *disiecta membra* bestimmt nicht nur die Textkonstruktion im einzelnen und im ganzen, sondern auch die Konzeption der Romanfiguren, die Erzählmuster, ja sogar die Gattung des Kriminalromans. So ist z.B. William von Baskerville schon seinem Namen nach als Collage aus William von Ockham und ›The Hound of the Baskervilles‹, eines Romantitels von Conan Doyle, zu erkennen; Adson möglicherweise als eine Verstümmelung von »Watson«, dem Namen des Assistenten und Freundes von Sherlock Holmes, und Jorge von Burgos verdankt seinen Vornamen, seine Blindheit und seine subtile Kenntnis der labyrinthischen Bibliothek dem blinden Bibliothekar und Schriftsteller Jorge Luis Borges (1899–1986) und dessen ›Biblioteca de Babel‹.

William und Adson spielen nicht nur mit ihren Namen, sondern auch mit ihren Rollen und ihren Charakteren (William sogar in Herkunft, Aussehen, Eitelkeit, Humor und Selbstironie sowie in seinen Redewendungen) auf das Detektivpaar Sherlock Holmes und Dr. Watson an. Ferner gleicht der Anfang der Memoiren Adsons mit dem Porträt Williams im Prolog und dem Einstieg in die Binnenerzählung mit der Kostprobe der Kunst des Schlußfolgerns auch strukturell sehr stark Kriminalromanen Conan Doyles (Hentschel, in: Lektüren 95–128). Der ›Name der Rose‹ weist also nicht nur allgemeine Gattungskennzeichen des Kriminalromans auf, sondern imitiert und parodiert den Kriminalroman Conan Doyles.

Die Collagetechnik ist vom Autor so angelegt, daß sie der Leser bemerken soll und als Intertextualität (N 28) genießen kann. Der Leser soll Zitate und Anspielungen, Imitationen und Parodien erkennen, sich ihres ursprünglichen Zusammenhangs erinnern und den neuen Sinn in der neuen Zusammenstellung erfassen und genießen. Die Collagetechnik ist andererseits so angelegt, daß sie für keinen Leser ganz durchschaubar ist. Sie verleitet ihn, sich ins Unbekannte, ins Labyrinth der undurchschauten Intertextualität vorzuwagen und den ›Namen der Rose‹ als intertextuelles Verwirrspiel ganz einfach zu genießen oder als »Krimi« entschlüsseln zu wollen. Die Collagetechnik verweist ferner in den Reflexionen Adsons am Schluß des Romans auf ihren Status als fundamentales Konstruktionsprinzip dieses Buches und stellt, damit verbunden, die Frage nach ihrem eigenen Sinn und ihrer Botschaft sowie nach dem Sinn und der möglichen Botschaft dieses Buches.

Die Collagetechnik folgt dem Prinzip der experimentellen, versuchsweisen oder zufälligen Kombination. Sie gleicht in auffälliger Weise dem Vorgehen Williams bei der Aufklärung der Mordfälle, und sie erweckt wie dieses einen Anschein von Ordnung, wo es im Grunde keine Ordnung gibt. Ähnlich wie die einzigen Wahrheiten, die in Williams Sicht am Ende noch etwas taugen, enthält die Collagetechnik keine eigene Botschaft, und ihr Sinn ist der eines bloßen poetischen Instruments, um eine bestimmte ästhetische Wirkung zu erzielen, nichts weiter.

Ist die Technik der *disiecta membra* das fundamentale Organisationsprinzip des ›Namens der Rose‹, dann ist diese »Summe« in ihrer Struktur durch die experimentelle und zufällige Kombination ihrer Elemente bestimmt und hat keine wesentliche, auf Ursachen gegründete Ordnung. Die Einheit dieser »Summe« ist rein funktional und sie enthält auch keine Botschaft, es sei denn, daß es keine (nicht eine?) Ordnung in ihr selbst und in der Welt gibt (sondern viele). Die Collagetechnik verleiht dem ›Namen der Rose‹ seinen eigentümlichen poetischen Charakter aus vordergründiger Durchschaubarkeit und letztlicher Undurchschaubarkeit und macht aus ihm eine Metapher der Welt.

6. Das postmoderne Vergnügen

Macht die Technik der *disiecta membra* den ›Namen der Rose‹ zu einem postmodernen Roman, so bestimmt der ästhetische Effekt dieser Technik im wesentlichen das postmoderne Lektürevergnügen. Die Freude an apparenter Ordnung und Durchschaubarkeit bei latenter Unordnung und Undurchschaubarkeit ist aber nicht nur auf die Spielwiese und den Irrgarten der Intertextualität beschränkt, sondern kommt auch bei dem manierierten, ironischen Stil dieses Buches, der in der deutschen Übersetzung noch gut sichtbar ist, zur Geltung: dem Schwelgen in langen Aufzählungen mit vielen ausschmückenden Adjektiven, aber ohne erkennbares Strukturprinzip; dem Schwelgen in Visionen und Bildern, welche die normale Ordnung verkehren; dem disparaten Wortschatz von den einfachsten bis zu den gelehrtesten Wörtern bunt gemischt; den Gedankenfiguren, die zwei Gegensätze zusammenbinden usw. (Slama-Cazacu 194–199, 218).

Postmodernes Vergnügen bereitet auch das ironische Infragestellen, statt problematische Lösungen zu diskutieren, und Fragen ohne Antworten stehen zu lassen. Postmodernes Vergnügen bereitet ferner das Verlachen und Parodieren, anstatt die Auseinandersetzung mit Argumenten zu suchen. Postmodernes Vergnügen bereitet schließlich die Betrachtung der Unordnung dieser Welt aus ironischer Distanz. Vielleicht kann der Leser sogar noch aus der Einsicht in die eigene Orientierungs- und Bedeutungslosigkeit – nach der Überwindung »tiefsten Seelenleids« – ein bitteres postmodernes Vergnügen gewinnen. Das postmoderne Vergnügen, das sich nur am Anschein von Ordnung und an der Abwesenheit einer wesentlichen Ordnung erfreut, beruht letztlich auf einer Poetik des Unverbindlichen und des schönen Scheins.

7. Ästhetische Weltorientierung in Romanform

Der Sieben-Tage-Bericht des ›Namens der Rose‹ endet zwar mit dem aktionsgeladenen Brand der Abtei, ganz am Ende aber steht nicht die Aktion, sondern die Reflexion. Nachdem sich

Adson und William in der Einsicht, daß nichts mehr zu retten ist, von dem Brandherd entfernt haben, betrachten sie aus sicherer Entfernung das weitere Niederbrennen der Abtei. Dabei führen sie ein Gespräch, das nun nicht das zum Inhalt hat, was sie gerade mitansehen müssen, sondern das in hintergründiger Weise alle Ereignisse der sieben Tage beleuchtet und in dem sowohl etwas von der philosophischen Dimension des historischen Romans als auch von der Metaphysik des Kriminalromans erkennbar wird.

Die fruchtlosen und gewalttätigen Auseinandersetzungen um die absolute Wahrheit – insbesondere am Höhepunkt des historischen Romans und in der Schlußkonfrontation mit Jorge – sowie das Scheitern seiner detektivischen Logik führen William zu der Erkenntnis: »Die einzigen Wahrheiten, die etwas taugen, sind Werkzeuge, die man nach Gebrauch wegwirft.« (R 626) Gilt dieser Satz ohne Einschränkungen, dann sind keine metaphysischen Erkenntnisse mehr möglich, weder philosophisch-theologischer Art, noch erkenntnistheoretischer, noch politisch-moralischer Natur. Auf diese Konsequenzen der Sentenz Williams macht Adson aufmerksam, allerdings nicht in klaren Aussagen, sondern in Form von drei Fragen, die ohne Antwort bleiben.

Auf die erste Frage antwortet William mit einer weiteren Frage und auf die nachfolgende Doppelfrage Adsons verhindert das rechtzeitig herunterstürzende Dach des Dormitoriums die Antwort. Obwohl alle drei Konsequenzen – nicht nur für William und Adson – schwer zu akzeptieren sind, scheint die erkenntnistheoretische am folgenschwersten zu sein, zum einen, »weil kein mitteilbares Wissen mehr möglich wäre, wenn das Grundkriterium der Wahrheit entfiele« (R 626), vor allem aber, weil man sich in einen eklatanten Widerspruch verstrickt.

Gilt der weiter oben zitierte Satz Williams ohne Einschränkung, dann ist er selbst gerade kein »Werkzeug, das man nach Gebrauch wegwirft«, sondern ein metaphysischer Satz, also ein Exemplar jener Sätze, denen die Sentenz Williams den Garaus machen will. Gilt der Satz Williams jedoch nur in der eingeschränkten Weise, die er selbst formuliert, dann läßt er auch andere, also auch metaphysische Wahrheiten zu, d.h. Wahrheiten, die nicht nur Werkzeuge sind, und gibt damit genau den Anspruch auf, den er erhebt, nämlich daß »die *einzigen* Wahrheiten, die etwas taugen, Werkzeuge sind«.

Den pragmatischen Selbstwiderspruch, den seine beiden

Hauptfiguren hier entwickeln und in den sie sich zu verwickeln drohen, hat Umberto Eco im Auge, wenn er Adsons Fragen ohne Antworten stehen läßt. Die einzig mögliche Art, taugliche Wahrheiten zu finden und Wissenschaft zu treiben, kann nicht mehr wissenschaftlich demonstriert werden. Sie kann nur noch vorgemacht oder in einem nicht-wissenschaftlichen Diskurs klar gemacht werden. Der Erzähler Eco darf also tun, was der Wissenschaftler sich verbieten muß. Darauf spielt auch der letzte Satz des Klappentextes der deutschen Ausgabe in Abwandlung eines Wittgenstein-Zitates an: »Wovon man nicht theoretisch sprechen kann, (davon) muß man erzählen.«

Der historische Roman und der Kriminalroman eignen sich besonders gut, das klarzumachen, was Eco ausdrücken wollte. Beide Romanformen propagieren nämlich in besonderer Weise eine »Weltordnung« und eine Entsprechung von Denkordnung und Weltordnung. Weil sie aber fingiert sind, weil sie von vornherein als Fiktion rezipiert werden, kommt der Leser nicht auf die Idee, die fiktiven Ordnungen als die realen anzusehen. Nichtfiktionale Texte, insbesondere der wissenschaftliche Diskurs, sind immer in der Gefahr oder wollen geradezu, daß die Ordnung ihres Denkens als die Ordnung der Welt verstanden wird, zumal sie eine wie auch immer geartete Entsprechung von Denken und Wirklichkeit voraussetzen. So wie Eco die Romanfiktion einsetzt, erfüllt sie genau Williams Kriterium einer tauglichen Wahrheit, nämlich reines Instrument zu sein, um etwas anderes klarzumachen. Sie soll in sich keinen eigenen Sinn haben, sondern nur nützlich sein im Hinblick auf etwas anderes.

Nachdem es heute die Wissenschaften weitgehend aufgegeben haben, sich mit metaphysischen Fragen abzuquälen, und jedes rationale Bemühen um Letztbegründungen sehr schnell in Ideologieverdacht gerät, kann man sich nur noch im ästhetischen Entwurf unverdächtig metaphysisches Denken erlauben. Im ästhetischen Entwurf werden jene Grenzüberschreitungen toleriert, die sich ernster Wissenschaft verbieten; in ihm kann man zu Ende denken, was sonst ungesagt bleiben muß. Ähnlich wie der antike Mythos die Metaphysik der Antike auf eine poetische Art zur Sprache brachte, möchte Ecos Rosenroman die Metaphysik des Mittelalters und der Moderne zur Sprache bringen und sie zugleich vom Standpunkt der Postmoderne als Fiktion und Obsession entlarven. Ecos Rosenroman ist als ästhetischer Entwurf ein postmoderner Mythos, eine erneute Symbiose von poetischem und metaphysischem Denken. Allerdings verbleibt in diesem postmodernen Mythos alles im Bereich des Unverbindlichen ohne metaphysische Wucht und ohne moralische Verpflichtung (Hübner 409–414).

Umberto Ecos ›Der Name der Rose‹ ist eine besonders gelungene Erneuerung mythischen Denkens, die gerade wegen ihrer ästhetischen Qualität und aufgrund ihrer Unverbindlichkeit so verführerisch ist. Ecos ästhetische Weltorientierung in Romanform ist so ansprechend, weil sie Probleme von großer Tragweite »so unendlich fern in der Zeit« (R 12) behandelt und nicht an aktuellen Beispielen, die auf den Magen drücken; weil sie nicht mit der Arroganz der politischen Macher daherkommt, noch mit der Sauertöpfischkeit der Moralprediger, nicht mit dem missionarischen Eifer der Weltverbesserer, Revolutionäre und postmodernen Apokalyptiker, sondern mit der heiteren Gelassenheit einer nachsokratischen Ironie.

Zitierte Literatur

1. Schriften Umberto Ecos

Apocalittici e integrati. Mailand 1964, 4. Aufl. 1977. Deutsch: Apokalyptiker und Integrierte. Zur kritischen Kritik der Massenkultur. Aus dem Italienischen von Max Looser. Frankfurt a. M. 1984.

Dalla periferia dell'impero. Mailand 1977.

Il nome della rosa. Mailand 1980. 2. Auflage 1982. Taschenbuchausgabe: Mailand 1984. Deutsch: Der Name der Rose. Aus dem Italienischen von Burkhart Kroeber. München 1982; Taschenbuchausgabe: München 1986.

Il problema estetico in San Tommaso. Turin 1956; 2., überarbeitete Auflage: Il problema estetico in Tommaso d'Aquino. Mailand 1970.

Il superuomo di massa. Mailand 1976; Taschenbuchausgabe: Mailand 1978.

La struttura assente. Introduzione alla ricerca semiologica. Mailand 1968. Deutsch: Einführung in die Semiotik. Autorisierte deutsche Ausgabe von Jürgen Trabant. München 1972.

Lector in fabula. La cooperazione interpretativa nei testi narrativi. Mailand 1979. Deutsch: Lector in fabula. Aus dem Italienischen von Heinz-Georg Held. München 1987.

Le forme del contenuto. Mailand 1971.

Opera aperta. Mailand 1962, 4. Aufl. 1976. Deutsch: Das offene Kunstwerk. Aus dem Italienischen von Günter Memmert. Frankfurt a. M. 1973.

Prima e ultima dichiarazione. In: L'Espresso, 19. 10. 1986 (Nr. 41, 32.

Jahrgang), S. 152–153. Deutsch: Erste und letzte Erklärung. Aus dem Italienischen von Burkhart Kroeber. In: Die Zeit, 31. 10. 1986, Nr. 45, S. 77.
Postille a ›Il nome della rosa‹. Mailand 1984 (erstmals in: Alfabeta, Nr. 49, Juni 1983, S. 19–22. Deutsch: Nachschrift zum ›Namen der Rose‹. Aus dem Italienischen von Burkhart Kroeber. München 1984; Taschenbuchausgabe: München 1986.
Segno. Mailand 1973. Deutsch: Zeichen. Einführung in einen philosophischen Begriff. Aus dem Italienischen von Günter Memmert. Frankfurt a. M. 1977.
Semiotica e filosofia del linguaggio. Turin 1984. Deutsch: Semiotik und Philosophie der Sprache. Übersetzt von Christiane Trabant-Rommel und Jürgen Trabant. München 1985.
Sette anni di desiderio. Mailand 1983.
Sugli specchi e altri saggi. Mailand 1985.
Sviluppo dell'estetica medievale. In: Momenti e problemi di storia dell'estetica, I. Mailand 1959.
Trattato di semiotica generale. Mailand 1975.

2. Über Umberto Eco und den ›Namen der Rose‹

Alberto Cadioli, L'industria del romanzo. L'editoria letteraria in Italia dal 1945 agli anni ottanta. Rom 1981.
Roberto Cotroneo, Il nome della spina. In: L'Espresso, 19. 10. 1986 (Nr. 41, 32. Jahrgang), S. 150–155.
Teresa de Lauretis, Umberto Eco. Florenz 1981.
Gian Carlo Ferretti, Il best seller all'italiana. Fortune e formule del romanzo »di qualità«. Rom, Bari 1983.
Kurt Hübner, Die Wahrheit des Mythos. München 1985.
Klaus Ickert, Ursula Schick, Das Geheimnis der Rose entschlüsselt. Zu Umberto Ecos Weltbestseller ›Der Name der Rose‹. München 1986.
Lektüren. Aufsätze zu Umberto Ecos ›Der Name der Rose‹. Hg. von Hans-Jürgen Bachorski. Göppingen 1985.
Mit 007 ins mittelalterliche Krimi-Kloster. Umberto Ecos Welt-Bestseller ›Der Name der Rose‹ wird verfilmt. In: Der Spiegel, 11. 11. 1985 (Nr. 46, 39. Jahrgang), S. 248–250.
Saggi su Il nome della rosa. A Cura di Renato Giovannoli. Mailand 1985.
Uwe Schmitt, Make-up für das Mittelalter. Eine Epoche wird eingerichtet. Die Außenaufnahmen zu dem Film ›Der Name der Rose‹. In: Frankfurter Allgemeine Zeitung, 6. 2. 1986, Nr. 31, S. 23.
Tatiana Slama-Cazacu, Analisi contestuale-dinamica del testo letterario. Introduzione di Guiseppe Mininni. Bari 1984; capitolo quarto: Alla ricerca dei segni nascosti: Un frammento de (sic!) »Il nome della rosa« di Umberto Eco.
Dieter E. Zimmer, Eco I, Eco II, Eco III. Der Autor von ›Der Name der Rose‹ im Gespräch. In: Die Zeit, 6. 12. 1985, Nr. 50, S. 49–50.

3. Das Buch zum Film

Hans D. Baumann, Arman Sahihi, Der Film: Der Name der Rose. Eine Dokumentation. Weinheim, Basel 1986.

4. Das Hörspiel zum Buch

Der Name der Rose. Hörspiel in 4 Teilen von Richard Hey nach dem gleichnamigen Roman von Umberto Eco, aus dem Italienischen von Burkhart Kroeber. Musik: Peter Zwetkoff; Regie: Otto Düben; erstmals gesendet vom Südwestfunk, 1. Programm, vom 26. 12. 1986 bis 1. 1. 1987.

Jörn Gruber

Spiel-Arten der Intertextualität im ›Namen der Rose‹
Aus der Werkstatt eines literarischen Falschmünzers
oder
Über die Kunst, aus fremden Texten neue Bücher zu machen

Qui Humbertum legit,
nihil non legit.

Es ist schon lange kein Geheimnis mehr, daß Umberto Eco den Text seines Romans aus fremden Texten zusammengewoben hat, daß ›Il nome della rosa‹ ein Buch aus Büchern ist, ein »Krimi« und eine Chronik aus Zitaten und Versatzstücken; entsprechende Hinweise findet der Leser der italienischen Ausgabe bereits im Klappentext. In der Eco-Forschung spricht man abstrakter und vornehmer von »intertextuellem Verwirrspiel« und »postmoderner Kollage«, modische Begriffe, die der Literaturhistoriker nicht ohne Skepsis vernimmt, da ihn Ecos Umgang mit fremden Texten an Verfahrensweisen erinnert, die im Mittelalter (und in der Renaissance) durchaus geläufig waren. Für den Philologen, der sich mit dem Phänomen der Intertextualität, der Präsenz und Aktualisierung fremder Texte in unserem Roman beschäftigt, lautet die grundsätzliche Frage: »In welchem Maße und in welcher Weise *ver-wendet* Eco mittelalterliche und moderne Texte?« – Die Frage nach dem Maß, der Quantität, wird niemand ohne Ecos Hilfe auch nur annähernd beantworten können; um die Frage nach der Weise der *Text-ver-wendung* zu lösen, genügt ein exemplarisches Corpus und dessen systematische Analyse. Da ich Umberto Eco nicht mit einer pedantischen »Inquisition« behelligen will, auf die er sich ohnehin kaum einließe, verzichte ich nolens volens auf eine positivistische Bestandsaufnahme, in der Zuversicht, daß die auf meinen bisherigen Streifzügen durch mittelalterliche und mediävistische Schriften entdeckten Spuren ausreichen, um einem der erfolgreichsten *faux-monnayeurs* der Weltliteratur auf die Schliche zu kommen.

Beginnen wir *medias in res,* und – im wörtlichen Sinne – mitten im Roman: mit der Untersuchung des vorletzten Kapitels des 3. Tages, das wie kein anderes aus mittelalterlichen Quellen »geschöpft« ist, und über dessen Intertextualität sich Umberto Eco in seiner ›Nachschrift‹ expressis verbis geäußert hat.

I. Dritter Tag. Nach Komplet (I 224–253 ≠ D 283–323)*

Das Kapitel besteht aus zwei Teilen, einem »historischen« und einem »erotischen«; der erste bietet gleichsam einen Abriß der Geschichte der italienischen Fraticellenbewegung, der zweite enthält eine fulgurante Liebesbegegnung: sex and crime sind – in umgekehrter Reihenfolge, die Themen, die hier, im Zentrum des Romans, zusammenfließen.

1. Adson als Chronist *oder* Eco Plagiator

»In Wahrheit«, so schreibt Eco in seiner ›Nachschrift‹, »beschloß ich nicht nur, *vom* Mittelalter zu erzählen. Ich beschloß, *im* Mittelalter zu erzählen, und (zwar) durch den Mund eines zeitgenössischen Erzählers« (P 15 ≙ N 27). »Ich machte mich daran«, so fährt er kurz darauf fort, »die mittelalterlichen Chronisten zu lesen oder wieder zu lesen, um mir ihren Rhythmus anzueignen und ihre Naivität. Sie würden für mich sprechen, und ich wäre frei von jedem Verdacht. Frei von Verdacht, aber nicht von den Echos der Intertextualität.« (P 15 ≙ N 27–28)

Der unbefangene Leser wird sich mit dieser »autobiographisch-poetologischen« Aussage zufriedengeben und die Virtuosität Ecos bewundern, dem es ja in der Tat gelungen ist, den Ton der mittelalterlichen Chronisten genau zu treffen: was Ubertino da Casale in unserem Kapitel über die Fraticellenführer Gherardo Segalelli und Fra Dolcino berichtet, was Adson im Skriptorium liest und was er von Fra Michele erzählt, das

* Eine philologische Untersuchung des Romans, die den Anspruch der nachprüfbaren Exaktheit erhebt, muß selbstverständlich von dem italienischen Originaltext ausgehen, der auch durch die beste Übersetzung nur unvollkommen wiedergegeben wird. Der kritische Vergleich zeigt zudem, daß die von Burkhart Kroeber besorgte deutsche Ausgabe (= D + Seitenangabe) eine »belle infidèle« ist, die sich gegenüber dem Original (= I) – um im Bilde zu bleiben – zahllose (textuelle) Seitensprünge erlaubt. Ich habe daher alle Belege in ihrem Kontext erneut und so wörtlich wie möglich übersetzt: die Leser, denen der italienische Text unzugänglich ist, haben somit erstmalig die Gelegenheit, die angeführten Passagen gemäß der Intention des Autors zu verstehen; jede Übertragung ist bekanntlich eine angewandte Interpretation und damit ein mehr oder minder gelungener Beitrag zu einem rechten Verständnis. Im übrigen mag sich der kritische Leser durch den Vergleich der beiden deutschen Fassungen selbst ein Urteil bilden (≠ = ungleich, ≙ = ähnlich). Weitere Abkürzungen: P = ›Postille a Il nome della rosa‹; N = ›Nachschrift zum »Namen der Rose«‹ (=Übersetzung von P).

alles klingt in jeder Hinsicht, in historischer, sprachlicher, stilistischer, so authentisch, als stamme der Text wirklich aus der Zeit, von der er spricht.

Der kritische Leser wird sich mit diesem ersten Eindruck nicht zufriedengeben und sich selber daranmachen, lateinische und italienische Chroniken von realen Vorgängern und Zeitgenossen Adsons aufzustöbern und sie auf der Suche nach Zitaten, Anklängen, Übernahmen zu durchforsten. In zwei Fällen wird ihn der bloße Titel auf die richtige Fährte führen:

(1) ›Historia fratris Dulcini Heresiarche‹ di anonimo sincrono e ›De secta illorum qui se dicunt esse de ordine Apostolorum‹ di Bernardo Gui. (Die Geschichte des Häresiarchen Fra Dolcino von einem anonymen Zeitgenossen und Über die Sekte derer, die sich als Mitglieder des Apostelordens ausgeben von Bernard Gui) Hrsg. A. Segarizzi 1907.

(2) ›Storia di fra Michele Minorita‹ come fu arso in Firenze nel 1389 con documenti riguardanti i Fraticelli della povera vita. (Die Geschichte des Minoriten Fra Michele, wie er 1389 in Florenz verbrannt wurde mit Zeugnissen hinsichtlich der Fraticellen des armen Lebens) Hrsg. G. Romagnoli 1864.

Entdeckt Adson nicht im Skriptorium eine Handschrift mit dem Titel ›Historia fratris Dulcini Heresiarche‹ (I 235, D 297), und erinnert er sich nicht kurz darauf an die Verbrennung des Fraticellen Michele, der er wenige Monate vor seiner Ankunft in der »Abtei des Verbrechens« (November 1327) in Florenz beigewohnt hat (I 236ff., D 299ff.)? Daß sich die Übereinstimmungen nicht auf die Titel beschränken, erweist schon ein flüchtiger Blick in die beiden Bücher. In welcher Weise Eco sie »benutzt« hat, werden wir sogleich sehen, zuvor gilt es jedoch, das Buch (die Bücher?) aufzufinden, das die Lebensgeschichte Gherardo Segalellis enthält, des Begründers des Apostelordens, auf dessen Person der – uns ebenfalls aus dem Roman bekannte – Inquisitor Bernard Gui in seinem Traktat nur kurz eingeht, um sich ausführlicher mit seinem Nachfolger Dolcino und dessen Lehre zu beschäftigen. Immerhin erfahren wir von Bernard, daß »Geraldus Segarelli« aus Parma stammt und seine unheilvolle Aktivität gegen 1260 entfaltet, eine Angabe, die mit derjenigen übereinstimmt, mit der Ubertino da Casale die orale Chronik beginnt, zu der sich seine Antwort auf Adsons Frage nach dem Bösewicht Dolcino ausweitet: »Die Geschichte beginnt vor Dolcino, (...) vor mehr als sechzig Jahren (sc. vor 1267), und ich war (damals noch) ein Kind. Es war in Parma.«

(I 225 ≙ D 284) Was liegt angesichts dieser durch den realen Bernard Gui verbürgten Information näher, als die Chronik eines Mitbürgers *und* Zeitgenossen Gherardos zu konsultieren? Ich meine die

(3) ›Cronica fratris Salimbene de Adam‹. Hrsg. G. Scalia 1966.

Da die Ausgabe mit einem Index ausgestattet ist, sind wir unserem Gherardo schnell auf der Spur: ihm und der von ihm gegründeten Sekte widmet Salimbene einen Traktat, der in der modernen Ausgabe fast sechzig Seiten einnimmt, und den er in Form eines Exkurses in seine Chronik des Jahres 1248 einschiebt:

›De congregatione seu potius dispersione illorum ribaldorum qui se dicunt Apostolos esse et non sunt‹ (Von der Versammlung (sc. Gemeinde) oder eher Zerstreuung jener Schurken, die von sich behaupten, Apostel zu sein und es nicht sind; 369 bis 428).

Aus diesem Traktat, so sieht man schon bei flüchtigem Durchblättern, stammen in wörtlicher Übersetzung beinahe alle Auskünfte, die Adson von Ubertino erhält. Allerdings hat Eco die Reihenfolge der Episoden teilweise geändert und für den Beginn der »oralen Chronik« nach einem kurzen Zitat zunächst die Technik der zusammenfassenden Paraphrase gewählt, um den Schlußsatz des ersten Redeaktes *tel quel* von Bernard Gui zu übernehmen:

Fu a Parma. Ivi iniziò a predicare un certo Gherardo Segalelli, che invitava tutti a vita di penitenza, e percorreva le strade gridando ›penitenziagite!‹ che era il suo modo di uomo indotto per dire: »Penitentiam agite, appropinquabit enim regnum coelorum.« Invitava i suoi discepoli a farsi simili agli apostoli, *e volle che la sua setta fosse intitolata all'ordine degli apostoli, e che i suoi percorressero il mondo come poveri mendicanti vivendo solo di elemosine ...*
(Es war in Parma (= fuit in Parma; Salimbene 369). Dort begann ein gewisser Gherardo Segalelli zu predigen, der alle zu einem Leben in Buße aufforderte und durch die Straßen lief und schrie: »penitenziagite!«, was seine, eines ungebildeten Mannes Weise war zu sagen: »Penitentiam agite, appropinquabit enim regnum coelorum.« Er forderte seine Schüler auf, es den Aposteln gleichzutun, *und er wollte, daß seine Sekte als Orden der Apostel bezeichnet werde und daß die Seinen als arme Bettler durch die Welt liefen und nur von Almosen lebten* (= sectamque illam ... instituit Apostolorum ordinem nominari, qui per mundum discurrerent sicut pauperes mendicantes et de elemosinis viventes; Bernard Gui 17) (I 225 ≠ D 284).

Die wörtlichen Entlehnungen rahmen Ecos »eigenen« Text gleichsam ein, der indes – wie gesagt – eine verkürzende Paraphrase dessen ist, was bei Salimbene und Bernard Gui genauer und/oder ausführlicher ausgedrückt ist. Ein deutlicher Präzisionsverlust läßt sich beobachten, wenn man Salimbenes und Ubertinos (/Ecos) Erklärung der Wendung *penetenziagite* vergleicht: in der gerade angeführten Passage steht sie für den ganzen Bibelvers, in der authentischen Chronik wird sie dagegen als Verballhornung erklärt, was zugleich einleuchtender, konkreter und damit effektvoller ist.

Ghirardinus Segalellus (...) frequenter dicebat: »Penitençágite!« nesciebat enim exprimere, ut diceret: »Penitentiam agite« (372).
Gherardo Segalelli sagte oft: »Penitençágite!« – er konnte nämlich das Wort Gottes nicht so aussprechen, daß er sagte: »Penitentiam agite«.

Eco kontaminiert offensichtlich seine beiden Quellen, denn nach Bernard Gui, der allerdings im Unterschied zu Salimbene kein Augen- und Ohrenzeuge war, verkündigten Gherardo und seine Jünger den ganzen Bibelvers ohne phonetische Veränderung der Aufforderung *stricto sensu.* Wie ich meine, wäre Eco besser beraten gewesen, wenn er Salimbene von Anfang an »gefolgt« wäre, oder wollte er seine Karten nicht sofort auf den Tisch legen? Hören wir, zum Vergleich mit der Manier des Ecoschen Ubertino, mit welch unnachahmlicher Verve Salimbene seinen »Helden« einführt:

Istorum (sc. ribaldorum etc.) principium *fuit in Parma.* Cum enim in Ordine fratrum Minorum habitarem in Parmensi conventu sacerdos et predicator existens, venit quidam iuvenis natione Parmensis, de vili progenie ortus, illitteratus et laycus, ydiota et stultus, cui nomen Gerardinus Segalellus, et *petiit ut a fratribus Minoribus reciperetur in Ordine. Qui cum non exaudiretur ab eis, tota die,* quando poterat, *morabatur in ecclesia fratrum* et cogitabat quod postea stultizando implevit. *Nam* (... ivi) *depicti erant apostoli* circumcirca *cum soleis in pedibus et cum mantellis circa scapulas involuti* (...). *Ibi iste contemplabatur,* et excogitato consilio, *postquam capillos nutrivit et barbam, accepit soleas Ordinis fratrum Minorum et cordam; quia,* ut iam superius dixi, *quicumque volunt noviter congregationem aliquam facere, ab Ordine beati Francisci aliquid semper usurpant* (369).
Ihr Ursprung war in Parma. Als ich nämlich als Priester und Prediger im Parmenser Kloster des Minoritenordens wohnte, kam ein aus Parma stammender Jüngling von niederer Herkunft, ein ungebildeter Laie und unwissender Dummkopf namens Gerardinus Segalellus und *bat*

darum, von den Minoriten in den Orden aufgenommen zu werden. Als er von ihnen nicht erhört wurde, verbrachte er, wenn er konnte, *den ganzen Tag in der Kirche der Brüder* und dachte sich aus, was er später in törichter Weise durchführte. Denn *(dort) waren Apostel gemalt mit Sandalen an den Füßen und Umhängen um die Schultern. Er betrachtete (diese Bilder),* faßte seinen Entschluß, *ließ sich die Haare und den Bart wachsen und verschaffte sich die Sandalen und die Kordel des Minoritenordens; weil,* wie ich bereits weiter oben gesagt habe, *alle diejenigen, die irgendeine neue Sekte gründen wollen, sich immer etwas von dem Orden des heiligen Franziskus aneignen.*

Der aufmerksame Eco-Leser wird sich des Eindrucks des déjà vu (/lu) nicht erwehren können, und in der Tat finden sich die von mir hervorgehobenen Textsegmente allesamt im dritten Abschnitt von Ubertinos Erzählung wieder:

Chiese di essere ammesso nell'ordine dei minori, ma i nostri confratelli non lo accettarono. Passava i giorni nella chiesa dei nostri frati e vide qui dipinti gli apostoli coi sandali ai piedi e i mantelli avvolti intorno alle spalle, e così si fece crescere i capelli e la barba, si mise i sandali ai piedi e la corda dei frati minori, perché chiunque vuole fondare una nuova congregazione prende sempre qualcosa dall'ordine del beato Francesco.
Er bat darum, in den Minoritenorden aufgenommen zu werden, aber unsere Mitbrüder nahmen ihn nicht an. Er verbrachte die Tage in der Kirche unserer Brüder und sah dort die gemalten Apostel mit den Sandalen an den Füßen und den Umhängen um die Schultern, und so ließ er sich die Haare und den Bart wachsen, band sich die Sandalen an die Füße und die Kordel der Minderbrüder um den Leib, weil jeder, der eine neue Gemeinde gründen will, immer etwas von dem Orden des glückseligen Franziskus übernimmt (I 225 ≙ D 285).

Sieht man von den Kürzungen ab, so geht Eco mit dem Original nicht freier um als etwa der deutsche Übersetzer mit Ecos Text, der somit nichts anderes ist als eine relativ genaue Übertragung, die sich jedoch als solche nicht zu erkennen gibt. Mit anderen Worten: Eco plagiïert Salimbene, dessen lateinischen Text, der gegen 1280 verfaßt wurde, im November 1327 von Ubertino da Casale (re-)produziert wird, so jedenfalls will es die Fiktion, dergemäß Ubertino darüberhinaus natürlich lateinisch gesprochen hat, also beinahe Wort für Wort so, wie es Salimbene ein halbes Jahrhundert zuvor aufgeschrieben hat.

Daß ich von *Plagiat* spreche und nicht von *verstecktem Zitat*, hat seinen guten Grund; wenn Ubertino seine Erzählung nach einem kurzen Einwand Adsons fortsetzt, so bedient er sich, nach einem weiteren versteckten Zitat aus der Schrift des Bernardo Gui, wiederum und, wenn man von einem knappen Nachtrag absieht, ausschließlich der Worte Salimbenes, dessen Text er, wie der folgende Paralleldruck augenfällig macht, durch bloßes Zusammenstreichen adaptiert (alle Segmente, die nur in einem Text vorkommen, sind durch Kursive hervorgehoben):

Bernardo Gui (17)	(I 225–26 ≙ D 285)
(...) cum mantello albo *ad collum per modum peralba elevato cum* tunica alba et longis crinibus (...)	*Vestito* con un mantello bianco *sopra* una tunica bianca e coi capelli lunghi, *si acquistò presso i semplici fama di santità.*
Salimbene (369–70)	
Et vendita domuncula sua et accepto pretio, stetit super lapidem super quem antiquitus potestates Parmenses concionari solebant. Et habens denariorum sacculum non dispersit et dedit pauperibus *nec congregationi pauperum affabilem se fecit,* sed,	Vendette una sua casetta e, avutone il prezzo, si pose su una pietra dalla quale in tempi antichi i podestà erano soliti concionare, tenendo in mano il sacchetto dei danari, e non li disperse, né li dette ai poveri,
vocatis ribaldis qui ibi prope *in platea* ludebant, sparsit inter illos *alta voce* dicendo: »Quicumque vult, accipiat *et habeat sibi!*«	ma chiamati dei ribaldi che giocavano lì vicino li sparse tra loro dicendo: »Ne prenda chi ne vuole«,
Collegerunt *itaque valde cito* ribaldi denarios illos et iverunt et luserunt ad taxillos et, isto audiente qui dederat, blasfemaverunt Deum viventem.	e quei ribaldi presero il danaro e andarono a giocarlo a dadi e bestemmiavano il Dio vivente, ed egli che aveva dato, udiva *e non arrossiva.*

Bekleidet mit einem weißen Umhang über einer weißen Tunika und mit langen Haaren, erwarb er sich bei den Einfältigen den Ruf der Heiligkeit. Er verkaufte sein Häuschen und stellte sich, nachdem er den Preis dafür erhalten hatte, auf einen Stein, von dem in alten Zeiten die Podestà ihre Reden zu halten pflegten, den Beutel mit dem Geld in der Hand; und er gab es nicht aus, noch gab er es den Armen, *noch nahm er die Gemeinschaft der Armen für sich ein,* sondern er rief Strolche herbei, die dort in der Nähe *auf dem Platz* spielten, streute das Geld unter sie und sagte *mit lauter Stimme:* »Nehme, wer davon haben will *und behalte es!*« Und jene Strolche sammelten *daher sehr schnell* das Geld auf und gingen, um es beim Würfeln zu verspielen, und sie lästerten den lebendigen Gott, und derjenige, der gegeben hatte, hörte es *und errötete nicht.*

Die Kürzungen, die Eco vornimmt, betreffen zwei redundante Aussagen (nec congregationi ...; et habeat sibi) und drei Umstandsbestimmungen (in platea; alta voce; valde cito): er entkleidet somit die Anekdote lediglich ihres rhetorischen Schmucks, reduziert sie auf ihren Aussagekern, ihren Stil auf den *dégré zéro de l'écriture*, um mit Roland Barthes zu sprechen. Aber warum diese *Unterbietung* des Originals, die dem Gesetz des *superamentum* zuwiderläuft, das alle anspruchsvollen Werke der mittelalterlichen Literatur in entscheidender Weise bestimmt? Ist Eco ein hastiger Abbreviator, ein mittelmäßiger Übersetzer, unter dessen Hand ein literarisches Kleinod des 13. Jahrhunderts zu einer billigen Imitation verkümmert? Oder steckt hinter der Text(ver)fälschung eine tiefere Absicht, hat sie Methode, und was wäre dann ihr Sinn? Es wäre verfrüht, schon jetzt eine Antwort auf diese Fragen zu versuchen. Halten wir in jedem Falle fest, daß die rhetorische Brillanz des fiktiven Ubertino da Casale hinter derjenigen des realen Salimbene weit zurücksteht. Doch vergessen wir dabei nicht, daß Ubertinos Worte, die in Wahrheit von Salimbene stammen, durch Adson von Melk überliefert werden, der alles andere ist als ein origineller und brillanter Schriftsteller. Sollte Eco sich bewußt die Maske eines mittelmäßigen Chronisten aufgesetzt haben und wäre er dann doch kein bloßer Plagiator?

Brechen wir die vergleichende Analyse der Segalelli-Viten an dieser Stelle ab, da sie keine Antwort auf die aufgeworfenen Fragen erlaubt, und wenden wir uns Ubertinos Bericht über Fra Dolcino zu, wobei ich mich wiederum auf die Analyse des Anfangs beschränke. Hinsichtlich der übrigen Ausführungen Ubertinos mag der Hinweis darauf genügen, daß sie aus der ›Historia fratris Dulcini Heresiarche‹ und dem Traktat des Bernardo Gui kompiliert sind, zumeist wiederum in wörtlicher Übersetzung.

»Dieser Dolcino«, so beginnt Ubertino seine Historie, »war der Bastard eines Priesters, der in der Diözese Novara lebte, in diesem Teil Italiens, ein wenig nördlicher. Irgend jemand hat gesagt, daß er woanders geboren wurde, im Ossolatal oder in Romagnano. Doch das tut nichts zur Sache.« (I 228 ≠ D 288)

Die erste Information stammt wörtlich aus dem Traktat des Bernardo Gui: »Dulcinus Novariensis dyocesis, spurius filius sacerdotis« (19); auf das Ossolatal (deutsch Eschental) weist der Autor der ›Historia fratris Dulcinis Heresiarche‹ (im folgenden ›Historia‹) hin: »(...) quidam frater Dulcinus, filius presbyteri Iulii de Tarecontano *vallis Ossole* diocesis Novariensis« (4), und Romagnano schließlich erwähnt der Dante-Kommentator Benvenuto da Imola (gegen 1379/80): »Hic quidem Dulcinus, ut ab origine repetam vitam suam, fuit de comitatu Novariae, de vico qui dicitur Pratum, quod subest castro Romagnano iuxta flumen Siccidae.« (Hrsg. Vernon-Lacaita 1887, Bd. 2, 358)

Ubertino beruft sich somit implicite auf zwei Zeitgenossen und einen Nachgeborenen, der im November 1327, in dem ja das fiktive Gespräch stattfindet, noch ein Knabe war! Doch damit nicht genug: sein etwas pedantischer Hinweis auf die Abweichungen der Quellen hinsichtlich des Geburtsortes Dolcinos sind, genau betrachtet, unsinnig, da das Ossolatal *und* Romagnano (Sesia) zur Diözese Novara gehörten, wie aus den Quellen eindeutig hervorgeht. Warum die »konfuse Präzisierung«? Ist sie – von Eco aus gesehen – ein Scherz für geographisch versierte Leser, oder ist Adson für die Konfusion verantwortlich, indem er Ubertinos Worte im Abstand von etwa sechzig Jahren falsch wiedergibt, oder hat bereits Ubertino nur vage Vorstellungen von dem Ausmaß der Diözese, der sein eigener Heimatort (Casale) angehört? – Auch auf diese Fragen können wir im Augenblick nicht antworten. Wenden wir uns deshalb der unmittelbar folgenden Passage zu, die ein erneutes Plagiat darstellt:

Benvenuto (358)	I 228 ≠ D 288
Infantulus venit Vercellas; ibi nutritus in ecclesia sanctae Agnetis (...) sub presbytero, qui vocatus est Augustus, qui eum misit ad scholas sub magistro Syon professore grammaticae.	
Erat enim acutissimi ingenii (...) (s.o. eum misit etc.) (Nam) surripuit furto sacerdoti praefato certam summam pecuniae (...) et contulit se ad extrema Italiae ad civitatem Tridenti. Ibi *in montibus illis inter gentes rudes et credulas coepit fundare novam sectam in habitu fraticelli sine ordine,* praedicans se verum apostolum Dei et quod omnia debebant esse communia in caritate; et quod licebat uti omnibus mulieribus indifferenter, ita quod *nullus concubitus erat damnatus, nisi in matre et filia.*	Era un giovane di ingegno acutissimo e fu educato alle lettere, ma derubò il sacerdote che si occupava di lui e fuggì verso oriente, nella città di Trento. *E lì riprese la predicazione di Gherardo, in modo anche più ereticale,* asserendo di essere *l'unico* vero apostolo di Dio e che ogni cosa doveva essere commune nell'amore, e che era licito andare indifferentemente con tutte le donne, per cui *nessuno poteva essere accusato di concubinato, anche se andava con la moglie e con la figlia.*

Benvenuto: Als Kind kam er nach Vercelli; dort wurde er in der Kirche der heiligen Agnes aufgezogen unter dem Presbyter, der Augustus hieß, und der ihn in die Schule schickte zu dem Magister Syon, einem Lateinlehrer. Er war von äußerst scharfem Verstand/, so daß er in kurzer Zeit ein sehr guter Schüler wurde. Aber nicht lange verbarg er seine Verworfenheit, die unter einem außergewöhnlich anmutigen Wesen steckte./ Er stahl nämlich dem vorgenannten Priester/, der ihm zu sehr vertraute/ eine gewisse Geldsumme ...
Er begab sich an die äußerste Grenze Italiens in die Stadt Trient. Dort gründete er in den Bergen unter rohen und leichtgläubigen Leuten eine neue Sekte in der Tracht eines ordenslosen Fraticellen, und er predigte, daß er ein wahrer Apostel Gottes sei und daß alle Dinge gemeinsam sein müßten in der Nächstenliebe und daß es erlaubt sei, unterschiedslos mit allen Weibern zu verkehren und daß kein Beischlaf verurteilt werde, außer mit der Mutter und der Tochter.

Eco: Er war ein Jüngling von äußerst scharfem Verstand und wurde zur Gelehrsamkeit erzogen. Doch beraubte er den Priester, der sich um ihn kümmerte, und floh nach Osten in die Stadt Trient. Dort nahm er Gherardos Predigertätigkeit wieder auf in noch häretischerer Weise, indem er behauptete, der einzige wahre Apostel Gottes zu sein, und daß alle Dinge gemeinsam sein müßten in der Liebe und daß es erlaubt sei, unterschiedslos mit allen Weibern zu verkehren, weshalb niemand des Konkubinats angeklagt werden könne, auch wenn er mit seiner Frau und seiner Tochter verkehre.

Umberto Eco, der wirkliche »Autor« des italienischen Textes, betätigt sich, wie aus der Gegenüberstellung deutlich hervorgeht, auch in diesem Falle als Übersetzer, Abbreviator und darüberhinaus als Textverderber. Durch den Einschub von *unicum* (*-co*), die Abwandlung von *concubitus* (Beischlaf) in *concubinatus* (*-to:* außerehelicher Geschlechtsverkehr), und durch die Ersetzung von *nullus* durch *nemo* (nessuno) und *mater* durch *uxor* (moglie) wird die von Benvenuto referierte Lehre Dolcinos im Munde Ubertinos »noch häretischer« (Dolcino beansprucht die Exklusivität der Berufung zum Apostel) und zugleich unsinnig: wer mit seiner Frau *und* seiner Tochter verkehrt, wird nicht des Konkubinats angeklagt, sondern des Inzests. Über das Inzestverbot aber setzt sich selbst Dolcino nicht hinweg, der nach Benvenuto *auch* ein Apostel der sexuellen Freiheit war. Die Fehlleistung Ubertinos, die sicher nicht auf eine philologische oder psychologische Fehlleistung Ecos zurückgeht, könnte leicht zu naheliegenden Spekulationen verführen. Die homophilen Neigungen dieses asketischen Spiritualen werden im Roman mehrfach diskret angedeutet (vgl. insbesondere den Beginn unseres Kapitels, I 224 ≠ D 283), und so entspringt seine unbewußte Umdeutung der häretischen Dogmen Dolcinos, derzufolge – wenn mir das Wortspiel erlaubt ist – die Töchter »zum Verkehr freigegeben« und die Mütter »aus dem Verkehr gezogen werden«, möglicherweise dem verdrängten Wunsch, mit den geistigen Söhnen nicht nur geistig zu verkehren. Doch lassen wir die Spekulation auf dieser Andeutung beruhen, um eine naheliegendere Hypothese zu formulieren: Ist es nicht eher Adson, der die Worte Benvenutos mißversteht und entstellt, und legt er sie nicht dem Ubertino seiner Erzählung nachträglich in den Mund? Mit anderen Worten: Eco, der empirische Autor des Romans, läßt – gemäß dieser Hypothese – seinen fiktiven Erzähler den Text Benvenutos, den er nicht vor 1380 gelesen haben kann, während der Abfassung unseres Kapitels (gegen 1390) in die Novemberwoche des Jahres 1327 zurückprojizieren, auf die er Zeit seines Lebens fixiert bleibt. Doch lassen wir auch diese Fragen und diese Hypothese zunächst auf sich beruhen, um Ubertino vorläufig zu verlassen, der im weiteren Verlauf seiner ›Historia Dulcinis‹ aus der authentischen ›Historia‹ und dem Traktat Bernardo Guis schöpft, deren Aussagen er (d. h. natürlich: Eco) zu einem kohärenten Text kompiliert, dessen intertextuelle Analyse indes keine neuen Befunde einträgt.

Wir kommen damit zu dem Augenblick, in dem Adson im Skriptorium die Handschrift der ›Historia‹ entdeckt und aus ihr erfährt, was Ubertino nicht erzählt hat, noch dazu von einem Augenzeugen, so jedenfalls steht es bei Eco. In Wirklichkeit stammen nicht alle Angaben aus der ›Historia‹, die im übrigen »korrekt« angeführt wird. Je eine Passage ist aus einer Bulle des Papstes Clemens V. vom 15. April 1307 und dem Dante-Kommentar Benvenutos da Imola von 1379/80 eingefügt. Der Papst wird im Unterschied zu Benvenuto *regelrecht* zitiert, d. h. mit Angabe der Zeit und des Adressaten (»Sobald der Papst die Nachricht/sc. von der Gefangennahme Dolcinos/erfuhr, übermittelte er sie an König Philipp von Frankreich, dem er schrieb«):

Clemens V (ed. Segarizzi 45)	I 235 ≙ D 298
(...) nova gratissimae exultationis iocunditate foecunda nostris auribus pervenerunt, quod ille daemon pestifer, filius Belial, horrendissimus haeresiarcha Dulcinus, *miro dei prodigio*,	Ci sono giunte notizie graditissime, feconde di gioia ed esultanza, perché quel demone pestifero, figlio di Belial e orrendissimo eresiarca Dolcino,

cum magnis stragibus laboribus et periculis ac *expensis quamplurimis* frequent*er* interven*ien*tibus, finaliter est cum multis suis sequacibus nostris carceribus mancipatus per venerabilem fratrem nostrum Raynerium episcopum vercellensem captusque extitit in die sancta coenae Domini *proximo praeterita per gentes episcopi supradicti*

dopo lunghi pericoli, fatiche, stragi e frequenti intervent*i*, finalmente coi suoi seguaci è prigioniere nelle nostre carceri, per opera del nostro venerabile fratello Raniero, vescovo di Vercelli, catturato nel giorno della santa cena del Signore,

et infinitus populus, qui tunc erat cum ipso, eius contagio labefactus, occisus est illa die.

e la numerosa gente che era con lui, infettata dal contagio, fu uccisa quel giorno stesso.

Uns sind höchst willkommene, freuden- und jubelbringende Nachrichten zu Ohren gekommen, daß nämlich jener unheilvolle Dämon, Sohn des Belial und schreckliche Häresiarch Dolcino *durch ein erstaunliches Wunder Gottes* mit (/nach) großen Blutbädern, Mühen und Gefahren (/Gefahren, Mühen, Blutbädern) und mit sehr vielen häufig dazwischenkommenden Ausgaben (/häufigen Einmischungen) endlich mit vielen seiner Anhänger (/mit vielen Anhängern) in unsere Kerker eingeliefert worden ist (/in unseren Kerkern gefangen sitzt) durch unseren (/durch das Werk unseres) ehrwürdigen Bruder(/s) Reinhard, Bischof von Vercelli, und gefangengenommen wurde am *vergangenen* heiligen Tage des Abendmahls des Herrn (/am Tage des heiligen ...) *durch die Leute des vorgenannten Bischofs,* und ein zahlloses (/zahlreiches) Volk, das *damals* bei ihm war, zugrunde gerichtet (/angesteckt) von seiner (/der) Seuche, wurde noch am selben Tag getötet.

Der Paralleldruck von Original und Nachbildung und die Kennzeichnung aller Abweichungen in meiner wörtlichen Übertragung machen erneut sinnfällig, daß sich Eco, wenn er fremde Texte adaptiert, in der Regel so eng an seine Vorlage hält wie ein »bloßer« Übersetzer es täte, dem es nicht auf absolute philologische Exaktheit ankommt. Die leichten Kürzungen, die er auch in diesem Falle vornimmt, machen den reichlich überladenen päpstlichen Text sozusagen schlanker, so daß die überschwengliche Freude, die er ausdrücken soll, aus ihrer »bürokratischen« Einkleidung befreit wird. Das Ergebnis ist eine kunstvoll ausgewogene Periode, die in rhythmischer, syntaktischer und semantischer Hinsicht dem modernen Geschmack mehr zusagt als das Vorbild. Nun wäre gegen eine solche modernisierende Vereinfachung wenig einzuwenden, ginge sie nicht wiederum mit einer Sinnverfremdung einher, ich meine die »fehlerhafte« Auflösung des Ablativus absolutus *expensis quamplurimis frequenter intervenientibus*, den Eco so wiedergibt, als stünde im Urtext *frequentibus interventibus* (= frequenti interventi). Vermutlich hat er sich nicht die Zeit nehmen wollen, diese auf den ersten Blick unklare Stelle gemäß der *intentio auctoris* zu interpretieren, was man einem Romancier ja auch kaum verübeln kann. Immerhin läßt dieser Befund den Verdacht aufkommen, daß es Eco bei der Übersetzung und Anverwandlung seiner lateinischen Quellen mit der »philologischen Wahrheit« nicht immer sehr genau genommen hat, zumal er jedem pedantischen Vorwurf mit dem Rückzug auf die Position seines (fiktiven) Erzählers begegnen kann. In dem vorliegenden Fall ist die unangemessene Wiedergabe des Ablativus absolutus leicht als *lectio facilior* zu erklären, die Adson beim Lesen oder aber beim Aufschreiben der Passage unterlaufen sein kann.

Es empfiehlt sich, auch in diesem Falle noch keine Entscheidung für die eine oder die andere Lösung zu fällen und uns dem Finale der Dolcino-Episode zuzuwenden, das sich unmittelbar an das Zitat der päpstlichen Bulle anschließt. Der Text, der in der italienischen Ausgabe 18 Zeilen einnimmt, stammt nur zu einem geringen Teil von Eco/Adson: alle wichtigen Informationen sind aus der ›Historia‹, dem Dante-Kommentar Benvenutos und dem Dante-Kommentar eines anonymen Florentiners des 14. Jahrhunderts zusammengetragen. Ich verzichte aus Raumgründen auf die genaue Gegenüberstellung der Vorlagen und ihrer Nachbildung, die keinerlei bemerkenswerte Abweichungen enthält. Vermerkt sei lediglich, daß Eco/Adson selbst die Amputation der Nase und des männlichen Gliedes nicht »erfunden«, sondern bei Benvenuto vorgefunden hat; der abschließend in extenso zitiert sei (die von mir hervorgehobenen Wendungen sind wörtlich oder dem Sinne nach in Ecos Roman übertragen worden; I 235–36 ≙ D 298–99).

Et quod notatum fuit a videntibus, et est mirabile dictu, *inter tot et tam amara tormenta dicitur numquam mutasse faciem, nisi semel in amputatione nasi, quia strinxit parum spatulas; et in amputatione virilis membri* juxta portam civitatis, quae dicitur Picta, *ubi traxit magnum suspirium* contractione narium (Hrsg. Vernon-Lacaita, Bd. 2,361).

Eco hat somit die eigentliche ›Historia fratris Dulcini Heresiarche‹ umgeschrieben, indem er eine Auswahl von Aussagen, die er ihr in wörtlicher Übersetzung entnimmt, durch Aussagen anderer Gewährsmänner des 14. Jahrhunderts ergänzt: das Ergebnis ist ein kohärenter Text ohne sichtbare Nahtstellen, dessen historische Zuverlässigkeit allerdings wegen der Kontamination verschiedener Quellen, die einander zuweilen widersprechen, nicht überschätzt werden darf. Kennt man Ecos Technik des Plagiats, so läßt sich beinahe mühelos ein »neuer« Text aus denselben Quellen herstellen, den man mit demjenigen des Romans austauschen könnte. Genau dieses Verfahren ist für die Verfertigung mittelalterlicher Chroniken durchaus üblich, so daß Eco/Adson nicht »aus der Rolle fällt« (s. u. Konklusion).

Ganz anders verhält es sich mit der Geschichte des Fraticellen Michele, deren Finale Adson kurz vor seiner Zusammenkunft mit William beigewohnt haben will. Wir haben es in diesem Falle mit einer einzigen Quelle zu tun, die noch dazu in italienischer Sprache überliefert ist. Der Vergleich von Vorlage und Nachbildung macht deutlich, daß sich Eco nicht mit einfachem Abschreiben zufriedengibt, sondern die ausgewählten Passagen häufig umschreibt. Damit ist der Tatbestand des verschleierten Plagiats erfüllt, doch besteht keinerlei Anlaß, Eco daraus einen Vorwurf zu machen, ganz im Gegenteil. Er läßt seinen Chronisten genauso vorgehen, wie es dessen reale Kollegen im Mittelalter häufig taten. Bemerkenswert ist lediglich, daß Adson die Verbrennung des Minoriten um 63 Jahre vorverlegt und behauptet, ihr beigewohnt zu haben (1327), während sie in Wahrheit zu dem Zeitpunkt stattgefunden hat, in dem er bereits mit der Niederschrift seiner Chronik beschäftigt war (1389). Dies ist indes nicht das erste Mal, daß wir Unstimmigkeiten in der fiktiven Chronologie der Ereignisse entdecken, von denen Adson berichtet. Wir werden sogar sehen, daß Eco seinen Adson Texte zitieren läßt, die nach seiner Zeit (nach 1400) entstanden sind. Für den Augenblick mag es genügen, auf eine textuelle Unstimmigkeit hinzuweisen, die unsere Sammlung von »philologischen Fehlleistungen« bereichert und uns der Lösung der Frage näherbringt, ob Eco oder »nur« Adson für derartige Entgleisungen verantwortlich zu machen ist. Ich zitiere die Stelle in ihrem Kontext, so daß das Verfahren der Übernahme deutlich wird:

Storia 23	
dicea con grande fervore:	ripeteva ... che se a professare questa retta opinione avesse dovuto essere condannato al supplizio, tanto meglio,
o in quanto poca d'otta potremo vedere ciò che dicono le scritture ... e' vi si vederanno que' XXIII vecchi ... ivi si vederà Iesù Cristo, ivi si vederà il padre nostro, santo Francesco; ivi si vederà quelli gloriosi martiri.	perché in breve tempo avrebbe potuto vedere ciò che dicono le scritture, e i ventiquattro vegliardi dell'Apocalisse, e Gesù Cristo, e san Francesco, e i gloriosi martiri.
E poi dicea: se noi andiamo a leggere con tanto desiderio la dottrina del santo abbate, e di P. Io., e di santo B.,	E mi dissero che disse: »Se leggiamo con tanto fervore la dottrina di certi santi abati
con quanto maggiore doveremo desiderare di stare co loro!	con quanto maggior fervore e gioia dobbiamo desiderare di star in mezzo a loro.«

Storia: er sagte mit großer Inbrunst: Oh in wie kurzer Zeit werden wir sehen können, was die Heiligen Schriften sagen ... dort wird man jene 23 Greise sehen können ..., dort wird man Jesus Christus sehen, dort wird man unseren Vater sehen, den heiligen Franziskus; dort wird man jene ruhmreichen Märtyrer sehen. Und dann sagte er: wenn wir die Lehre des heiligen Abtes und des P(ropheten) Jo(hannes) und des heiligen B(ernhard von Clairvaux) mit solcher Begierde lesen, mit wieviel größerer müssen wir dann begehren, bei ihnen zu sein!
Eco: er wiederholte ..., daß, wenn er für die Verkündigung dieser richtigen Auffassung zum Tode verurteilt werden sollte, dies um so besser sei, da er in kurzer Zeit das sehen könne, was die Schriften sagen, und die vierundzwanzig Greise der Apokalypse und Jesus Christus und den heiligen Franziskus, und die ruhmreichen Märtyrer. Und man sagte mir, er habe gesagt: »Wenn wir mit soviel Inbrunst die Lehre gewisser heiliger Äbte lesen, mit wieviel größerer Inbrunst und Freude müssen wir dann begehren, unter ihnen zu sein.«

Wie man sieht, beschränkt sich Eco nicht darauf, die in Frage stehende Passage einfach aus seiner Quelle abzuschreiben: er geht nicht anders mit ihr um als mit den lateinischen Chroniken, d.h. er hält sich nicht streng an den Wortlaut, sondern nimmt Kürzungen und Ergänzungen vor, hier sogar eine Berichtigung. Außerdem setzt er die direkte Rede zunächst in indirekte Rede um, wobei er die Aussage durch den Verzicht auf Wiederholungen verdichtet. Die entscheidende Änderung findet sich in der wörtlichen Rede Micheles: er bezieht sich in dem überlieferten Text auf *den* heiligen Abt, der kein anderer sein kann als Gioacchino da Fiore, auf den sich lange vor ihm schon Dolcino berufen hat. Eco/Adson dagegen verwandelt den Singular in einen Plural und verzichtet auf die namentliche Erwähnung von Johannes (dem Verfasser der Apokalypse) und Bernhard von Clairvaux, die gleichsam anonym in die Reihe der heiligen Äbte aufgenommen werden: ein deutlicher Fall von Textkorruption durch Ignoranz. Wer aber wollte diese Unkenntnis Umberto Eco zuschreiben, der wenige Seiten zuvor den *abate Gioacchino* im Zusammenhang mit Dolcino erwähnt (I 231 ≙ D 292)? Es ist vielmehr Adson, der die einzelnen Autoritäten durcheinanderbringt, der nicht begreift, was er liest, und daher allerlei »intertextuelle Verwirrung« stiftet, die man nur dann als solche erkennen und »entwirren« kann, wenn man weiß, welchen Text Eco im Namen Adsons seinem Roman »einverleibt«. Hat der empirische Autor des Romans folglich auch in Hinblick auf den kritischen Leser geschrieben, der ihm »auf die Schliche kommt« und nicht nur die Vorlagen, sondern auch den Umgang mit diesen Vorlagen aufdeckt, wie wir es gerade versuchen? – Die bisherigen Beobachtungen sprechen für diese Annahme, die folgenden werden sie bestätigen.

2. Mystik und Erotik *oder* Visio und Unio aus zweiter Hand

Der Übergang von der Historie zur Mystik im Zentrum unseres Kapitels vollzieht sich weder unvermittelt noch unmotiviert; er fällt vielmehr zusammen mit der Transition vom Plagiat zum »regelrechten« Zitat. Mit anderen Worten: Adson/Eco wechselt das Thema, indem er beinahe unmerklich von einem fremden Text, der als solcher nicht kenntlich gemacht wird, zu einem anderen übergeht, der expressis verbis als Fremd-Text markiert ist:

Dann brannte die Hütte (sc. der Scheiterhaufen) lichterloh wie eine Fackel und verursachte eine große Helligkeit, und wenn da nicht der arme verkohlte Körper des Michele gewesen wäre, den man noch zwischen den glühenden Holzstangen sehen konnte, so hätte ich mich vor dem brennenden Dornbusch geglaubt. Und ich war so nahe daran, eine Vision zu haben, daß mir (so erinnerte ich mich, während ich die Treppen der Bibliothek emporstieg) spontan einige Worte über die ekstatische Entrückung auf die Lippen gestiegen waren, die ich in den Büchern der heiligen Hildegard gelesen hatte: »Die Flamme besteht in einer glänzenden Helligkeit, in einer innewohnenden Kraft und in einer feurigen Glut; die glänzende Helligkeit aber besitzt sie, damit sie leuchtet und die feurige Glut, damit sie (ver-)brennt.« (I 242 ≠ D 307)

Das Zitat kann in dieser unsymmetrischen Form (abc: a'c') nicht authentisch sein, was Adson hätte merken müssen, wenn Eco es gewollt hätte; zweifellos fehlt ein Element (b'), das etwa lauten müßte: »die innewohnende Kraft (besitzt sie), damit sie stark ist«. Und in der Tat zeigt der Vergleich mit dem Original, daß Adson den Text verderbt hat. Nur wenn man die Lücke wieder ausfüllt, kann man den Text so verstehen, wie ihn Hildegard von Bingen ursprünglich gemeint hat: als mystische Gottesdefinition, in der die drei Attribute der Flamme die göttliche Dreieinigkeit abbilden (heller Glanz: Vater, innewohnende Kraft: Sohn, feurige Glut: Heiliger Geist). Durch die unbewußte Auslassung eliminiert Adson gleichsam den Erlöser aus »seinem« Text und aus seinem Glauben, was angesichts des Märtyrertodes des Minoriten Michele, der ja für die, d.h. für *seine* Wahrheit stirbt, verständlich ist. Auf Eco jedenfalls geht diese Fehlleistung des Gedächtnisses nur insofern zurück, als er ihr Autor ist und nicht ihr Opfer, denn dasselbe Zitat wird wenige Seiten später (I 250 ≠ D 318, s.u.) in einem anderen Kontext ein zweites Mal verwendet, und zwar mit einer geringfügigen Änderung (perché: affinché = damit), die darauf hindeutet, daß Eco jeweils unmittelbar aus der lateinischen Vorlage übersetzt. Doch hören wir seinen eigenen Kommentar: »Ich möchte ein Beispiel dafür geben, wie das Erzählen ein Mit-den-Fingern-Denken sein kann. Es ist offensichtlich, daß die Beischlafszene in der Küche ganz aus Zitaten zusammengesetzt ist, die aus religiösen Texten stammen, vom Hohenlied bis zum heiligen Bernhard (sc. von Clairvaux) und Jean de Fécamp oder Hildegard von Bingen. Selbst wer nicht mit der mittelalterlichen Mystik vertraut ist, hat das gemerkt, wenn er nur ein bißchen Ohr hat. Aber wenn mich jetzt jemand fragt, von wem die Zitate stammen und wo das eine aufhört und das andere beginnt, so bin ich nicht mehr imstande, es zu sagen.« (P 27 ≙ N 51)

Glaubt man Ecos auf diese Erklärung folgenden Aussagen, so hat er, in der Absicht, mystische und erotische Ekstase einander anzugleichen, während des materiellen Schreibaktes aus einer großen Menge in Frage kommender Texte diejenigen aneinandergefügt, die ihm erlaubten, dem Rhythmus des Beischlafs mit den Fingern (auf den Tasten der Schreibmaschine) zu folgen. Das Auswahlkriterium wäre demnach ein musikalisch-metrisches ohne Rücksicht auf die Aussage: »Was das an einer bestimmten Stelle eingefügte Zitat rechtfertigte, war der Rhythmus, mit dem ich es einfügte; ich schied diejenigen mit den Augen aus, die den Rhythmus der Finger angehalten hätten.« (P 27 ≙ N 52) Ein solches Vorgehen hätte allerdings zur Voraussetzung, daß die verfügbaren Texte Eco in italienischer Übersetzung vorlagen, und zur Folge, daß eine semantisch ungeordnete Zitatsequenz entstünde, deren Kohärenz dem Zufall überlassen wäre. Nun läßt sich jedoch zeigen, daß Eco die Auswahl der Zitate nicht dem »rhythmischen Gespür seiner Augen« überläßt, sondern vielmehr *bewußt* komponiert und dazu lateinische Originaltexte und/oder italienische Übertragungen benutzt. So stammen die Beschreibung und die Apostrophierung des Mädchens, die gleichsam dem »Vorspiel« und dem »Liebesakt vor dem Höhepunkt« entsprechen, ausschließlich aus dem Hohenlied (Canticum Canticorum) des Alten Testamentes, wobei sich Eco überraschenderweise überwiegend der italienischen »Einheitsübersetzung« von 1974 bedient (La Sacra Bibbia. Edizione ufficiale della CEI, sc. Conferenza episcopale italiana), die natürlich dem hebräischen Text des ›Cantico dei cantici‹ folgt, den Adson, wenn es ihn wirklich gegeben hätte, nicht kennen konnte, da er des Hebräischen nicht mächtig war. Die anachronistische Verwendung der »modernen Bibel« geschieht nun in der Weise, daß Eco einzelne Sequenzen des Hohenliedes auswählt und in veränderter Reihenfolge zusammensetzt; mit anderen Worten: Eco »demontiert« die Vorlage und »montiert« sie gemäß einem anderen Bauplan wieder zusammen; mit »postmoderner Kollage« hat diese Technik so wenig zu tun wie die Anverwandlung der mittelalterlichen Chroniken, die – wie wir sahen – den ersten Teil unseres Kapitels bestimmt. Für unsere Betrachtung sind die wenigen Passagen von besonderem Interesse, in denen der Text des Romans von demjenigen des Hohenliedes abweicht. Sofern es sich nicht um Überleitungen handelt (I 248, 3. Absatz ≙ D 316), in denen der Bibeltext lediglich durch Anspielungen gegenwärtig ist, bedürfen diese Abweichungen der philologischen Erklärung. Ich wähle die drei auffälligsten Beispiele aus.

Einheitsübersetzung/Vulgata	I 248 ≠ D 315
Il *tuo* capo si erge su di te come il Carmelo (7.6). Il tuo collo come una torre d'avorio; oculi tui sicut piscinae in Esebon (/laghetti	*Ma* la testa si erg*eva fieramente* su un collo *bianco* come torre d'avorio, i suoi occhi erano *chiari* come le piscine di Hesebon,

di ...) il tuo naso come la torre del Libano (7.5), comae capitis sicut purpura (/la chioma del suo capo è come la porpora; 7.6).	il *s*uo naso *era una* torre del Libano le chiome del suo capo come porpora.
Le tue chiome come un gregge di capre (4.1), i tuoi denti *sono* come un gregge di pecore che risalgono dal bagno; tutte *procedono* appaiate e nessuna è senza compagna (6.6 ≙ 4.2).	Sì, la *s*ua chioma *mi parve* come un gregge di capre, i *s*uoi denti come gregg*i* de pecore che risalgono dal bagno, tutte appaiate, sì che nessuna *di esse era prima della* compagna.

Bibel: Dein Haupt erhebt sich auf dir wie das Kamel. Dein Hals (ist) wie ein Elfenbeinturm; deine Augen sind wie die Teiche in Heschbon, deine Nase ist wie der Libanonturm, die Locken deines Hauptes wie eine Ziegenherde, deine Zähne sind wie eine Herde von Schafen, die aus der Schwemme steigen; alle gehen sie paarweise einher und keines ist ohne Gefährten.
Eco: Aber der Kopf erhob sich stolz auf einem Hals so weiß wie ein Elfenbeinturm, ihre Augen waren klar wie die Teiche von Heschbon, ihre Nase war ein Turm des Libanon, ihr Haupthaar wie Purpur. Ja, ihr Haar schien mir wie eine Ziegenherde, ihre Zähne wie Herden von Schafen, die aus der Schwemme steigen, alle paarweise, so daß keines von ihnen vor dem Gefährten war.

Die Gegenüberstellung von Vorlage und Nachbildung erweist, daß sich Eco im wesentlichen auf elementare Transformationen beschränkt: (a) die Anrede wird zur Beschreibung (du, dein: sie, ihr); (b) eine Sequenz aus 7.6 wird mit einer aus 7.4 zusammengefügt, so daß zwei Aussagen in einer Synthese aufgehoben werden, wobei das eliminierte Bild des Kamels mit stolz erhobenem Kopf durch das entsprechende Adverb (fieramente) ersetzt wird; (c) implizierte Aussagen werden durch Einfügen von Adjektiven explizit gemacht (weiße Zähne, klare Teiche); (d) aus dem Libanonturm wird ein Turm des Libanon, zweifellos eine versteckte Anspielung auf die Wachtürme der heutigen (kriegerischen) Zeit; (d) Verben, die für das Verständnis nicht notwendig sind, werden eingefügt oder fortgelassen; (e) Eco folgt an zwei Stellen dem Text der Vulgata (*piscinae: piscine* statt angemessener: *laghetti,* da man bei *piscina* natürlich zunächst an »Schwimmbad« denkt; *comae: chiome* = poetischer Plural statt: *chioma*).

Die letzte Aussage allerdings ist offensichtlich entstellt, denn ihr ursprünglicher Sinn läßt sich folgendermaßen umschreiben: »Deine Zähne sind weiß wie eine Herde frisch gebadeter Schafe und ebenmäßig wie paarweise aufgereihte Schafe, so daß jeder Zahn sein genaues Gegenstück hat und keinem eine Lücke gegenübersteht.« Ecos Text ist dagegen sinnlos. Freilich genügt es, statt *prima della compagna* (vor der Gefährtin): *priva della compagna* (= *senza compagna*, ohne Gefährtin) zu lesen, um die ursprüngliche Aussage wiederherzustellen. In diesem Falle läge lediglich eine mißglückte sprachliche Variation vor. Eine andere Deutungsmöglichkeit besteht in der Annahme, Adson habe paradoxerweise den Text der italienischen Einheitsübersetzung von 1974 verderbt, denn die Version der Vulgata, die einzige Vorlage, deren Kenntnis ihm ohne Anachronismus zugetraut werden kann, hat einen ganz anderen Wortlaut, der auf einem Mißverständnis des Originals beruht:

dentes tui sicut grex ovium quae ascenderunt de lavacro omnes gemellis fetibus et sterilis non est in eis (6.5).	deine Zähne sind wie eine Herde Schafe, die aus der Schwemme gekommen sind, die alle Zwillinge haben, und von denen keines unfruchtbar ist.

Dem unbefangenen Leser wird zweifellos die Annahme eines Druckfehlers einleuchtender erscheinen als die bereits mehrfach vorgetragene Hypothese, nach der Eco seinen Adson bewußt zum Textverderber werden läßt. Allein, auch das dritte Beispiel bietet die Möglichkeit, einen sinnlosen Text durch die Ausmerzung eines mutmaßlichen Druckfehlers an die Vorlage anzugleichen. Haben Eco und die Spezialisten seines Verlags nicht sorgfältig genug Korrektur gelesen, oder hat die Entstellung einzelner Wörter Methode?

Vulgata	
... ubera tua sicut duo hinuli capreae gemelli qui pascuntur in liliis (4.5).	Deine Brüste sind wie zwei Kitzlein, wie die Zwillinge einer Gazelle, die in den Lilien weiden.
umbilicus tuus crater tornatilis numquam indigens poculis	dein Nabel ist wie ein runder Becher, dem es niemals an Getränk mangelt,
venter tuus sicut acervus tritici vallatus liliis (7.2)	dein Bauch wie ein Weizenhaufen, von Lilien umgeben.

Einheitsübersetzung	I 249 ≠ D 316
I tuoi seni sono come due cerbiatti, gemelli di una gazzella, che pascolano fra i gigli (4.5).	i suoi seni mi apparvero come due cerbiatti, *due* gemelli di gazzelle che pascolavano tra i gigli,
Il tuo ombelico è una coppa ro-	il suo ombelico fu una coppa ro-

tonda che non manca mai di vino drogato. Il tuo ventre è un mucchio di grano, circondato da gigli (7.3).	tonda che non manca mai di vino drogato, il suo ventre un mucchio di grano *contornato di fiori delle valli.*

Einheitsübersetzung ≙ Vulgata (Getränk: Würzwein) ≙ I 249 (außer letzter Nebensatz)
Eco: Ihre Brüste erschienen mir wie zwei Kitzlein, *zwei* Zwillinge von Gazellen, die zwischen Lilien weiden, ihr Nabel war ein runder Becher, dem es niemals an Würzwein mangelt, ihr Bauch ein Weizenhaufen, umgeben von *Blumen der Täler.*

Auch hier zeigt der Paralleldruck, daß Eco im Prinzip dem Text der »modernen Bibel« folgt. Die erste Abweichung ist unerheblich: ihr Ergebnis ein Verlust an Präzision, verbunden mit einer Tautologie (Zwillinge einer Gazelle: zwei Zwillinge von Gazellen). Anders steht es mit der Partizipialkonstruktion: *circondato* wird durch ein Synonym ersetzt *(contornato);* die Lilien, Symbol der Reinheit und Weiße, werden zu bloßen Blumen, die indes durch das Genitivattribut *delle valle* (der Täler) spezifiziert werden, das gemäß der *figura etimologica* aus *vallatus* abgeleitet wird, so daß die Rückübersetzung in die Sprache der Vulgata den folgenden, durchaus sinnvollen Text ergibt:

il suo ventre un mucchio di grano *con*tornato di fiori delle valli.	*venter suus acervus tritici vallatus floribus *con*vallium

Wer den Vers 2.1 im Kopf hat (ego sum flos campi et lilium *con*vallium, »Ich bin eine Blume des Feldes und eine Lilie der Täler« = »Io sono un fiore del campo e un giglio delle valli«), wird meiner These Glauben schenken, dergemäß Eco eine erstaunlich sorgfältige Textarbeit geleistet hat, denn jetzt wird erklärbar, warum er *circondato* durch sein Synonym *contornato* ersetzt: die Vorsilbe wird von dem Nomen auf die Verbform (Partizip) übertragen, von der es abgeleitet ist. Wozu aber dieses virtuose Spiel mit zwei Sprachen, wenn der naive Leser von alledem gar nichts bemerkt (vgl. D 316 »ihr Bauch wie ein Weizenhaufen, umsteckt mit Rosen«!)? Nun, Eco rechnet sicher mit kritischen Lesern, die den Spuren nachgehen, die er hinterlassen hat. Eine Spur führt, wenn ich sie richtig deute, geradewegs in den Beginn der modernen Dichtung; oder höre ich falsch, wenn ich beim Lesen von *fiori delle valle* ein »eco intertestuale« vernehme: eine Anspielung auf Baudelaires berühmten Gedichtzyklus oder das Buch, das ihm seinen Titel verdankt ›Les fleurs du mal‹? Die Lilien der Täler als Symbol der Unschuld werden so zu »Blumen des Bösen«, die in dem Tale wachsen, in das Adson sich einzudringen anschickt. Ich überlasse es meinen kritischen Lesern, die Bilder und Metaphern auf ihre Weise zu naturalisieren, um nicht an dieser Stelle in anatomische Betrachtungen abzugleiten. Auch verzichte ich auf jede Spekulation über die Vorsilbe *con*, auch wenn sie bei entsprechender Aussprache des Morphems noch so naheliegt, um mich sogleich dem dritten Beispiel zuzuwenden, mit dem die kontrastive Analyse des Hohenliedes und unseres Kapitels im Rahmen dieses Beitrags abgeschlossen werden soll.

Einheitsübersetzung/Vulgata	I 249 ≠ D 316
Come son belli i tuoi piedi nei sandali (7.2). Le sue gambe, colonne di alabastro (5.15). Le curve (/iunctura) dei tuoi fianchi sono come monili, opera di mani d'artista (/manu artificis; 7.2)	ed erano belli i suoi piedi nei sandali, e le gambe erano come colonne e come colonne le pieghe dei suoi fianchi, opera di mano d'artista.

Bibel: Wie schön sind deine Füße in den Sandalen. *Seine* Beine, Säulen aus Marmor. Die Rundungen (/die Beuge) deiner Hüften sind wie Geschmeide, das Werk eines Künstlers.
Eco: und schön waren ihre Füße in den Sandalen, und die Beine waren wie Säulen und wie Säulen die Beugen (sc. Biegungen) ihrer Hüften, das Werk eines Künstlers.

Stellen wir zunächst das übliche Verfahren fest: die Kontamination verschiedener Sequenzen (7.2 und 5.15) und der beiden Versionen (Einheitsübersetzung und Vulgata). Der Befund bestätigt erneut die These, daß Eco bei der Auswahl der Texte nicht einem bloßen »Gefühl der Augen für den Rhythmus« folgt, sondern eine raffinierte Textarbeit leistet. Auch diese Fehlleistung muß Adson zugeschrieben werden, der hier allerlei durcheinanderbringt: die Beine des Bräutigams und die Schenkel der Braut; die Säulen des einen und die harmonischen Formen der anderen. Auch diesem Unsinnstext ließe sich leicht durch eine Konjektur ein vollkommener Sinn restituieren; man braucht nur anstelle des zweiten *colonne: collane* zu lesen, eine exakte Entsprechung von *monili* (= lat. *monilia* »Halsbänder«; so in der Vulgata). Bliebe in diesem Falle nur die Attribuierung der Säulen-Beine des Mannes, die für ein junges Mädchen wenig schmeichelhaft ist und schlecht zu seinen übrigen Attributen passen will. Man wird also gut daran tun, die Hypothese der Textentstellung durch Druckfehler bis auf weiteres fallenzulassen und anzunehmen, daß sich Eco *mögliche* Druckfehler zunutze macht, um »seinen« italienischen Text so zu deformieren, wie es einem Adson von Melk mit lateinischen Texten passiert wäre, wenn es ihn wirklich gegeben hätte. Eco schlüpft, wenn ich richtig sehe, auf virtuose Weise in die »literarische Haut« seines Erzählers, der nie recht begreift, was er aus fremden Texten zusammenschreibt.

Wie angemessen diese meine Hauptthese ist, wird sich sogleich erweisen, wenn wir uns – philologisch – dem Höhepunkt der Liebesbegegnung zwischen Adson, dem pseudo-mystischen Bräutigam, und dem unbekannten Mädchen, der pseudo-mystischen Braut, nähern. Der Orgasmus, um es deutlicher zu sagen, und seine Ankündigung (im doppelten Wortsinn) werden nämlich beinahe ausschließlich durch Passagen aus Bernhards von Clairvaux ›Liber de diligendo Deo‹ (PL 182, 991) und Hildegards von Bingen ›Scivias‹ (PL 197, 449 u. 451) wiedergegeben. Hinzu kommt ein Pseudopsalm, den ich in die Sprache der Vulgata zurückübersetzt habe, um ihn – ganz im Sinne Ecos, hoffe ich, – *ad absurdum* zu führen. Von Eco/Adson selber stammt, wie der folgende Paralleldruck sinnfällig macht, nur ein Bruchteil des Textes, der ein Höchstmaß an Kohärenz besitzt, und dem nur der Kenner auf den ersten Blick ansieht, daß er im wesentlichen aus der Übersetzung von drei Fremd-Texten besteht.

... denn nichts konnte gerechter, besser, heiliger sein als das, was ich empfand und dessen Süße mit jedem Augenblick zunahm.

Quomodo stilla aquae modica, multo infusa vino, deficere a se tota videtur, dum et saporem vini induit, et colorem; et quomodo ferrum ignitum et candens, igni simillimum fit, pristina propriaque forma exutum; et quomodo solis luce perfusus aer in eandem transformatur luminis claritatem, adeo ut non tam illuminatus, quam ipsum lumen esse videatur, sic (Bernhard von Clairvaux)

Come una piccola goccia d'acqua, infusa in una quantità di vino tutta si disperde per prendere colore e sapore di vino, come il ferro incandescente e infuocato diventa somigliantissimo al fuoco perdendo la sua forma primitiva, come l'aria quando è inondata dalla luce del sole è trasformata nel massimo splendore e nella medesima chiarezza, tanto da non sembrare più illuminata bensì essere luce essa stessa, così

Wie ein kleiner Wassertropfen, der in eine große Menge Wein tropft, sich ganz verliert, um die Farbe und den Geschmack des Weins anzunehmen; wie das entflammte und glühende (/glühende und entflammte) Eisen dem Feuer ganz ähnlich wird und seine ehemalige und eigene (/ursprüngliche) Form verliert; (und) wie die von Sonnenlicht durchflutete Luft in eben die Helligkeit des Lichts (/in den höchsten Glanz und in dieselbe Klarheit) verwandelt wird, derart, daß sie nicht so sehr (/nicht mehr) erleuchtet als (/sondern) vielmehr selbst Licht zu sein scheint, so

fühlte ich mich sterben in zartem Zerfließen, so daß mir nur die Kraft blieb zu murmeln mit den Worten des Psalms: »Siehe, meine Brust ist wie neuer Wein, ohne Öffnung, der neue Schläuche sprengt« (*Ecce pectus meum est sicut vinum novum, sine foramine, quod rumpit utres novos), und plötzlich

vidi splendidissimam lucem et in ipsa sapphirini coloris speciem *hominis*

quae tota suavissimo rutilante igne flagrabat, et illa splendida lux perfudit universum illum rutilantem ignem, et ille rutilans ignis *totam* illam splendentem *lucem* et illa splendidissima lux et rutilans ignis totam *hominis* speciem (Hildegard von Bingen).

vidi una fulgidissima luce e in essa una forma color zaffiro

che avvampava tutta di un fuoco rutilante e soavissimo, e quella luce splendida si diffuse per l'intero fuoco rutilante, e questo fuoco rutilante per quella *forma* splendente e quella luce fulgidissima e quel fuoco rutilante per l'intera forma.

sah ich ein glänzendstes Licht und in ihm eine saphirfarbene (Menschen-)Gestalt, die ganz in lieblichstem rotschimmernden Feuer erglühte, und jenes glänzende Licht durchströmte das ganze rotschimmernde Feuer und jenes rotschimmernde Feuer das ganze glänzende *Licht* (/die glänzende *Gestalt*) und jenes glänzendste Licht und rotschimmernde Feuer die ganze (Menschen-)Gestalt.

Während ich, beinahe ohnmächtig, auf den Körper fiel, mit dem ich mich vereint hatte, begriff ich in einem letzten Lebenshauch daß

flamma ea in splendida claritate et insito vigore ac igneo ardore consistit, sed splendidam claritatem habet ut luceat, et insitum vigorem ut vigeat, atque igneum ardorem ut comburat (Hildegard von Bingen).

la fiamma consiste di una splendida chiarezza, di un insito vigore e di un igneo ardore, ma la splendida chiarezza la possiede affinché riluca e l'igneo ardore affinché bruci.

Die Flamme besteht in einer glänzenden Helligkeit, in einer innewohnenden Kraft und in einer feurigen Glut; die glänzende Helligkeit aber besitzt sie, damit sie leuchtet (und die innewohnende Kraft, damit sie kräftig ist) und die feurige Glut, damit sie (ver-)brennt.

Dann begriff ich den Abgrund und die weiteren (= späteren) Abgründe, die dieser anrief (I 250 ≠ D 318).

Was bereits bei einem ersten Vergleich der einander gegenübergestellten Texte auffällt, ist die außergewöhnliche Qualität der Übersetzung aus dem Lateinischen ins Italienische. Abgesehen von zwei Fehlleistungen in der Wiedergabe der Visionen Hildegards ist die Entsprechung so vollkommen, daß ich den Verdacht nicht loswerde, Eco habe hier auf italienische Vorlagen zurückgegriffen, die von einem meisterhaften Übersetzer stammen, was nicht ausschließt, daß er auch die lateinischen Originale konsultiert hat, möglicherweise in einer zweisprachigen Anthologie, die mir indes nicht bekannt geworden ist. Wie dem auch sei, unsere Aufmerksamkeit wird dank des Gegenstandes der Untersuchung stärker von den Abweichungen angezogen als von den Übereinstimmungen. Auf die Lücke im zweiten Zitat aus ›Scivias‹ habe ich bereits hingewiesen; zu ergänzen ist: *e l'insito vigore affinché sia vigente;* nur wenn man die Lücke mit diesem Satz schließt, gewinnt die *Form* dieser mystischen Gottesdefinition ihre ursprüngliche *Bedeutung* zurück (s.o. S. 76). Nun will es der Zufall, daß ausgerechnet das Wort *forma* im Sinne von »Gestalt« der »Stein des Anstoßes« ist, über den man bei der Lektüre des italienischen Textes stolpert, der der Visio der heiligen Hildegard entspricht. Auch diese Vorlage ist mit einer entscheidenden Entstellung in Adsons Bewußtsein gelangt: statt strukturbedingtem *luce* (Wechselseitigkeit der Durchdringung von Licht und Feuer) schreibt er *forma* (speciem), woraus hervorgeht, daß er auch diesen Text der Heiligen nicht angemessen verstanden hat. Was aus dem Unbewußten in sein Gedächtnis gelangt, sind, um mit Bernhard von Morlay zu sprechen, den Adson-Eco mit dem letzten Satz seines Buches zitiert, *nomina nuda* (hier: nackte Begriffe), die ihre ursprüngliche Bedeutung eingebüßt haben und deshalb neu und damit »flacher« besetzt werden können. Auf diese Weise degeneriert die mystische Gottesdefinition zur Beschreibung einer sado-masochistischen Ekstase angesichts der Verbrennung eines Märtyrers und zur Darstellung der Liebeserkenntnis *post coitum.* Die gleichnishaft beschriebene *unio mystica* aus dem Traktat über die Gottesliebe Bernhards von Clairvaux wird zum vollkommenen Ausdruck der Symptome des sich ankündigenden Orgasmus, der schließlich mit den Worten der *visio mystica* geschildert wird.

Was von der Intensität der mystischen Texte übrigbleibt, ist die zur Schönheit der Blumen des Bösen pervertierte Kraft der Bilder und des Rhythmus, die selbst der naive Leser genießen wird, der nichts ahnt von der Komplexität der intertextuellen Bezüge, und der daher Adsons Sprache für bare, lautere Münze nimmt. Umberto Eco ist ohne Zweifel ein genialer literarischer Falschmünzer!

Beschließen wir die intertextuelle Analyse unseres Kapitels mit dem Hinweis auf einen Scherz, den sich Eco auf Kosten von Adson erlaubt, ein literarischer Scherz, den nur der Leser des italienischen Originals bemerken und genießen kann. Zunächst ein Wort zur Situation: Als Adson nach dem Beischlaf aus dem Schlummer erwacht, der ihn vor lauter Entzückung übermannt, vermißt er zunächst seine Geliebte, findet sodann jedoch ein Relikt, ein geheimnisvolles Bündel, das sie im Augenblick der ersten Begegnung in eine Ecke geworfen hatte. Beim Öffnen entdeckt er ein überdimensionales Herz. Hier seine Reaktion:

Un velo oscuro mi scese sugli occhi, una saliva acidula mi salì alla bocca. Lanciai un urlo e caddi come cade un corpo morto.
Ein dunkler Schleier senkte sich über meine Augen, ein bitterer Speichel stieg mir in den Mund. Ich stieß einen Schrei aus und fiel so, wie ein toter Körper fällt. (I 253 ≠ D 323)

Der Scherz besteht darin, daß Adson, der an anderer Stelle ausdrücklich betont, er habe aus sprachlichen Gründen das Hauptwerk »des größten Dichters jener Zeit, Dante Alighieri aus Florenz«, nicht lesen können (I 56 = D 67), sein Kapitel mit einem Dante-Zitat beendet, das jedem italienischen Schüler geläufig ist, der auch nur ein wenig Literaturunterricht genossen hat: »e caddi come corpo morto cade« (1.5.142). Dieser Vers, den Eco durch Umstellung des Verbum und Einfügung des unbestimmten Artikels in unauffällige Prosa verwandelt, schließt den berühmtesten Gesang der ›Göttlichen Komödie‹, in dem Dante dem tragischen Liebespaar Paolo und Francesca begegnet und durch die Worte der einen und die Tränen des anderen so sehr gerührt wird, daß er ohnmächtig wird »und so fiel, wie ein toter Körper fällt«. Wie man sieht, profaniert Umberto Eco nicht nur die mystischen Texte der Heiligen, vor seinem Zugriff ist auch Dantes »heiliges Gedicht« *(sacro poema)* nicht sicher, und diese Feststellung ist keineswegs als Tadel gemeint.

II. Das Zitat im Prolog (I 19–26 ≠ D 17–27)

Wenn wir uns, nachdem wir *medias in res* begonnen haben, dem Prolog zuwenden, so sind wir – so hoffe ich – kritische und skeptische Leser geworden, die beinahe *a prima vista* zwischen den echten und den falschen literarischen Münzen unterscheiden können, die uns Umberto Eco präsentiert. So wird uns bereits der Beginn des Prologs suspekt erscheinen, da er weder mit dem Wortlaut der Vulgata noch mit demjenigen der italienischen Einheitsübersetzung von 1974 übereinstimmt, vorausgesetzt, wir haben sogleich bemerkt, daß hier die ersten Worte des Johannes-Evangeliums zitiert werden. Erstaunlich nur, daß bisher niemand auf die Abweichung aufmerksam gemacht hat, die durch die bloße Gegenüberstellung der Texte »ins Auge springt«:

Vulgata: In principio erat Verbum, et Verbum erat apud Deum, et Deus erat Verbum. Hoc erat in principio apud Deum.

Einheitsübersetzung: In principio era il Verbo, e il Verbo era presso Dio e il Verbo era Dio. Egli era in principio presso Dio.

Eco/Adson: In principio era il Verbo e il Verbo era presso Dio, e il Verbo era Dio. Questo era in principio presso Dio ... (I 19 ≠ D 17)
= In principio erat Verbum et Verbum erat apud Deum, et Verbum erat *Deus. Hic* erat in principio apud Deum ...
Am Anfang war das Wort und das Wort war bei Gott, und das *Wort* war *Gott. Dieser* war am Anfang bei Gott ...

Die zusammenfassende Wiederholung der beiden ersten Sätze im vierten Satz der Vulgata wird – wie man sieht – in der Feder Adsons zur Tautologie (Gott war bei Gott), zum absurden Bekenntnis, das nicht von ungefähr auf das ebenfalls entstellte Angelus-Silesius-Zitat vorausdeutet (Gott ist ein lautes Nichts; I 503 ≠ D 634), mit dem Eco seinen Erzähler eine ganze Serie von Mystiker-Zitaten anstimmen läßt, die den Epilog beschließen (s. u.), und deren Schlüsselworte – auch das eine Vorausdeutung – im zweiten Abschnitt des Prologs eine neue Verbindung eingehen:

Giunto al finire della mia vita di peccatore, mentre canuto senesco come il mondo, nell'attesa di perdermi *nell'abisso senza fondo della divinità silenziosa e deserta* ...
Am Ende meines Sünderlebens angelangt, während ich ergraut vergreise wie die Welt, in der Erwartung mich zu verlieren *in dem grundlosen Abgrund der stillen und wüsten Gottheit* ... (I 19 ≠ D 17)

Die Wendung »grundloser Abgrund« geht auf Seuse zurück (1295–1366: in daz grundlos abgründ aller lieplichen dingen), das Syntagma »der Abgrund der stillen und wüsten Gottheit« auf dessen Lehrer Meister Eckhart. Allerdings stammen diese Worte nicht »aus erster Hand«: Eco entnimmt sie der italienischen Ausgabe von Jan Huizingas ›Herbst des Mittelalters‹, wo sie lediglich durch sechs Zeilen voneinander getrennt sind:

Das Bild der Wüste, d.h. die horizontale Raumvorstellung, wechselt mit dem des Abgrunds, d.h. mit der vertikalen Raumvorstellung. Dieses letztere war eine gewaltige ›trouvaille‹ der mystischen Einbildungskraft. Denn die Aussage von der Eigenschaftslosigkeit in Eckharts Worten von »dem weiselosen und formlosen Abgrund der stillen und wüsten Gottheit« (= l'abisso senza modo e senza forma *della divinità silenziosa e deserta*) fügte dem Begriff der Unendlichkeit das Gefühl der schwindelnden Höhe hinzu. Man erzählt von Pascal, daß er beständig einen Abgrund neben sich sah: eine solche Empfindung ist hier sozusagen zu einer permanenten mystischen Aussage erhoben. Mit diesen Bildern des Abgrunds und der Stille wird der lebendigste Ausdruck des unbeschreiblichen mystischen Erlebnisses erreicht. »Stürzet euch, Herz und Sinn und Gemüt«, jubelt Seuse, »in den grundlosen Abgrund aller lieblichen Dinge.« (= Precipitatevi, cuore e senso e animo *nell'abisso senza fondo* di tutte le cose deliziose.) L'autunno del medio evo. Florenz 1985, 310–11)

Wer Adsons Äußerung recht verstehen will, muß paradoxerweise diesen Text des 20. Jahrhunderts »mitverstehen«, der Eco als Quelle dient, aus der er – um im Bilde zu bleiben – die Sprache und die Mentalität seines Erzählers ableitet.

Dasselbe gilt mutatis mutandis für die »Zeitklage«, die Adson wenig später anstimmt. Jeder Kenner wird sogleich an eines der frischesten Lieder der ›Carmina Burana‹ denken: *Florebat olim studium/Nunc vertitur in tedium;* doch ist Adsons (/Ecos) »Quelle« nicht eine Ausgabe der ›Carmina‹, sondern diesmal ein deutsches Standardwerk der Mediävistik, Ernst Robert Curtius' ›Europäische Literatur und lateinisches Mittelalter‹ (1948, 3. Aufl. 1961, 105), wo das Gedicht nach einer einleitenden Paraphrase mehr oder minder wörtlich übersetzt wird. Der genaue Vergleich des lateinischen Textes mit der deutschen Übertragung und deren italienischer Nachbildung gestattet einen aufschlußreichen Einblick in die literarische Fälscherwerkstatt Ecos:

Original
(freie Paraphrase)

1–15 =	1–3	ceci cecos precipitant,	Blinde stürzen Blinde hinab,
16 =	4	tant,	
17 =	5	implumes aves volitant,	ungefiederte Vögel fliegen umher,
18 =	6	brunelli chordas incitant,	Esel schlagen die Saiten an,
19 =	7	boves in aula salitant,	Ochsen tanzen im Saal,
29/30 =	8	Mariam gravat sessio, nec Marthe placet actio;	Maria ist das Sitzen lästig, noch gefällt Martha die Tätigkeit;
31/32 =	9	iam Lie venter sterilis, Rachel lippescit oculis.	schon ist der Leib Lea's unfruchtbar, Rahel triefen die Augen.
33/34 =	10	Catonis iam rigiditas convertitur ad ganeas,	Die Strenge des Cato wendet sich den Bordellen zu,
35/36 =	11	et castitas Lucretie turpi servit lascivie.	und die Keuschheit der Lucretia willfährt schändlicher Ausschweifung.
43/44 =	12	nunc cuncte res a debita exorbitantur semita.	Nun ist alles aus seiner angestammten Bahn geworfen.

Curtius 105	I 23 ≠ D 22
1 ... die Jugend will nicht mehr lernen!	La gioventù non vuole apprendere più *nulla*,
2 Die Wissenschaft verfällt! ...	la scienza è in decadenza,
3 die ganze Welt ist auf den Kopf gestellt!	il mondo intero cammina sulla testa,
4 Blinde führen Blinde und stürzen sie in den Abgrund;	dei ciechi conducono altri ciechi e li fan precipitare neg*li* abiss*i*,
5 Vögel fliegen, ehe sie flügge sind;	*gli* uccelli *si lanciano prima di aver preso il volo*,
6 der Esel schlägt die Laute;	l'asino suona la lira,
7 die Ochsen tanzen; ...	i buoi danzano,
8 Der Maria behagt das beschauliche, der Martha das tätige Leben nicht mehr.	Maria non ama più la vita contemplativa e Marta non ama più la vita attiva,
9 Lea ist unfruchtbar, Rahel triefäugig geworden.	Lea è sterile, Rachele *ha l'occhio carnale*,
10 Cato besucht die Garküche,	Catone frequenta i lupanari,
11 Lucretia wird zur Dirne ...	Lucrezio diventa *femmina*.
12 Alles ist aus seiner Bahn geworfen.	Tutto è sviato dal proprio cammino.

Während Curtius den Sinn seiner lateinischen Vorlage auch dann trifft, wenn er einzelne Aussagen sehr frei wiedergibt, verfremdet Eco sein deutsches Modell erheblich. Sieht man von den semantisch belanglosen Abweichungen in der ersten (nicht: nichts), vierten (Abgrund: Abgründe) und neunten Aussage (ist ... geworden: ist ... hat) ab, so liegen vier entschiedene Textverfälschungen vor, bei denen man sich fragen muß, ob sie als bewußte oder unbewußte hermeneutische Fehlleistungen Ecos zu beurteilen sind:

(1) Die fünfte Aussage läßt sich, wenn man das lateinische Original heranzieht, mühelos und exakt ins Italienische übertragen:

gli uccelli implumi volitano	die ungefiederten Vögel fliegen umher

In dieser Form paßt sie genau in die Dreierserie der Adynata (5, 6, 7), die jeweils auf einem Mißverhältnis von *natura* und *actio* der genannten Tiere beruht: ungefiederte Vögel können in Wirklichkeit genausowenig fliegen wie Esel Laute spielen und Ochsen tanzen können. Im italienischen Text ist die Homogenität der Serie dagegen dadurch zerstört, daß in der ersten Aussage an die Stelle des Adynaton ein Hysteron-Proteron tritt:

5 gli uccelli si lanciano prima di aver preso il volo	die Vögel stürzen sich herab, bevor sie losgeflogen sind

(2) In einer Welt, in der alles auf dem Kopf steht, kommt der schönen Rahel zweifellos die Triefäugigkeit ihrer Schwester Lea zu, während diese dafür mit der (anfänglichen) Unfruchtbarkeit Rahels geschlagen wird. Dieser Austausch der traditionellen Attribute wird nun im italienischen Text dadurch gestört, daß das Adjektiv »triefäugig« im Sinne von »*triebäugig« umgedeutet wird (*occhio carnale* = sinnliches Auge, lüsterner Blick).

(3) Wenn Cato, im Altertum und im Mittelalter die Beispielfigur für Sittenstrenge, nicht – wie bei Curtius – die Garküche besucht, sondern die Bordelle, so liegt in diesem Falle eine Wiederherstellung des originalen Textsinns vor, der in der deutschen Version entstellt ist: *ganea* bedeutet in der Tat »Kneipe, Bordell«. Daß Eco nicht nur das angemessene Wort an die Stelle des unangemessenen setzt, sondern auch den ursprünglichen Numerus (Plural; Curtius: Singular) wieder einführt, deutet darauf hin, daß er das lateinische Original vor Augen hatte. Ist diese Annahme richtig, so müssen auch die Veränderungen der

fünften und neunten Aussage als bewußte Textfälschungen angesehen werden, da die lateinische Vorlage unzweideutig ist. Nicht Eco mißversteht demnach den deutschen Wortlaut, sondern Adson, d.h. Eco in der Rolle des greisen Benediktiners, der niemals recht versteht, was er (zusammen-)schreibt.

(4) Nur so ist zu erklären, daß aus Lukretia, der antiken und mittelalterlichen Beispielfigur der Keuschheit, der Dichter Lukrez wird, der sich noch dazu in eine Frau verwandelt. Derlei Verwechslungen sind in der (authentischen) Literatur des Mittelalters keine Seltenheit. Daß der heutige Leser dabei an spontane und chirurgische Geschlechtsumwandlung denkt, an Trans- und Intersexualität, erhöht natürlich den Reiz der Zitatverfälschung und mag durchaus von Eco einkalkuliert sein.

Kehren wir, nachdem wir die philologischen Probleme der Textverfälschung geklärt haben, zu der Frage nach Adsons Mentalität zurück, die paradoxerweise durch Bücher des Mittelalters *und* der Moderne geprägt ist, aus denen Eco ihn bewußt oder unbewußt zitieren läßt (ich beziehe mich natürlich auf das fiktive Bewußtsein und das fiktive Unbewußte Adsons). Wie die Zitate, so stammt offensichtlich auch das Lebensgefühl des »ergraut vergreisenden« Benediktiners »aus zweiter Hand«: er kann sich nur das vorstellen, kann nur das empfinden und nachvollziehen, was er (in Wahrheit: Eco) bei anderen Autoren gelesen hat, und er bedient sich, um seine Vorstellungen und Empfindungen auszudrücken, der Worte und Texte von Vorgängern, Zeitgenossen und Nachfahren. Dabei unterlaufen ihm freilich immer wieder kleine Versehen: Umstellungen, Auslassungen, lexikalische, morphologische, syntaktische Vertauschungen, die nur der naive kritische Leser, »il lettore critico ingenuo«, um mit Eco zu sprechen (vgl. Lector in fabula, 1979), dem empirischen Autor des Romans anlasten wird. Adson, der fiktive Autor, der »treue und zuverlässige Chronist« (I 252 ≠ D 321), ist hierin Salvatore verwandt, diesem diabolischen Küchenlateiner, der, »statt seine Sätze selber zu erfinden, vielmehr *disiecta membra* anderer, irgendwann einmal gehörter Sätze verwendete, je nach Gelegenheit und je nach dem, was er sagen wollte, so als könnte er, sagen wir, von einer Speise nur mit den Worten der Leute reden, bei denen er jene Speise gegessen hatte; so als könnte er seine Freude nur mit Sentenzen ausdrücken, die er von freudigen Leuten gehört hatte, an dem Tage, an dem er ebenfalls Freude empfunden hatte. Es war, als wäre seine Sprache wie sein Gesicht: zusammengesetzt aus Stücken fremder Gesichter, oder so, wie ich gelegentlich kostbare Reliquarien gesehen hatte (si licet magnis componere parva, oder die göttlichen Dinge mit den teuflischen), die aus den Trümmerstücken anderer heiliger Gegenstände entstanden.« (I 55 ≠ D 65)

Nicht anders, um das Vergil-Zitat in authentischer Form zu verwenden,

Non aliter, si parva licet componere magnis (Georgica IV, 176)
Nicht anders, wenn es erlaubt ist, die kleinen Dinge mit den großen zu vergleichen

verhält es sich mit dem Text Adsons: er ist aus Stücken fremder Texte zusammengesetzt, aus Trümmern einer vergangenen Literatur. Die Sprache und die Sprechakte Salvatores präfigurieren demnach Adsons *écriture*, wie Eco dem »kritischen Modellleser« (lettore critico modello) dadurch zu verstehen gibt, daß er seinem Erzähler das – im Original nicht hervorgehobene – Schlüsselwort *disiecta membra* im Epilog ein zweites Mal in die Feder fließen läßt: »Eine arme Ernte wurde mir zuteil, doch ich verbrachte einen ganzen Tag damit, sie zusammenzutragen, als ob von diesen *disiecta membra* der Bibliothek eine Botschaft zu mir gelangen müßte.« (I 502 ≙ D 633) Diese *disiecta membra* versucht Adson während der Rückreise und später in Melk zu entziffern, wobei es ihm in einigen Fällen gelingt, von einem Wort oder einem Bild auf das Werk zu schließen, dem das einzelne Fragment entstammt: er wird somit zum Philologen und präfiguriert seinerseits den kritischen Modelleser, der seinen Ehrgeiz daransetzt, möglichst viele Texte und Textfragmente, die Eco in seinen Roman eingearbeitet hat, in ihren ursprünglichen Kontext zurückzuverfolgen: »Am Ende meiner geduldigen Wiederzusammenfügung zeichnete sich mir so etwas wie eine kleinere Bibliothek ab als Zeichen jener verschwundenen größeren, eine Bibliothek aus Abschnitten, Zitaten, unvollendeten Perioden, Buchstümpfen.« (I 502 ≠ D 633)

Allerdings gelangt Adson im Laufe seiner langwierigen Beschäftigung mit dieser *biblioteca minore* zu der Überzeugung, »daß sie ein Ergebnis des Zufalls ist und keine Botschaft enthält«, was ihn indes nicht daran hindert, sie immer wieder wie ein Orakel zu befragen. »Ich habe beinahe den Eindruck«, so fährt er wörtlich fort, »als sei das, was ich auf diese Blätter geschrieben habe, die Du gerade lesen wirst, unbekannter Leser, nichts anderes als ein Cento, ein Figurengedicht, ein riesiges

Akrostichon, das nichts anderes sagt und wiederholt als das, was mir jene Fragmente eingegeben haben, und ich weiß nicht mehr, ob ich bisher über sie gesprochen habe, oder ob sie durch meinen Mund gesprochen haben.« (I 502 ≠ D 633–4)

Die Versuchung ist groß, diese Äußerungen Adsons für bare Münze seines Autors zu nehmen und ohne die notwendigen Modifizierungen auf den Roman zu übertragen. ›Il nome della rosa‹ ist ja in der Tat über weite Strecken ein Cento, wie unsere Analyse des zentralen Kapitels erwiesen hat. Indes muß man sich die Entstehung des Romans sicherlich anders vorstellen als die Entstehung der (fiktiven) Chronik, auf die sich Adson bezieht. Nicht die Fragmente mittelalterlicher und moderner Literatur (das Wort in seinem weitesten Sinne) haben Eco die Idee zu seinem Roman und die Ideen eingegeben, die er in ihm »verarbeitet« hat, vielmehr dürfte er umgekehrt *die* Idee des Romans, nämlich eine mittelalterliche Welt »durch die Feder« eines mittelalterlichen Chronisten zu evozieren, dadurch realisiert haben, daß er sich für jede Situation die passenden Zitate gesucht und diese gemäß mittelalterlicher Verfahren der Textaneignung in seinen Roman eingearbeitet hat. Dabei hat er sich häufig über die Gesetze der Chronologie hinweggesetzt, wie es im Mittelalter üblich war, mit dem Unterschied, daß er seinen Erzähler auch solche Texte zitieren und plagiieren läßt, die zu dessen (fiktiven) Lebzeiten noch gar nicht geschrieben waren. *Nicht geschrieben,* aber durchaus *denkbar* und vielleicht sogar doch in ähnlicher Form geschrieben und nur nicht überliefert. Wirkliche Anachronismen hat Eco – so weit ich sehe – streng vermieden, was ihn nicht daran hindern konnte, geistesgeschichtliche und politische Phänomene unserer Zeit ins Mittelalter zurückzuprojizieren. Doch das ist ein anderes Thema, dem ich an dieser Stelle nicht nachgehen kann und will. Meine Absicht war es, anzudeuten, in welchem Maße und in welcher Weise Umberto Eco fremde Bücher und fremde Texte zu einem neuen Buch verarbeitet hat. Ich habe zu diesem Zweck nur einen Bruchteil meines Materials verwendet und nur einige Spielarten der Intertextualität vorgeführt, diejenigen nämlich, die man bereits im Mittelalter nachweisen kann, in dem es noch kein Urheberrecht gab und man sich die Ideen und die Worte *(res et verba)* dort holte, wo man sie fand. Das gilt selbst für Francesco Petrarca, der nur wenig älter gewesen wäre als Adson, wenn es diesen wirklich gegeben hätte. Und es gilt in noch stärkerem Maße für den katalanischen Humanisten Bernat Metge, der sein Hauptwerk ›Lo Somni‹ gegen 1396, der fiktiven Entstehungszeit von Adsons Chronik, weitgehend aus fremden Texten »montierte«, vor allen aus dem »lateinischen« Petrarca und dem »italienischen und lateinischen« Boccaccio, mit größtem Erfolg. Wenn er heute nur wenigen literarisch gebildeten Lesern bekannt ist, so liegt es an der Sprache, in der er geschrieben hat (Katalanisch), nicht an der Tatsache, daß er ein großer Plagiator und Mystifikator war, einer der größten unter den zahllosen Vorgängern Umberto Ecos. Auch sein Roman läßt sich seitenweise in die »Urtexte« zurückübersetzen, was dessen Wert keineswegs schmälert.

Wie eine ganze Passage Ecos im Urtext klingt, möchte ich abschließend am Beispiel der letzten Seite zeigen, deren vorletzter Abschnitt beinahe ausschließlich aus Mystiker-Zitaten zusammengefügt ist, die Eco in der italienischen Ausgabe von Huizingas ›Herbst des Mittelalters‹ vorgefunden hat:

I 503 ≠ D 634–35	Originaltexte
Gott ist ein laute*s* Nichts, ihn rührt kein Nun noch Hier …	Gott ist ein laute*r* Nichts, ihn rührt kein Nun noch Hier (Angelus Silesius).
Mi inoltrerò presto in questo deserto amplissimo, perfettamente piano e incommensurabile, in cui il cuore veramente pio soccombe beato.	Mox penetrabo in hoc desertum superamplissimum, superplanissimum et immensum in quo animus vere pius succumbit beatus (Dionysius Cartusianus).
Sprofonderò nella tenebra divina, in un silenzio muto e in una unione ineffabile, e in questo sprofondarsi andrà perduta ogni eguaglianza, e ogni disuguaglianza, e in quell' abisso il mio spirito perderà se stesso, e non conoscerà né l'uguale né il disuguale, né altro: e saranno dimenticate tutte le differenze, sarò nel fondamento semplice, nel deserto silenzioso dove mai si vide diversità, nell'intimo dove nessuno si trova nel proprio luogo. Cadrò nella divinità silenziosa e disabitata dove non c'è opera né immagine.	Ich wil versinken in daz götteliche vinsternisse, in ein stille swigen und in ein unsprechenlicheme vereinen, und in diseme insinkende wurt verlorn alles geleich und ungeleich, und in diseme abegrunde verlüret min geist sich selber und enweis von gelich noch von ungelich noch von nüte nüt, und hat verlorn alle unterscheide (Tauler), ich wil in den einveltigen grunt, in die stillen wüeste, dâ nie underscheit în geluogete, in dem innegen dâ nieman heime ist. Ich wil vallen in die stillen und wüesten gotheit, dâ noch werc noch bilde enist (Meister Eckhart).

Gott ist ein lautes (/lauter) Nichts, ihn rührt kein Nun noch Hier ... Ich werde bald eindringen in diese allerweiteste, allerebenste und unermeßliche Einöde, in der der wahrhaft fromme Geist selig vergeht. Ich werde (ver)sinken in die göttliche Finsternis, in ein stilles Schweigen und ein unaussprechliches Einswerden; und in diesem Versinken wird alles Gleich und Ungleich verloren werden, und in diesem Abgrund verliert der Geist sich selbst und weiß nichts von Gleich und Ungleich noch von Irgendetwas, und es wird vergessen sein (/hat verloren) alles Unterscheiden, ich werde sein in dem einfältigen Grund, in der stillen Wüste, in die niemals irgendein Unterschiedliches hineingelugt hat; in dem Innersten, wo niemand heimisch ist. Ich werde fallen in die stille und wüste Gottheit, darin weder Werk noch Bild ist.

Die italienische Nachbildung »aus zweiter Hand« hält, wie auch der Nicht-Kenner zugeben wird, einem Vergleich mit den nach demselben Prinzip zu einem kohärenten Text montierten Originalen nicht stand, da die moderne Sprache nur ein blasses Abbild zu vermitteln vermag. Selbst die Übersetzung ins Neuhochdeutsche stellt eine geringere Verflachung dar als die italienische Version, da sich die deutsche Sprache ein hohes Maß an Geschmeidigkeit erhalten hat. Und dennoch lassen sich Ausdrücke wie *ein stille swigen, einveltiger grunt* oder *wüeste gotheit* nicht adäquat wiedergeben, da *Stillschweigen, einfältig* und *wüst* ihren ursprünglichen semantischen Reichtum eingebüßt haben und banale Wörter geworden sind. Mutatis mutandis gilt dieser Befund für alle Texte, die Umberto Eco in seinem Roman *ver-wendet,* soweit sie aus dem Mittelalter stammen: sie verlieren ihre genuine Bedeutung ebenso wie ihre Ausdruckskraft. Dennoch gelingt es Eco, sie zu neuem Leben zu erwecken, sie dem Leser auf andere Weise zu *vermitteln,* als dies ein Philologe könnte, der es nicht wagen darf, die Texte entgegen der *intentio auctorum* zu aktualisieren, weshalb sie ihm zuweilen »unter der Hand wegsterben«.

Das Mittelalterbild, das Eco vermittelt, erscheint deshalb authentisch, weil es ihm dank einer vorübergehenden Identifizierung mit seinem Erzähler Adson von Melk gelingt, die hermeneutische Distanz zu reduzieren, die uns von unseren Vorgängern des 14. Jahrhunderts trennt, stärker zu reduzieren als dies ein Gelehrter vermag, der nur für eine kleine Elite von Kennern schreibt. Daß auch Ecos Mittelalterbild nur eine von vielen möglichen Aktualisierungen darstellt, ist evident. Ich verstehe sein Buch als Herausforderung, eine differenziertere Vorstellung jener Zeit zu erarbeiten.

Zum Schluß ein Bekenntnis: Ich habe, obwohl ich ein professioneller Mediävist bin, noch nie so viele mittelalterliche Texte durchforscht und gelesen wie in den Wochen und Monaten, die der Niederschrift dieses Beitrags vorausgegangen sind. In diesem Sinne ist das Motto zu verstehen, das ich ihm vorangestellt habe: »Qui Humbertum legit, nihil non legit« (Wer Umberto liest, liest nichts nicht), zweifellos eine Übertreibung, wenn man an die unzähligen mittelalterlichen und modernen Bücher denkt, die Eco potentiell zur Verfügung standen. Allein, man entwickelt bei der Relektüre des Romans und seiner Quellen ein Gespür für das, was nicht auf dem »literarischen Mist« des Professors für Semiotik gewachsen ist, sondern – um im Bilde zu bleiben – von ihm umgepflanzt wurde. Daß ihm dabei keine einzige literarische Pflanze »eingegangen ist«, spricht für seine Kenntnis der literarischen Botanik und sein literatur-gärtnerisches Geschick.

Adsons Chronik wäre eine geniale Fälschung, wenn nicht auch das Verfälschen von Texten zu den Spiel-Arten der Intertextualität gehörte, die Eco so meisterhaft beherrscht, und ohne deren Erkennen der Lektüregenuß für den *lettore critico modello* erheblich vermindert wäre.

Literaturverzeichnis

Benvenuti de Rambaldis de Imola comentum super Dantis Aldigherij Comoediam. Hg. G. W. Vernon, G. F. Lacaita. Florenz 1887.

Bernhard von Clairvaux, Liber de deligendo Deo. In: Patrologia latina, Bd. 182.

Bernardus Guidonis, De secta illorum qui se dicunt esse de ordine Apostolorum. Hg. A. Segarizzi. Città di Castello 1907.

Commento alla Divina Commedia d'anonimo fiorentino del secolo XIV. Hg. P. Fanfani. Bologna 1866–74.

Cronica fratris Salimbene de Parma. Hg. G. Scalia. Bari 1966.

Ernst Robert Curtius, Europäische Literatur und lateinisches Mittelalter. Bern, München 3. Aufl. 1961.

Hildegard von Bingen, Scivias. In: Patrologia latina, Bd. 197; vgl. die von A. Führkötter (unter Mitarbeit von A. Carlevaris) besorgte kritische Ausgabe in: Corpus Christianorum. Continuatio Medievalis XLIII. Turnhout 1978.

Historia fratris Dulcini Heresiarche di anonimo sincrono e De secta illorum qui se dicunt esse de ordine Apostolorum di Bernardo Gui. Hg. A. Segarizzi. Città di Castello 1907.

Johan Huizinga, L'autunno del medio evo. Florenz 1985.
La Sacra Bibbia. Edizione ufficiale della Conferenza Episcopale Italiana. Rom 1974.
Novum Testamentum Graece et Latine. Hg. Nestle, Aland. Stuttgart 1984.
Storia di fra Michele Minorita come fu arso in Firenze nel 1389 con documenti riguardanti i Fraticelli di povera vita. Hg. G. Romagnoli. Bologna 1864.

Georg Wieland
Gottes Schweigen und das Lachen der Menschen

Der Mensch zeichnet sich vor allen anderen Wesen auch dadurch aus, daß er lachen und weinen kann. Seine Fähigkeit zu lachen ist als Beispiel für eine zwar nicht wesentliche, aber doch notwendige menschliche Beschaffenheit in die Schulsprache der Philosophie eingegangen. Dennoch wollten das Lachen und sein Gegenstand, das Lächerliche, »von jeher nicht in die Definitionen der Philosophen gehen – ausgenommen unwillkürlich ...« (Jean Paul), weil sie sich bei der Auseinandersetzung mit Gegnern sicher als hilfreich, bei der Suche nach Wahrheit eher als abträglich zu erweisen scheinen. Das Lachen gehört für die Alten in die Rhetorik, nicht in die Philosophie, in den Kampf der Geister, nicht in die Betrachtung der Welt; es scheint mit dem Lachen etwas Widersinniges verbunden zu sein, »woran also der Verstand an sich kein Wohlgefallen finden kann« (Kant). Nietzsches Empfehlung, etwas zu verknüpfen, was für die Alten streng zu trennen war, nämlich das Lachen und die Weisheit, bedeutet den Bruch mit einer Tradition, deren Gemeinsamkeit in dem Glauben an die absolute Gültigkeit der Wahrheit bestand, mochte diese philosophisch, theologisch oder im engeren Sinne wissenschaftlich begründet sein.

Gott hingegen war in der klassischen Philosophie bis zu Hegel immer ein ausgezeichnetes Thema, mochte er in die philosophischen Definitionen gehen oder sich ihnen meist doch entziehen. Erst im Verlauf des 19. Jahrhunderts beginnt die Philosophie auf die Frage nach Gott zunächst abweisend, dann stumm zu werden. Und wenn nun auch das Lachen nicht in den Mittelpunkt philosophischer Reflexion gerückt ist – Odo Marquards Auffassung vom Denken »als Fortsetzung des Lachens unter Verwendung des Lachmuskels Gehirn als Mittel« ist bislang nicht allgemein rezipiert worden –, und wenn auch Gott immer noch und immer wieder in der philosophischen Diskussion erscheint – manchmal nur indirekt über eine Kritik wissenschaftlicher Vernunft oder im Zusammenhang mit der Neuentdeckung des Mythos –, so läßt sich doch die Frage nicht ganz von der Hand weisen, ob es vielleicht eine Verbindung zwischen dem menschlichen Lachen und dem göttlichen Schweigen gibt. Dabei kann durchaus offen bleiben, ob bei diesem Schweigen der Mensch oder Gott der eigentliche Täter ist.

Vor dem Hintergrund dieser Frage scheint es mir symptomatisch zu sein, daß zwei der nach meinem Verständnis wichtigsten Gesamtdeutungen Ecos Roman gerade unter der leitenden Frage nach Gott und einer christlichen Weltdeutung und unter dem Aspekt des menschlichen Lachens betrachten. Heinz Robert Schlette begreift die Erzählung als eine »verschlüsselte Botschaft«, die das unwiederbringliche Ende einer vom Christentum und seiner Wirklichkeitsauffassung geprägten Welt verkündet und auf eine Zukunft skeptisch-mystischer Prägung verweist, sieht also den Sinn des Buches nicht primär in der Abbildung einer farbenprächtigen, aber überwundenen Vergangenheit, sondern vor allem in der Eröffnung einer Perspektive mit »religiös-humanistischem Verheißungspotential«. In dieser Deutung erscheint die Geschichte aus dem Mittelalter als das Medium der Verheißung einer besseren Welt, deren Konturen zwar erst im Umriß zu erkennen sind, von der man aber doch schon sagen kann, wer in ihr keinen Platz mehr hat: »die Gestalt des ererbten Christentums« und jeder Anspruch einer affirmativen Erkenntnis Gottes. Die Wahrheit dieser Interpretation sehe ich vor allem darin, daß der Roman wirklich auf die Befreiung von den Traumata einer erschreckenden Kindheit hin gelesen werden kann und von daher einen »Sinn« im Ganzen erhält. Nicht anzuschließen vermag ich mich dem Gedanken einer religiösen Kontinuität, die nur durch den Wandel von einer naiv affirmativen zu einer negativen Theologie variiert wird. Die aus der Erzählung erhebbaren Umrisse einer besseren Zukunft lassen keinen Raum für Gott.

Ulrich Wyss deutet Ecos Roman als Werk eines Intellektuellen, der von den Idealen der Aufklärung Abschied genommen hat und statt der Theorie die Fabel als das Medium wählt, um mit der Wirklichkeit ins reine zu kommen. Diesem Weg vom Logos zurück zum Mythos entspricht die Rehabilitierung des Lachens: es befreit von Fanatismen aller Art, zu denen übrigens auch der absolute Anspruch der Wahrheit gehört, und erweist sich damit als ein Mittel, sich alles ernsthaft Prinzipielle relativierend vom Leibe zu halten und so der Endlichkeit menschlicher Existenz Raum zum Leben zu schaffen. Es ist keine Frage, daß William von Baskerville das Lachen als subversive Potenz begreift, die Hierarchien, Traditionen und Autoritäten zu zersetzen vermag, nach dem schon bei Aristoteles erwähnten und von ihm getadelten Rezept des Gorgias, den Ernst des Gegners durch Lachen zunichte zu machen. Wyss hingegen mißt dem Lachen keine kritische und aufklärerisch-befreiende Kraft zu: »eine Kultur des Lachens ist immer resignativ«; sie findet sich mit dem Bestehenden ab und hat vor allem die Funktion, angesichts bedrückender Umstände Entlastung zu bieten in der Absicht, die Menschen an diese Umstände zu gewöhnen. Er kritisiert deshalb Ecos Unternehmung in doppelter Hinsicht: Das Projekt des Romans selbst sowie die darin empfohlene Strategie des Lachens, sie sind die falschen Mittel zu dem vom Interpreten, vom Autor und vom Helden gemeinsam anerkannten Ziel eines wahrhaft menschlichen Lebens; Erzählen kann Theorie, Lachen kann Wahrheit und Vernunft nicht ersetzen.

Trotz dieser kritischen Distanz stimmt Wyss in einem wichtigen Gedanken mit dem Autor überein, nämlich in der Überzeugung, daß die mittelalterliche Welt durch die Herrschaft der Kirche und den universalen Zuständigkeitsanspruch der Theologie keinen Raum für wahrhaft menschliches Leben bieten konnte; das Mittelalter bleibt finster, wie immer man auch über seinen Beitrag zur Genese der Neuzeit denken mag und welches Verständnis von Humanität man auch immer zugrunde legt. Im Licht einer solchen Überzeugung entfaltet Eco ein buntes Szenarium, das die erschreckenden Folgen einer durch Fanatismus und Autoritätsgläubigkeit, durch vielfache Formen der Unterdrückung und ungerechtfertigte Machtansprüche geprägten Welt eindrucksvoll vor Augen stellt. Von diesem Hintergrund hebt sich die Lichtgestalt des Helden William von Baskerville wirkungsvoll und vorteilhaft ab; er, der den Schritt von der Finsternis zum Licht gewagt hat, entdeckt nicht nur den Drahtzieher der kriminellen Aktivitäten, durchschaut nicht nur die Motivationen der Mächtigen und Schwachen und die Mechanismen von Herrschaft und Gewalt, sondern steigert sich zum Kritiker und Richter einer ganzen dem Untergang geweihten Epoche.

Eco ist natürlich nicht so naiv, seinen Helden als deus ex machina zu konzipieren: William erscheint nicht als eine Figur, die der vergangenen Epoche im Bewußtsein neuzeitlicher oder moderner Überlegenheit den Spiegel vorhält, er nimmt nicht die Attitüde dessen ein, der es von Anfang an und immer schon besser weiß. Die moralische und intellektuelle Überlegenheit Williams erscheint vornehmlich als Resultat einer an den »fortschrittlichen« Strömungen der Zeit orientierten Schulung. Unter dem Leitgedanken der Progressivität versammelt Eco die wesentlichen, einem gebildeten Laien (und das ist mit Bezug auf das Mittelalter in der Regel auch der professionelle Philosophiehistoriker, der sich nicht ausdrücklich mit dieser Epoche befaßt) bekannten Versatzstücke der Entwicklung mittelalterlicher Geistigkeit und ordnet sie antithetisch und damit publikumswirksam an: Nominalismus steht gegen Realismus, Vernunft gegen Autorität, Erkenntnis des Individuellen gegen die Annahme von Universalien, Experiment gegen Metaphysik, Praxis gegen Theorie, die Wissenschaft im Dienst der Menschen gegen das nutzlose Wissen um seiner selbst willen, mystische Unmittelbarkeit gegen institutionelle Vermittlung, Universität und Stadt gegen ländliche Einsamkeit und klösterlich bewahrende Erziehung.

Schaut man sich diesen Hintergrund unter philosophiegeschichtlichem Aspekt etwas genauer an, dann zeigen sich jedoch Inkonsistenzen, Färbungen, Zuspitzungen und Lücken, die bei einem Autor, der die Gegenwart nur durch das Fernsehen, das Mittelalter aber aus erster Hand zu kennen beansprucht, nicht ganz zufällig sein können. Wer diesen Roman liest und dessen geistesgeschichtlichen Andeutungen einige Aufmerksamkeit widmet, muß den Eindruck gewinnen, daß durch die Namen Robert Grosseteste (»einer der großen Meister in Oxford«), Roger Bacon (den William am meisten unter seinen Lehrern verehrt) und Wilhelm von Ockham (ein alter Freund Williams) eine Linie bezeichnet wird, die die geistige Gestalt des späteren Mittelalters maßgeblich zu bestimmen scheint.

Ein derartiger Eindruck wird verstärkt durch die gemeinsame englische Herkunft der drei Denker und durch ihre Oxforder Prägung. Was das jedoch inhaltlich besagt, ist nicht ganz leicht zu bestimmen. Sicher, man spricht gewöhnlich von einer gewissen Vorliebe für einen augustinisch gefärbten Platonismus, man verweist auf das Interesse an Mathematik und Naturwissenschaften und erwähnt das Studium von Sprachen. Diese »Oxforder« Merkmale finden sich zwar bei Grosseteste und Bacon, nicht jedoch bei Duns Scotus (den Eco übrigens nie erwähnt) und Ockham. Aber vielleicht kommt es hier gar nicht auf gemeinsame Inhalte, sondern eher auf eine die drei Engländer verbindende Grundhaltung an, also auf eine angelsächsisch geprägte Form von Intellektualität, die man so kennzeichnen könnte: frei von (metaphysischen und theologischen) Vorurteilen, orientiert am common sense, bezogen auf das dem Menschen

Mögliche und Zuträgliche. Es läßt sich jedenfalls nicht verkennen, daß Eco mit William und dessen geistigen Gewährsmännern eine intellektuelle Attitüde stilisiert, die sich höchst vorteilhaft von einem romanisch-lateinisch geformten Typus von Geistigkeit abhebt, der all jene Vorzüge außer sich hat und statt dessen zu emphatischen Übersteigerungen mit negativen Folgen für die Humanität tendiert.

Der Eindruck, der hier entsteht, hält einer genaueren Prüfung jedoch nicht stand. Die drei englischen Gewährsmänner, mit deren Hilfe Eco seine mittelalterliche Achse der Progressivität konstruiert, waren – und das ist zunächst gegen alle entgegenstehenden Insinuationen hervorzuheben – Theologen. Wenn man nicht unterstellen will, daß sie gespaltene Persönlichkeiten waren (und dafür gibt es in ihrem Leben und Werk keine greifbaren Anhaltspunkte), dann können sie ihre im Roman gelobten rationalen Qualifikationen und Leistungen keinesfalls als der Theologie und ihrer gläubigen Existenz widersprechend begriffen haben. Dies gilt jedenfalls für Grosseteste und Roger Bacon; bei Ockham ist die Lage etwas komplizierter, dazu gleich mehr. – Nun bleibt es einem Romanautor natürlich unbenommen, historisches Material beliebig zu montieren. Darum geht es hier nicht. Es geht vielmehr um die Frage, warum ein Schriftsteller mit professionellen Kenntnissen dieser Epoche die theologische Perspektive aus der geistigen Landschaft des »progressiven« Mittelalters ausblendet, so als ob Progressivität, Rationalität und Humanität – wie selbstverständlich – nur gegen Theologie durchzusetzen gewesen seien. Was für weite Teile der Neuzeit richtig sein mochte, muß für das Mittelalter durchaus nicht zutreffen.

Ein weiterer Eindruck erweist sich als fraglich. Das sachliche Grundinteresse der drei Engländer, die Williams geistige Physiognomie prägen, ist zu unterschiedlich, als daß sie über einen Leisten geschlagen werden könnten. Das zeigt schon ein flüchtiger Blick auf das Werk dieser Männer. Robert Grosseteste, geboren um 1170–75, studierte in Oxford und wohl auch in Paris, dozierte als Magister der Theologie in Oxford, wurde Kanzler der Oxforder Universität; von 1235 bis zu seinem Tode 1253 war er Bischof von Lincoln. Roberts Zeitgenossen rühmen sein heiliges Leben und sein umfassendes Wissen in gleicher Weise; es gibt im 13. und 14. Jahrhundert mehrere Versuche, seine Kanonisierung zu erreichen. Unter seinen Werken sind für uns von besonderem Interesse die naturwissenschaftlichphilosophischen Schriften, die sich u.a. mit Astronomie, Meteorologie, Optik sowie mit naturphilosophischen und metaphysischen Fragen befassen.

Es sind vor allem zwei Aspekte dieser Schriften, die von modernen Interpreten hervorgehoben werden und die auch in unserem Roman ihren Niederschlag finden: die experimentelle Methode und die mathematische Gesetzmäßigkeit der Welt. Ohne sich zu fragen, was das in mittelalterlichen Zusammenhängen überhaupt bedeuten kann, ist der moderne Deuter zu leicht geneigt, in Grosseteste einen Vorfahren neuzeitlicher Methodik und mechanisierter Weltauffassung zu sehen. Es bleibt dann eine Frage des Temperaments und der Vorurteile, wie man den Umstand deutet, daß diese verheißungsvollen Knospen des Fortschritts sich erst nach Jahrhunderten zu voller Blüte entfaltet haben. – Es könnte jedoch sein – und das historische Material legt eine solche Deutung eigentlich nahe –, daß die Mathematik und daß auch der Gedanke des Experiments gar nicht auf das neuzeitliche Wissenschaftsverständnis zu beziehen sind, sondern ihren sinnvollen Ort im Rahmen einer Weltdeutung haben, die ganz und gar metaphysisch ist. Dies gilt jedenfalls für Grosseteste. Dessen Deutung der Natur nach »Linien, Winkeln und Figuren« erwächst aus einer Lichtmetaphysik, die ihrerseits dem Interesse des Theologen entspringt, die Welt – die Schöpfung Gottes – rational auszulegen. Wer die experimentelle Methode und das Interesse an der Mathematik aus diesem Zusammenhang löst, verstellt sich die Einsicht in die Kohärenz dieses Denkens und vermag dessen Motive nicht zu erfassen. Es hat den Anschein, daß dies für Eco zutrifft, der Grosseteste gerade nicht unter mittelalterlichen, sondern unter neuzeitlichen Aspekten erscheinen läßt. Das Resultat stellt sich dann mit Notwendigkeit ein: Das metaphysische Grundmotiv des Grossetesteschen Denkens wird ausgeklammert, der Umstand, daß die rationale Auslegung der Welt theologischem Interesse entspringt, bleibt verborgen.

Was für Grosseteste gelten mag, nämlich die metaphysische Prägung und Ausrichtung aller wissenschaftlichen Bemühungen, angezeigt durch die zentrale Rolle seiner Lichtmetaphysik, muß jedoch für Roger Bacon keineswegs wahr sein. Dessen Gestalt scheint denn auch weit besser in die geistige Substruktur des Romans zu passen. Klosterhaft und Lehrverbot deuten darauf hin, daß wir es hier mit einem Geist zu tun haben, der seiner Epoche weit überlegen war. Wir wissen zwar nicht genau, weshalb Bacon 1257 seinen Oxforder Lehrstuhl verlassen mußte: Es mögen strittige Lehren gewesen sein, die dazu geführt haben, aber revolutionäre Gedanken, die furchtsame Geister hätten schrecken müssen, findet man in seinen Werken nicht; vielleicht muß man die Ursache für das Lehrverbot deshalb eher in persönlichen Divergenzen suchen. Wir wissen auch nicht genau, weshalb der Ordensgeneral der Franziskaner im Jahre 1278 seinen Mitbruder Roger zu Klosterhaft verurteilte. Aus Gründen mangelnder Orthodoxie – aber Bacon war gerade in den entscheidenden Fragen der christlichen Lehre nicht nur orthodox, sondern er war dies auch noch auf eine ausgesprochen konservative Weise – oder vielleicht doch wieder aus persönlichen Gründen?

Eco jedenfalls führt Bacon als den verehrten Lehrer Williams von Baskerville ein und kennzeichnet ihn zudem als hellsichtigen, zukunftsfreudigen Denker, der die geistige Enge seiner Welt vor allem aus zwei Gründen überwunden hat. Roger Bacon setzt auf die »richtigen« Wissenschaften, nämlich Sprachwissenschaften, Mathematik und Naturwissenschaften; die Richtigkeit dieser Option erweist sich durch ihre Zukunftsfähigkeit. Nicht die Metaphysik der Scholastiker, sondern die sprachliche Bildung der Humanisten, nicht die Spekulation der aristotelisch geprägten Naturphilosophie, sondern die durch Erfahrung gewonnenen Erkenntnisse der Natur haben ja in die neue Zeit geführt. Im Zusammenhang damit stehen die Baconschen Ideen von Flugmaschinen und Tauchgeräten. Zu diesem Grund tritt ein zweiter hinzu: Roger Bacon betreibt Wissenschaft nicht um ihrer selbst willen. Eco hat ganz richtig erkannt, daß für den englischen Franziskaner die Wissenschaften vor allem ein Instrument zum Wohle der Menschen sind. Das ist sicher ein Gedanke mit neuen Perspektiven, vor allem dann, wenn die wissenschaftlichen Veranstaltungen wirklich dem Wohle der Menschen dienen. Es mag übrigens in diesem Zusammenhang die Bemerkung erlaubt sein, daß Erkenntnis und Wahrheit selbst vielleicht auch unmittelbar etwas mit dem menschlichen Wohl zu tun haben.

Hier ist zunächst wieder die Frage zu stellen, ob die Skizze, die Eco von Williams Lehrer zeichnet, zur geistigen Physiognomie Bacons paßt, so wie sie sich aus seinen zahlreichen Werken rekonstruieren läßt. Diese Frage muß man verneinen. Denn Bacons Grundinteresse richtet sich einmal auf die Idee einer universalen christlichen Wissenschaft, in die alle einzelnen Disziplinen integriert sind und in der die Theologie die entscheidende Rolle spielt. Man kann diese Überlegung als Reaktion auf die Schwierigkeit begreifen, die Fülle des profanen Materials in den christlichen Kontext einzuordnen. Verglichen mit anderen Versuchen, das Problem zu lösen, – z. B. mit denjenigen Alberts des Großen oder Thomas' von Aquin oder des Duns Scotus (um nur orthodoxe Beispiele zu nennen) – ist die Baconsche Lösung konservativ. Daran ändert auch die partielle »Progressivität« mancher Äußerungen und Programme nichts. Es kommt Bacon nämlich nicht so sehr auf Freisetzung und Selbständigkeit profaner Bestände an als vielmehr auf deren durch theologische Interessen definierte Eignung, zum Wohle der Menschen beizutragen.

Und damit berühren wir einen zweiten wichtigen Punkt. Denn die Baconschen Bemühungen zielen im Resultat auf eine respublica fidelium, eine christliche Weltgemeinschaft, deren Praxis in der Gottesliebe und deren Ziel in der glückseligen Vollendung der Menschen besteht. Auch diese Überlegung läßt sich am ehesten als konservative Reaktion auf geschichtlich-politische Vorgänge begreifen, an deren Ende der neuzeitliche Nationalstaat steht, der die sakralen und universalen Elemente des Mittelalters außer sich hat. Eco berührt diesen zweiten Punkt in seinem Roman; er erkennt natürlich, daß Roger Bacon mit derartigen Plänen nicht gerade die »Spitze des Fortschritts« repräsentiert. Um nun aber das positive Bild des verehrten Meisters nicht zu sehr zu verdunkeln, werden sozialgeschichtliche Erklärungen und Entschuldigungen bemüht: zu Bacons Zeit (um 1214 – nach 1292) habe es noch keine von der Kirche unabhängigen geistigen Energiezentren gegeben, von denen aus eine Weltgemeinschaft hätte organisiert werden können. Dieser Hinweis erweist sich jedoch – im Blick auf die geistige und geschichtliche Lage des 13. Jahrhunderts – als wenig hilfreich. Denn eine der entscheidenden Leistungen dieser Zeit (der Zeit Bacons) liegt in der allmählichen Freisetzung profaner Bestände von geistlichen Vorgaben; ein Vorgang, an dem Bacon jedenfalls nicht zentral beteiligt ist. Außerdem muß es fraglich bleiben, welche Rolle Gelehrsamkeit und technischer Erfindungsgeist überhaupt bei der Stiftung politischer Gebilde spielen können. Die Idee einer theoretisch organisierten respublica fidelium entspricht keineswegs der geistigen Lage des 13. Jahrhunderts.

Unter dem Eindruck dieser Resultate wird man Ecos Hinweise auf Bacon als einseitig bezeichnen müssen. Dieses Urteil gilt natürlich nicht dem Romanautor, der gegenüber dem historischen Material frei ist; die Kritik gilt dem Kenner der mittelalterlichen Geisteswelt, der Roger Bacon auf eine Weise stilisiert, die den geschichtlichen Gegebenheiten nicht entspricht. Das entscheidende Defizit der Ecoschen Skizze liegt auch hier – ähnlich wie bei Grosseteste – in der Ausklammerung der theologischen Dimension, die für beide Denker die zentrale Stelle bezeichnet, von der aus ihr Werk als einheitliche Größe betrachtet werden kann; es handelt sich hier um eine Theologie praktischen Zuschnitts mit prinzipiell theokratischer Tendenz.

Den bisherigen Überlegungen könnte man kleinliches Herummäkeln an marginalen Äußerungen vorwerfen; schließlich spielen weder Grosseteste noch Bacon in der geistigen Substruktur des Romans eine entscheidende Rolle. Sie dienen lediglich als historische Figuren, die den passenden Hintergrund für den Hauptakteur des fiktiven Geschehens bilden, für William von Baskerville, als dessen historisches Vorbild man unschwer Wilhelm von Ockham ausmachen kann. Erst wenn deutlich geworden ist, welches Bild Eco von diesem Denker zeichnet und wie diese Zeichnung mit dem historischen Ockham übereinstimmt, lassen sich auch die Überlegungen zu Grosseteste und Bacon einordnen und einigermaßen zuverlässig bewerten. – Ockham ist nicht nur durch die Person des Helden, sondern auch durch die philosophischen, theologischen und staatstheoretischen Ideen, die die Diskussionen und Spekulationen des Romans argumentativ erfolgreich bestimmen, der eigentliche opinion leader der vor dem Leser aufgebauten Welt.

Ockham wird in dem Roman nicht häufiger erwähnt als Roger Bacon oder Thomas von Aquin. Und in diesen Äußerungen geht es philosophisch vor allem um die »Intuition des Individuellen«, theologisch um den Gedanken der Freiheit Gottes und biographisch besonders um Ockhams Flucht aus Avignon und seine Tätigkeit in München, wo er die Sache des Kaisers gegen die päpstlichen Ansprüche »mit der Feder« vertritt.

Das Leben Ockhams verläuft zunächst normal, nämlich in den Bahnen eines begabten Ordensmannes, der von seinen Oberen für das theologische Studium bestimmt wird. Das erste sichere biographische Datum ist seine Weihe zum Subdiakon im Jahre 1306. Von hier kann man auf das Geburtsjahr schließen: um 1285, geboren in der englischen Grafschaft Surrey. Ockham ist also zur Zeit der fiktiven Ereignisse des Romans um 42 Jahre alt. Wir wissen, daß er in den Franziskanerorden eintritt und spätestens seit 1309 in Oxford studiert. Man darf annehmen, daß er alle für eine akademische Karriere erforderlichen Stufen erfolgreich durchlaufen hat. Jedenfalls doziert er seit 1317 als Bakkalaureus die Sentenzen – im Mittelalter neben der Bibel das für die theologische Ausbildung maßgebliche Werk. Um 1321 sind alle für die Promotion zum Magister der Theologie notwendigen Leistungen erbracht. Dazu kommt es jedoch nicht, weil der Kanzler der Universität Oxford, Lutterell, interveniert: Häresieverdacht.

Von jetzt an verläuft Ockhams Leben nicht mehr normal. Wenn auch der Kanzler wegen seiner Intervention sein Amt verliert, so hilft dies Ockham nicht. Denn Lutterell vermag Papst Johannes XXII. zu bewegen, den verdächtigen Franziskaner nach Avignon zu zitieren, wo er von 1324 bis 1328 vergeblich auf den päpstlichen Urteilsspruch wartet. Hier in Avignon verändern sich Ockhams geistige Interessen grundlegend. Bis dahin mit theologischen und philosophischen Fragen befaßt – vermutlich noch in Avignon selbst schreibt er eine ›Summa logicae‹, welche weite Verbreitung finden wird –, begegnet er jetzt ganz anders gearteten Gegenständen, theologischen Kontroversen mit politischer Brisanz. In der Diskussion um die evangelische Vollkommenheit der Armut ergreift Ockham die Partei seines Ordens, stellt sich damit gegen den Papst und flieht schließlich mit dem Ordensgeneral Michael von Cesena und einigen anderen Mitbrüdern aus Avignon, um beim Kaiser in Pisa seine Zuflucht zu nehmen. Diese Ereignisse sind dem Leser des Romans wohlvertraut. Und es ist vor allem diese gegen Hierarchie, verfaßte Kirche und etabliert konservative Theologie gewendete Haltung Ockhams, die als Grundmuster für die Skizze des franziskanischen Denkers fungiert. – Der Vollständigkeit halber sei nachgetragen, daß Ockham 1347 in München stirbt, wo er eine Fülle von Schriften verfaßt hat, in denen er die kaiserlichen Interessen verteidigt und die Kirche vor allen in ihrer rechtlich-hierarchischen Gestalt und wegen ihrer politischen Ansprüche kritisiert.

Wer Ockham vornehmlich aus der Sicht der Münchener Jahre betrachtet, wird ihn in erster Linie als Zeitgenossen jener Ereignisse begreifen, die den geschichtlichen Hintergrund unseres Romans bilden. In dieser Perspektive erschließt sich jedoch nicht sein theoretisches Werk. Nun begegnet uns Ockham aber auch als Philosoph und Theologe, wobei Eco zwei Themen besonders betont: den Vorrang des Individuellen und die Freiheit Gottes; hinzu kommt eine als neuartig behauptete Zeichentheorie, die mit dem Ockhamschen Denken in Verbindung gebracht wird. Davon kann nun allerdings keine Rede sein. William von Baskerville wird uns zwar als Meister der Interpretation von Indizien vorgeführt – seine Meisterschaft zeigt er z.B. gleich zu Beginn des Romans, wo er einem Trupp von Mönchen, die nach dem entlaufenen Lieblingspferd des Abtes suchen, eine genaue Beschreibung des Brunellus liefert, ohne ihn je gesehen zu haben, sicherlich ein Beweis von Scharfsinn –, aber das ist keine Anwendung der Ockhamschen Zeichentheorie!

William operiert hier einmal mit dem Klischee der Autoritätsgläubigkeit, die den Mönchen einer der Vergangenheit zugewandten Abtei wohl anstehen mag, aber im späten Mittelalter in dieser Form eher unwahrscheinlich ist. Zur Analyse des Entdeckungsprozesses bedient sich William dann eines von Avicenna überlieferten Beispiels, an dem der Weg von der Erkenntnis des Allgemeinen zur Erkenntnis des Individuellen illustriert wird. Beides hat mit der nominalistischen Zeichentheorie nichts zu tun, kann nichts damit zu tun haben, weil Spuren und Indizien im kriminalistischen Sinne etwas ganz anderes sind als die logischen Zeichen des Nominalismus. Hier geht es nämlich um die Frage nach dem Wirklichkeitsbezug der Begriffe, die immer allgemein sind. Wie kann durch sie und mit ihnen Wirklichkeit erfaßt werden? Weil die Wirklichkeit selbst, weil die Dinge selbst in sich Allgemeines realisieren: der individuelle Mensch ist Repräsentant des allgemeinen Wesens »Mensch«, durch welches alle Menschen eben Menschen sind; und weil der Begriff das wirkliche Wesen – unter Absehung von seinen individuellen Bestimmungen – abbildet. So etwa argumentieren die sogenannten Realisten, zu denen z.B. Thomas von Aquin und Duns Scotus gehören.

Ockham löst die Frage auf eine andere Weise: Begriffe können nicht als »Abbilder« gedacht werden, weil es nichts abzubilden gibt; denn die Wirklichkeit ist nichts als die Summe aller einzelnen Dinge, die in ihrer Individualität aufgehen und nicht Repräsentanten eines Allgemeinen sind. Deshalb faßt Ockham die Begriffe lediglich als Zeichen, die für die von ihnen bezeichneten Dinge stehen. Damit wertet er jedoch die begriffliche Ebene keineswegs ab. Auf der Zeichenebene und nur auf ihr finden die logisch-wissenschaftlichen Operationen statt, für die

Ockham Notwendigkeit und Allgemeingültigkeit beansprucht. So betrachtet, können die in unserem Roman ständig verfolgten Spuren und Indizien gar nicht als Zeichen im nominalistischen Sinne gelten; sie haben keinen logischen Status und führen lediglich zu Mutmaßungen, die dem kriminalistischen Spürsinn ein weites Feld eröffnen. Auf diesem Gebiet sind Sherlock Holmes und William von Baskerville sicher Meister, aber damit werden sie keineswegs zu Repräsentanten Ockhamschen Denkens.

Wenn auch die Spur mit den Indizien und Zeichen ins nominalistische und überhaupt ins mediävistische Niemandsland führt, so bleibt dem Leser doch noch die vielbemühte »Intuition des Individuellen«. Ist damit nicht ein zentrales Stück im Denken Ockhams getroffen, und zwar richtig getroffen? In dieser Thematik sammelt Eco wie in einem Brennpunkt all jene Gesichtspunkte, die ihm zur Unterscheidung zwischen Vergangenem und zukünftig Hoffnungsvollem wichtig scheinen. Es sind vor allem diese beiden: die unmittelbare Erfahrung der einfachen Leute, die sich nicht von theologischen oder politischen Hierarchen sagen lassen müssen, worin das für sie Nützliche und Zuträgliche besteht, und die empirische Haltung der wissenschaftlich geschulten Vernunft, die sich von allen metaphysischen und theologischen Konstruktionen befreit hat. William von Baskerville ist Repräsentant dieser Haltung und zugleich Sprachrohr der einfachen Leute. – Die für Eco zentrale Unterscheidung gewinnt unter diesen Gesichtspunkten die folgende Gestalt: Einer vergangenen und dem Untergang würdigen Welt gehören diejenigen an, die das Heil und die Wahrheit von anderen erwarten anstatt sich auf sich selbst, die eigenen Erfahrungen und Einsichten zu verlassen.

Ockham hat das Individuum nicht entdeckt. Die zentralen Daten jeder christlichen Theologie, Schöpfung und Heilsgeschichte, sind Sachverhalte kontingenter, nicht ableitbarer Faktizität. Unter diesem Aspekt erhalten Geschichtlichkeit und Individualität von vornherein ein Gewicht, das sie weder im antiken Denken noch in der vor allem durch die Aristoteles-Rezeption bestimmten Philosophie des 13. und 14. Jahrhunderts je haben können. Die Auseinandersetzungen um Aristoteles, die 1277 in der Verurteilung von 219 Sätzen zu Paris und von 16 Sätzen zu Oxford ihren Höhepunkt erreichen, werden im Grunde genommen um zwei für das Selbstverständnis der christlichen Theologie entscheidende Fragen geführt: Welche

Rolle spielt die Philosophie im Kontext der Theologie? und die für unseren Zusammenhang maßgebende zweite Frage: Wie lassen sich die für die Theologie zentralen kontingenten Wahrheiten angemessen festhalten, ohne dabei den universalen theologischen Anspruch aufzugeben?

Es liegt auf der Hand, daß mit wachsender Einsicht in die Positivität und Kontingenz der Offenbarung und verbunden damit in die Nichtevidenz der theologischen Prinzipien der Wissenschaftscharakter und die Universalität der Theologie reduziert werden. Umgekehrt ist dann auch klar, daß die Betonung des wissenschaftlichen Anspruchs der Theologie den kontingenten und positiven Charakter der theologischen Prinzipien zurücktreten lassen. Man kann die geschichtliche Bewegung der mittelalterlichen Theologie im ganzen als die Abfolge von Bemühungen deuten, die Faktizität der Offenbarung und die Universalität ihres Wahrheitsanspruchs miteinander zu vermitteln.

Es ist hier zunächst einem naheliegenden Einwand entgegenzutreten. Die Frage, was innertheologische Strukturprobleme überhaupt mit unserem Roman zu tun haben, bleibt nämlich vordergründig, wenn man wirklich verstehen will, woher das Interesse an Individualität und kontingenter Faktizität kommt, ein Interesse, aus dem zu wesentlichen Teilen der Reiz des Romanhelden entspringt. Die Intuition des Individuellen verdankt ihren Aufstieg vor allem theologischen Fragestellungen. Eco ist sich dieses Hintergrundes wohl bewußt, wenn er die Freiheit Gottes als ein weiteres Element in das Spiel der Argumente einführt. Der Zusammenhang von göttlicher Freiheit und Kontingenz der Welt liegt auf der Hand; das ist christlicher Theologie seit je vertraut. In dem Maße, in dem die Freiheit als Omnipotenz begriffen und dieser Gedanke konsequent zu Ende geführt wird – wie es bei Ockham geschieht –, wächst auch die Einsicht in die unmittelbare Abhängigkeit nicht nur der Welt im ganzen, sondern jedes einzelnen Seienden von Gottes Schöpfermacht.

Wenn man diese Überlegung mit dem eben erwähnten Komplex der Ockhamschen Zeichentheorie zusammenbringt, wird die innere Verknüpfung der beiden Themen offenkundig: Die einzelnen Dinge sind nicht Repräsentanten von allgemeinen Ideen, sondern durch und durch individuell, weil von Gott in ihrer Besonderheit geschaffen und erhalten; folglich können unsere unumgänglich allgemeinen Begriffe die radikal individuellen Dinge nicht – gewissermaßen von gleich zu gleich – abbilden, sondern werden zu Zeichen, die für die Dinge stehen. – Aus diesem Ansatz lassen sich nun mehrere und unterschiedliche Konsequenzen ziehen. In einem Punkt sind sich Ockham und Eco einig – und wenn es um die Folgerungen aus diesem Ansatz geht, auch nur in diesem einen Punkt. Da die Welt nichts als die Summe aller einzelnen Weltdinge ist, wandelt sich auch die Welterkenntnis. Sie begreift die Welt nicht mehr als Realisierung einer ihr zugrundeliegenden Ordnung, ist also nicht mehr wesentlich Ordnungsnachvollzug, sondern wird zunehmend zu einem schöpferischen Prozeß, durch den die Einzeldinge erst zu einem Sinnganzen geordnet werden. William von Baskerville führt uns die veränderte Lage vor allem durch seine detektivische Tätigkeit eindrucksvoll vor Augen.

Die Übereinstimmung in der Freisetzung schöpferischer Aktivität der menschlichen Erkenntnis darf nicht die Divergenzen zwischen Williams Grundhaltung und Ockhams Ansätzen und Absichten verdecken. Eco läßt seinen Helden nämlich Folgerungen ziehen, die entschieden nicht ockhamistisch sind. Ich nenne deren zwei. Da ist einmal der Verzicht auf Wahrheit. William verzichtet auf den Anspruch der Wahrheit aus einem doppelten Grund: Er ist angesichts der radikalen Individualisierung der Welt gar nicht mehr möglich; Wahrheit war der schöne Schein der Alten, die glaubten, hinter der Vielfalt der sichtbaren Dinge Ordnung und ewige Gültigkeit entdecken zu können. Sobald sich dies als bloßer Schein enthüllt, wird Wahrheit – und darin liegt der zweite Grund – zum Herrschaftsinstrument, mit dessen Hilfe die Hierarchen jeder Couleur ihre eigenen Interessen absichern, wird Wahrheit zum Mittel der Unterdrückung von Humanität, Freiheit und bunter Lebendigkeit. In diesem Sinne führt uns der Roman z. B. Theologie nur noch in entarteter Form vor, als päpstliche oder kaiserliche oder franziskanische Parteilichkeitslogik, die ausschließlich in Kategorien von Strategie und Taktik denkt. Jenseits dieser Alternative gibt es – das ist die Insinuation des Romans – nur eine humane Möglichkeit: die Weisheit des lächelnden Lebens, die skeptische Resignation, den Abschied vom Prinzipiellen, also die Grundhaltung Williams von Baskerville.

Das ist nicht Ockhams Weg, wenigstens nicht der Weg des Philosophen und Theologen. Der ist zwar skeptisch, aber nicht bis zur Resignation; der ist zwar kritisch gegenüber Prinzipien, aber nicht bis zum Abschied von ihnen. Für Ockham bleibt der

Wahrheitsanspruch unverzichtbar; es gibt verläßliche Orientierung in der Welt, richtige Erkenntnis, metaphysische Einsichten; Gottesbeweise werden anerkannt und Reden über Gott bleibt sinnvoll. Ockham hält also an dem Programm der mittelalterlichen Theologie fest, die Faktizität der Offenbarung mit der Universalität des Wahrheitsanspruchs zu vermitteln. Man kann den Kerngedanken dieses Programms auch so ausdrükken: Es ist nicht unvernünftig, an die Wahrheit der Offenbarung zu glauben, auch wenn sich diese nicht aus den Prinzipien der Vernunft ableiten läßt. – Diese Option erscheint in dem Roman nicht. Dafür wird dem Leser in der Person des Jorge von Burgos eine andere eindringlich vor Augen gestellt. Es ist nicht eine solche bloßer Taktik und Strategie; Jorge ist zutiefst von seiner Wahrheit überzeugt: sie ist nicht kompromiß- und auslegungsfähig, daher auch nicht geeignet als taktische Waffe. Jorge ist kein Taktiker, er ist Fanatiker.

Eco konstruiert in seinem Roman ein Tableau, das für Ockhams Programm keinen Platz hat, dafür aber dem Fanatismus der Wahrheit eine negative Position einräumt. Die Gemeinsamkeit zwischen Jorge von Burgos und Ockham liegt darin, daß beide die christliche Offenbarung für wahr halten. Sie tun dies jedoch auf höchst unterschiedliche Weise. Es ist eben etwas anderes, ob man die Wahrheiten des christlichen Glaubens in reiner Positivität traditionalistisch bewahrt und jedes Bemühen um Einsicht und Weltvermittlung abweist, wie es Jorge von Burgos tut; oder ob man das Wort Gottes auch als geistige Aufgabe des Menschen begreift, das im Glauben Angenommene zur Einsicht zu bringen, und dies in dem für das ganze Mittelalter maßgeblichen Bewußtsein, daß zwischen göttlich vermittelter und menschlich verantworteter Wahrheit kein prinzipieller Widerspruch besteht.

Ockham liegt in seinem Denken ganz auf dieser mittelalterlichen Linie, auch wenn er zuweilen Diskrepanzen zwischen Glaubenswahrheiten und wissenschaftlichen Resultaten nicht vermeiden kann. Damit aber ist Ockham in einen Traditionsstrang einzureihen, der in diesem Roman nicht vorkommt und mit den Namen Thomas von Aquin und Johannes Duns Scotus bezeichnet werden kann, um nur die bedeutendsten zu nennen. Es ist für diese Traditionslinie kennzeichnend, daß sie – theologisch bestimmt – der Philosophie um der Arbeit an der Glaubenseinsicht willen einen selbständigen und hohen Rang einräumt und daß gerade hier die entscheidenden philosophischen

Leistungen des Mittelalters liegen. Eine Theologie dieser Art kann der Sache nach dem Fanatismus der Wahrheit nicht anheimfallen, weil sie sich verpflichtet weiß, über ihre Wahrheiten Rechenschaft abzugeben; Argumente schließen Feuer und Schwert aus. Wie gesagt, der Sache nach, natürlich ist Theologie immer wieder der Versuchung erlegen, dort, wo Argumente nicht fruchten oder fehlen, zu stärkeren Mitteln Zuflucht zu nehmen. Jedenfalls wissen wir von Thomas von Aquin oder von Duns Scotus, daß sie in der Auseinandersetzung mit Gegnern oder Verächtern ihres Glaubens auf das Argument vertraut und nicht nach der Zensur gerufen haben.

Die Position des Jorge von Burgos ist in ihrem Anspruch übermenschlich; hier wird behauptet, die Wahrheit ein für allemal zu wissen und endgültig zu haben. Argumente sind dann überflüssig, und Versuche, diese Wahrheit den geschichtlich sich verändernden Lagen immer wieder neu zu vermitteln, erscheinen als müßige Umwege. Jorge anerkennt weder das Gewicht geschichtlicher Entwicklung noch die Begrenztheit des Menschen bei der Vernehmung von Wahrheit. In der Konsequenz wird diese übermenschliche Position unmenschlich, menschenverachtend.

Wir sind immer noch bei dem Thema, in welcher Hinsicht Ecos Held von Ockham abweicht. Bei Ockham – so heißt das erste Resultat des Vergleichs – gibt es keine prinzipielle Resignation und keine umfassende Skepsis; Philosophie mit metaphysischem und Theologie mit rationalem Anspruch bleiben grundsätzlich möglich, wenn auch durch kritische Einschränkungen vor Überschwang bewahrt. Jorge von Burgos läßt sich in diesem Zusammenhang geradezu als dialektische Gegenposition zu William von Baskerville begreifen. Die sich aus dieser Konstellation ergebende Einsicht könnte man dann auf die Formel bringen: Der Verzicht auf umfassende Weltorientierung hat eine doppelte Folge, nämlich weise Resignation und, ihr verschwistert, blinden Fanatismus. Doch diese Überlegung mag hier auf sich beruhen bleiben.

Mir scheint eine zweite Divergenz zwischen Ockham und William von größtem Gewicht zu sein: die Behandlung des Themas Gott. Es ist schon gesagt worden, daß Ockham bei all seiner kritischen Distanz zu traditionellen theologischen und philosophischen Lösungen und auch zu der durch das Avignonesische Papsttum repräsentierten Kirche als gläubiger Christ gelten muß und zudem die Möglichkeit einer Theologie festhält, die mehr ist als die traditionalistische Verwaltung positiver Offenbarungsstücke.

William von Baskerville hingegen zieht aus der von Ockham angenommenen ontologischen Gegebenheit eine andere Konsequenz: das Schweigen. Wenn nämlich Gott im Blick auf die Welt absolut frei ist (daß Gott sich in Bezug auf die faktisch gegebene Welt verläßlich festgelegt hat, wie Ockham annimmt, findet in Williams Reflexionen und Handlungen keinen Niederschlag), kann das göttliche Welthandeln nicht mehr als Schlüssel zur Einsicht in den Zusammenhang und die Abläufe des Weltgeschehens gelten. Man kann diesen Gedanken auch so ausdrücken: Gott schweigt, und den Menschen bleibt nichts als ebenfalls über Gott zu schweigen. Liegt hier die eigentliche Bedingung für das freie, befreiende Lachen des Menschen?

Wohin es führt, wenn der Mensch über Gott redet, obwohl er nichts von ihm weiß, wird dem Leser in der Person Ubertins von Casale vor Augen geführt, übrigens eine historische Figur, die Eco durchaus liebevoll gestaltet. Das ändert jedoch nichts an der Ambivalenz von Ubertins Haltung, die William ohne Rücksicht auf mystische Empfindlichkeiten analysiert und kritisiert. Ubertin wird im Roman als Mystiker mit revolutionären Tendenzen vorgestellt. Als Gegner theologischer Spekulationen, dem Ockham nicht gefällt, weil er in ihm »nur Kopf, kein Herz« findet, sucht er die Unmittelbarkeit zu Gott in ekstatischer Liebe und Entzückung. Ganz unfreiwillig und naiv offenbart der Mystiker dem kritisch distanzierten Franziskaner aus England die sexuelle Wurzel seiner mystischen Antriebe. Dabei wird deutlich, daß Ubertin über kein Kriterium verfügt, das den Gegenstand seines Verlangens hinreichend eindeutig zu bezeichnen vermöchte. Ist es wirklich Gott, auf den sich das liebende Verlangen richtet? Oder sucht der Mystiker nicht primär die Erfüllung seiner eigenen, von sinnlichen Antrieben besetzten Wünsche? Ubertins Gestalt erscheint vor uns, hingerissen zwischen Gottverlangen und Sinnlichkeit, dabei unfähig, den Menschen einen Weg aus dem Labyrinth ihrer Verstrickungen zu zeigen, ja im Ernstfall sogar fähig, im Zeichen der Liebe Scheiterhaufen zu entzünden.

Der Fanatismus eines Jorge von Burgos und die Mystik eines Ubertin von Casale sind keine Antworten auf die Frage, wie man sich in einer aus den Fugen geratenen Welt orientieren kann. Aber Williams eigene Haltung bleibt unter der hier verhandelten Perspektive ebenfalls unklar. Wie hält er es mit Gott?

Wir erfahren nichts darüber, ob der Held ein gläubiger oder gar ein frommer Mann ist. Er redet zwar von Gott, hebt jedoch vor allem dessen absolute Freiheit hervor, die im Resultat zum Schweigen über Gott führen muß; es sei denn, man begreift diese faktische Welt als klares Zeugnis göttlicher Verläßlichkeit, wie Ockham es tut. Bei William findet sich davon jedoch keine Spur. Bei diesem Befund sind zwei Folgerungen erlaubt. Entweder ist auch William Mystiker, oder er ist einer, dem die Formeln des Glaubens nichts mehr sagen.

Für die mystische Interpretation sprechen einige Indizien, z.B. der Hinweis auf die Vorläufigkeit unseres begrifflichen Instrumentariums angesichts einer nicht faßbaren Wirklichkeit. Das läßt sich theologisch deuten als Warnung vor vermeintlicher Einsicht des Menschen in Gottes Denken und Wollen, als Abweis jeglicher Identifizierung göttlicher Ratschlüsse mit menschlicher Weisheit. Diese allgemeine Perspektive enthält jedoch unterschiedliche Variationsmöglichkeiten, die von orthodoxer Interpretation bis zu atheistischer Praxis reichen. Die niemals überbrückbare Differenz von Gott und Mensch kann traditionell als Mahnung gelesen werden, institutionelle Leistungen und theologische Reflexionen ständig unter den Vorbehalt ihrer Endlichkeit zu stellen, also ganz im Sinne des alten Grundsatzes von der ecclesia semper reformanda. Es gibt in dem Roman keine Anzeichen dafür, daß William seine Aufgabe in dieser Richtung sieht.

Man kann die mystische Unfaßbarkeit Gottes natürlich auch antitraditionell auf die geschichtlichen Gestalten des Christentums und auf die positiven Religionen beziehen: Keine bisher in der Geschichte realisierte Form der Beziehung des Menschen zu Gott ist der Unendlichkeit der göttlichen Bezugsgröße je gerecht geworden – eine Betrachtungsweise, die alle institutionellen Realisierungen von Religion aufhebt. Ist Williams Profil nach diesem Muster gezeichnet?

Dort wo der Held sich von detektivischer Spurensicherung und Hypothesenfalsifizierung erholt und sich – natürlich siegreich – in den ideologischen Diskurs begibt, deutet eigentlich nichts auf ein Engagement in der Gottesfrage hin. Reformistischer Eifer zeigt sich zwar in dem Wunsch nach Entpolitisierung kirchlicher Institutionen, es bleibt aber im Grunde genommen offen, worin die Aufgabe der reformierten Einrichtungen weiterhin bestehen soll. Vielleicht in der human erträglichen Abwicklung ihres unvermeidlichen Konkurses? Ich möchte es jedenfalls – übrigens auch wegen der ambivalenten bis kritisch-destruktiven Behandlung des mystischen Elements in dem Roman – vorziehen, von einer Vergleichgültigung der Gottesfrage zu sprechen. Wenn man nämlich das Gott-Welt-Verhältnis menschlich einsichtigem Nachvollzug zunehmend entzieht – und genau dies geschieht durch die Zentrierung theologischer Reflexion auf die göttliche Allmachts- und Freiheitsperspektive –, dann ist schnell der Punkt erreicht, an dem es für das Welthandeln des Menschen gleichgültig wird, ob es einen Gott gibt oder nicht. Auf dieser Linie scheint sich mir Williams Denken zu bewegen. Diese Vermutung wird bestätigt durch seinen Therapievorschlag; er empfiehlt keine traditionalistische oder reformistische Erneuerung des Bestehenden, er setzt auch nicht auf die befreiende Wirkung der Wahrheit, sondern auf die humane Wirkung des Lachens.

Erinnern wir uns des von Eco konstruierten geistesgeschichtlichen Tableaus. Da ist zunächst die aus den Fugen geratene Großkirche. Ihre Kräfte scheinen mehr und mehr auf bloße Machterhaltung und -vermehrung gerichtet zu sein. Die wirklich religiösen Bewegungen lösen sich von der Institution und wenden sich gegen sie, vermögen sich aber selbst nicht zu überzeugenden Neuorientierungen durchzuringen. An den Rändern zerfasern diese Bewegungen zu unübersichtlichen Gruppierungen, deren Zielvorstellungen sich immer weiter von ihrem Ausgangspunkt entfernen. Was kann man angesichts dieser Lage tun? Eco führt uns in drei besonders eindringlich gezeichneten Gestalten seines Romans drei verschiedene Antworten vor: in Ubertin von Casale, in Jorge von Burgos und schließlich in William von Baskerville. Die anderen Figuren, etwa die offiziellen Vertreter der Kirche oder der Abt des Klosters, in dem sich die Ereignisse abspielen, kommen aus leicht einsichtigen Gründen als überzeugende Vertreter eines Antworttypus nicht in Frage; sie sind Stabilisatoren der verworrenen Lage und keine Wegweiser aus ihr heraus. Mit den drei genannten Gestalten steht es dagegen anders.

Ubertin von Casale repräsentiert den mystischen Ausweg. Ziel menschlicher Aktivitäten ist die unmittelbare Verbindung mit Gott, an dem zu zweifeln der Mystiker keinen Anlaß hat, wenn er auch die tradierten Formen der Vermittlung göttlichen Heilswirkens glaubt hinter sich lassen zu können. Hier liegt jedoch keine überzeugende Antwort, weil die der mystischen Ergriffenheit zugrundeliegende Anspannung vor fanatisch radikalen Lösungen nicht sicher ist. So wenigstens muß Ubertin dem Leser erscheinen.

Die Position des Jorge von Burgos steht für einen anderen, den traditionalistischen Ausweg. Der Wahrheitsanspruch wird festgehalten und in eindeutig fragloser Weise der jeweiligen Gegenwart fordernd entgegengestellt. Die Defizite dieser Anwort sind jedoch nicht zu übersehen. Jede Frage nach der Sinndimension der tradierten Wahrheit bleibt ebenso ausgeklammert wie der Versuch, sie mit der jeweiligen Gegenwart angemessen zu vermitteln. Es fehlt das Bewußtsein für die moralische Würde der Adressaten dieses Wahrheitsanspruchs. Jorge behandelt die Inhalte der christlichen Offenbarung so, daß dem Hörer des göttlichen Wortes nichts bleibt, als es zu »fressen oder zu sterben«.

Vor diesem Hintergrund erscheint Williams Position als einziger Ausweg. Es kommt darauf an, so heißt seine »Lösung«, die Menschen über die Verhältnisse zum Lachen zu bringen, um sie aus diesen Verhältnissen zu befreien, also das alte sophistische Mittel, mit dem Ernst des Gegners fertig zu werden. Der Gegner ist klar bezeichnet: eine machthungrige Institution mit fanatischem Wahrheitsanspruch, die ihre Ziele ohne Rücksicht auf das, was die Menschen denken, fühlen und hoffen mögen, durchzusetzen sucht. Da helfen keine Argumente, weil niemand ist, der auf sie hören will; da hilft auch keine Gegengewalt, weil jede hinreichend starke Gewalt zu jener Rücksichtslosigkeit tendiert, von der William die Menschen gerade befreien will. Vom historischen Gegenspieler des Papstes, dem Kaiser, erwartet unser Held jedenfalls keine menschenfreundlichen politischen Wirkungen. Folglich bleibt den Menschen nur dieser Weg: das Lachen.

So könnte man sich, auf die historische Lage bezogen, die Einführung dieses Therapeutikums einsichtig zu machen suchen: Lachen als letztes Mittel der Selbstbehauptung, weil politische und begriffliche Mittel versagen. Damit wäre jener Ernst erklärt, mit dem William immer wieder das Lachen rechtfertigt; es ist so etwas wie das letzte Mittel humaner Selbstbehauptung gegenüber menschenverachtenden Institutionen. In dieser Perspektive bleibt für religiöse Vermutungen kein Platz, wenigstens dann nicht, wenn Religion etwas zu tun hat mit dem Bezug des Menschen zu etwas, was mehr und anderes ist als der Mensch selbst. Lachen als humane Selbstbehauptung enthält keinerlei religiösen Aspekt.

Diese begründete These erfährt – so meine ich – eine Bestätigung durch ein interessantes Detail des Romans. Jeder Leser wird mit Bewunderung und Vergnügen die Schilderung aufgenommen haben, die Adson vom Kirchenportal der Abtei gibt. Das Tympanon enthält eine Darstellung des Jüngsten Gerichts in Anlehnung an Texte aus der Offenbarung des Johannes. Für unseren Zusammenhang sind nun zwei Informationen hilfreich. Eco liefert keine Beschreibung eines fiktiven Portals, sondern schildert uns bis in die kleinsten Details das Tympanon des Südportals der Kirche von Moissac in Südfrankreich. Er gibt uns – und das ist der wichtigere zweite Punkt – jedoch keine vollständige Beschreibung; die Darstellung des Lazarus im Schoße Abrahams – in Moissac so etwas wie das christlich tröstende Korrektiv des unnachsichtigen Gerichts – fehlt in der Schilderung Adsons. Der junge Benediktinernovize begreift »sein« Tympanon und die aus dessen Betrachtung entspringende Gerichtsvision als Symbol für das Geschehen in der Abtei: der Himmel richtet eine verdorbene und dem Untergang geweihte Welt. Der christliche Gedanke der Erlösung bleibt ausgeblendet, er paßt nicht in die Grundlinie des Romans. Deshalb hat Eco das Portal von Moissac mit gutem Grund nur unvollständig in seine Abtei übertragen.

Lachen bedeutet nun allerdings mehr als die gelegentliche Entlastung vom Ernst und von den Anspannungen unserer leiblich bedrückten Existenz. Lachen als Ventil – das gesteht sogar Jorge von Burgos denen zu, die sich nicht anders zu helfen wissen; nur weiß der blinde Greis natürlich zu gut, daß damit das Bestehende nicht angetastet, sondern eher stabilisiert wird: Lachen als preiswertes Opium des Volkes. Lachen bedeutet jedoch auch mehr als die distanzierende Befreiung von bedrükkenden Verhältnissen, derer man weder politisch noch argumentativ Herr werden kann. Lachen steht hier wohl doch – ganz unmittelalterlich – für so etwas wie ein neues Weltverhältnis, und zwar ein solches jenseits unserer aufklärerischen Tradition, die auf die Macht des Arguments und auf die Verbesserungsfähigkeit der sozialen und politischen Verhältnisse vertraut. Wie läßt sich dieses Weltverhältnis beschreiben? Man kann dabei zunächst anknüpfen an die durch Ockhams Theologie entstandene neue Lage. Durch die Betonung von Gottes schöpferischer Allmacht und Freiheit wird die Welt ihrer universalen Ordnungsstruktur entkleidet. Die unendliche Vielfalt individueller Dinge setzt ihrerseits die schöpferischen Kräfte des Menschen frei, regt die Phantasie und Gestaltungskraft an. Geschichtlich realisiert sich diese neue Einstellung auf der durch die mittelalterliche Entwicklung vorgegebenen Linie von begrifflicher Rationalität und gläubigem Einverständnis.

Demgegenüber bedeutet Williams Welt des Lachens nicht nur den Abschied von allen religiösen Determinationen – man könnte sich bestenfalls vorstellen, daß der spielerische Mythos oder ein Synkretismus locker verknüpfter religiöser Formeln hier Platz fänden, und das immer unter der Prämisse des lächelnden Vorbehalts. Diese Welt nimmt vor allem auch Abschied vom Vertrauen auf die Leistungen begrifflicher Rationalität. Nicht mehr die Eindeutigkeit des Arguments, sondern die Vieldeutigkeit unterschiedlicher Auslegungen; nicht mehr die wissenschaftliche Formel, sondern die variantenreiche Geschichte; nicht mehr der klare Begriff, sondern die anspielungsreiche Metapher sind für den geistigen Zuschnitt einer Welt kennzeichnend, die allein nach dem Verständnis Williams dem Menschen Raum zum Atmen bietet.

Es kommt mir hier nicht darauf an, den Roman und seine frohe Botschaft von der Weisheit des lächelnden Lebens auf die Diskussion um Moderne und Postmoderne zu beziehen, also auf die Frage, ob dieses Buch in mittelalterlicher Verkleidung vom Projekt der Moderne Abschied nimmt. Meine Frage geht zunächst dahin, ob die Skizze der mittelalterlichen Geisteswelt, gegen die Eco sein Alternativmodell entwickelt, der Sache angemessen ist. Die Antwort kann nur »nein« heißen. Und das nicht etwa, weil hier ein Dilettant am Werk gewesen ist; Eco kennt das Mittelalter, auch in seinen philosophisch-theologischen Dimensionen. Dennoch verzeichnet er es – wenigstens auf diesem Felde – in einer nicht wiederzuerkennenden Weise. Dabei mögen die Details immer richtig sein, ja es mag sogar zutreffen, daß jeder im Roman gesprochene Satz im Mittelalter selbst hätte formuliert werden können – das Bild im Ganzen stimmt nicht.

Erinnern wir uns noch einmal der geistigen Konstellation des Romans: Ubertin von Casale und Jorge von Burgos erscheinen als Repräsentanten eines mittelalterlichen Geistes, der zu unmenschlichen Konsequenzen führt, mag dies nun um der Wahrheit oder um der Liebe willen geschehen. Als einzig humaner Ausweg aus einer verworrenen Lage erweist sich die Position des Wilhelm von Baskerville. Dessen geistig-moralische Einstellung erwächst aus seiner Verwurzelung in den zukunftsweisenden Strömungen des Mittelalters, die durch die Namen Robert Grosseteste, Roger Bacon und Wilhelm von Ockham bezeichnet sind. – Nun hatte sich bei der Überprüfung dieser Traditionslinie bereits zweierlei gezeigt: Der »Fortschritt« ist – bezogen auf die Zeitgenossenschaft des 13. und 14. Jahrhunderts – eingebettet in konservative Programme; darüber hinaus bleibt für alle Vertreter dieser Linie die theologische Motivation grundlegend. Schon in dieser doppelten Hinsicht kann die von Eco gelieferte Skizze nicht befriedigen, weil sie weder der konservativen Einbettung noch der theologischen Prägung ihres Subjekts gerecht wird.

Größere Bedenken muß aber das Fehlen jener Dimension mittelalterlicher Geistigkeit auslösen, die als der eigentliche »Fortschritt« dieser Epoche gelten und die man ohne Übertreibung als eine »Wasserscheide in der internationalen Geschichte der Zivilisationen« (B. Nelson) bezeichnen kann. Gemeint ist damit eine Bewegung, für die sich ein einheitlicher Name nicht eingebürgert hat, weil zu ihr viele z. T. divergierende Elemente gehören, deren innere Zusammengehörigkeit nicht immer erkannt wird. Ich nenne einige der wichtigsten dieser Elemente: die Aristoteles-Rezeption, die Rezeption der arabischen Wissenschaften, die Gründung der Universitäten, die Verwissenschaftlichung der Theologie im Sinne der aristotelischen Wissenschaftslehre, die Verselbständigung der Philosophie als einer umfassenden Weltorientierung eigenen Rechts.

Diese und verwandte Vorgänge sind zwar eingebettet in soziale und religiöse Zusammenhänge, lassen sich aber isoliert davon als einheitlicher Komplex betrachten. Dessen alle einzelnen Elemente prägendes gemeinsames Kennzeichen ist das Streben nach universaler Rationalität. Als deren Medium dient eine Sprache, die auf die Kraft des Begriffs und des Arguments setzt und dabei zunehmend ihre Bildungsqualitäten einbüßt. Vor diesem Hintergrund muß man die Trockenheit und Schmucklosigkeit der scholastischen Sprache sehen. In dem auf das Wesen der Sache gehenden Begriff können sich prinzipiell alle Menschen aller Zeiten treffen, ungeachtet ihrer ethnischen und religiösen Traditionen. Die Rezeptionen des 12. und 13. Jahrhunderts leben aus dem Bewußtsein von der Universalität der Vernunft; nicht die islamisch-arabische, jüdische oder griechische Herkunft und Gestalt eines Textes entscheiden über seinen Rang, sondern die darin enthaltene und jedem zugängliche Wahrheit. Die mittelalterlichen Universitäten sind Stätten der

Argumentation und nicht primär Orte einer an traditionellen Maßstäben orientierten Bildung, sind also in diesem Sinne auf universale Rationalität ausgerichtete Institutionen.

Auch die Theologie gehört in diesen geistigen Zusammenhang. Will sie nämlich mehr sein als die Verwalterin und Rubrikatorin der überlieferten Glaubensinhalte, wie Jorge von Burgos sie versteht, muß sie auf Vernunft, Begriff und Argument setzen, um so den Sinn der Offenbarung für die jeweilige Zeit zu erhellen. Genau darum bemüht sich die Theologie dieser Epoche, darin liegt die Qualität und wirkungsgeschichtliche Bedeutung der großen Theologen: Thomas von Aquin, Johannes Duns Scotus, Wilhelm von Ockham. Deren Arbeit ist von dem Bewußtsein getragen, daß Theologie auf Philosophie nicht verzichten kann. Im Unterschied zur Patristik, wo die christliche Lehre den Brennpunkt aller Wahrheit bildet, gilt den Theologen dieser Epoche die philosophische Bemühung um Weltdeutung als eine in sich sinnvolle, von theologischer Sinngebung unabhängige menschliche Orientierungsleistung.

Eco kennt die mittelalterliche Universität, er erwähnt die Aristoteles-Rezeption, die Jorge von Burgos im ganzen ablehnt und im Detail verhindert, dort nämlich, wo es um die durch die Philosophie legitimierte Freigabe des Lachens geht; er stellt die Übernahme der arabischen Wissenschaft eindrucksvoll dar. Trotzdem ist seine Skizze irreführend. Ihr fehlt ein entscheidendes Element jener Welt, in die der Autor den Leser führt. Die von Ubertin von Casale und Jorge von Burgos repräsentierte Alternative zwischen traditionalistischer Bewahrung und mystischer Erhebung entspricht nicht der geistigen Wirklichkeit. Denn es gibt eine dritte, genuin mittelalterliche Möglichkeit, die als die eigentlich maßgebende gelten muß: die positiv auf die profane Philosophie bezogene Theologie. Warum spielt dieses für das Mittelalter so kennzeichnende Element bei Eco keine Rolle?

Eine Antwort darauf läßt sich von der geistigen Tendenz des Romans her gewinnen. Diese wird von William auf sympathische Weise verkündet und verkörpert. Ihm gegenüber würde ein Theologieprofessor mit differenziertem Programm übrigens eine denkbar schlechte Figur abgeben und so den Unterhaltungswert erheblich mindern. William hingegen verkündet eine einfache und unterhaltsame Botschaft. Angesichts des Scheiterns von Politik, die nur auf Macht geht und keine Gerechtigkeit kennt; angesichts des Scheiterns der Vernunft, die sich als zu schwach erweist, um mit der Wirklichkeit ins reine zu kommen, und deshalb doch nur Interessen vertritt: die der Mächtigen oder die der Schwachen – bleibt dem Menschen nichts, als sich durch Lachen alle fremden, vor allem die absoluten Zumutungen vom Leibe zu halten. Die Welt des Lachens hat allerdings Abschied genommen von den Ideen des Wahren, des Guten, des Gerechten; sie hat auch Abschied genommen von Gott, dieser absoluten Zumutung; es ist eine Welt der Resignation und des Verzichts, müde und alt, von der unbeschwerten Heiterkeit kindlichen Spiels weit entfernt. William und seine Welt haben die Naivitäten der Aufklärung hinter sich gelassen. Der Glaube an die Erkenntnis der Wahrheit und an die Befreiung des Menschen von Abhängigkeiten ist verloren. Was bleibt, ist eine unverbindliche Ästhetisierung des Weltverhältnisses.

Eco präsentiert uns seine Welt als die einzig sinnvolle Option: Wer Jorge und Ubertin nicht will, muß für William optieren, quartum non datur. In diese Konstruktion paßt nicht jener andere mittelalterliche Lösungsversuch, der an der Wahrheit festhält, und zwar an der Wahrheit Gottes und an der Wahrheitsfähigkeit des Menschen, ohne dem Fanatismus und Dogmatismus Jorges zu verfallen. Eco kann diese vierte Möglichkeit nicht brauchen; sie stört sein Konzept und seine Welt, und er glaubt nicht an sie, so wenig wie er an die Aufklärung glaubt. Das mag ihm unbenommen sein, auch wenn er dadurch das Projekt Humanität gefährdet, das ohne Wahrheit und Gerechtigkeit scheitern muß. Durch die stillschweigende Ausklammerung der rationalen Theologie aus »seinem« Mittelalter beraubt Eco es einer seiner besten Leistungen, er läßt aber zugleich auch Zusammenhänge ahnen, die der aufklärerischen Tradition aus dem Blick geraten sind; es könnte nämlich sein, daß die Rationalität des Mittelalters mehr mit der modernen Welt zu tun hat als wir uns eingestehen wollen.

Literatur

Klaus Bannach, Die Lehre von der doppelten Macht Gottes bei Wilhelm von Ockham. Problemgeschichtliche Voraussetzungen und Bedeutung. Wiesbaden 1975.

Hans Blumenberg, Säkularisierung und Selbstbehauptung. Frankfurt a. M. 1974.

Marie-Dominique Chenu, Das Werk des hl. Thomas von Aquin. Heidelberg 1960.
Ludger Honnefelder, Ens inquantum ens. Der Begriff des Seienden als solchen als Gegenstand der Metaphysik nach der Lehre des Johannes Duns Scotus. Münster 1979.
Wolfgang Kluxen, Der Begriff der Wissenschaft. In: P. Weimar (Hg.), Die Renaissance der Wissenschaften im 12. Jahrhundert. Zürich, München 1981.
James McEvoy, Art. ›Grosseteste, Robert‹. In: Theologische Realenzyklopädie 14, Berlin 1985.
Jürgen Miethke, Ockhams Weg zur Sozialphilosophie. Berlin 1969.
Benjamin Nelson, Der Urspung der Moderne. Vergleichende Studien zum Zivilisationsprozeß. Frankfurt a. M. 1977.
Heinz Robert Schlette, »Nur noch nackte Namen ...« Überlegungen zu Umberto Eco: Der Name der Rose. In: Orientierung 48 (1984), S. 135–138.
Georg Wieland, Ethik und Metaphysik. Bemerkungen zur Moralphilosophie Roger Bacons. In: J. Möller (Hg.), Virtus Politica. Festschrift A. Hufnagel. Stuttgart 1974, S. 147–173.
Ulrich Wyss, Die Urgeschichte der Intellektualität und das Gelächter. Ein Vortrag über ›Il nome della rosa‹. Erlangen 1983.

Michael Thomas

Die mystischen Elemente und ihre Funktion im Roman ›Der Name der Rose‹

1. Einleitung

Ecos »Rosenroman« enthält eine Vielzahl mystischer Motive, namentliche Hinweise auf bedeutende Mystiker des Mittelalters und teilweise wörtliche Textübernahmen aus ihren Werken. Ecos ›Nachschrift‹ enthüllt zudem, daß neben denjenigen mystischen Schriften, die als solche ausgewiesen werden, andere wichtige Zeugnisse mittelalterlicher Mystik ohne äußerliche Kennzeichnung in den Roman eingearbeitet worden sind. Das häufige Auftreten mystischer Elemente im Roman läßt es gerechtfertigt erscheinen, nach ihrer Funktion im Kontext und ihrer möglichen Bedeutung für ein Gesamtverständnis des Romans zu fragen.

Es sind vor allem zwei Textpassagen, die auf Mystik verweisen: die »Liebesszene Adsons« und »Adsons Schlußsentenzen«. Vor allem diese beiden Abschnitte sollen, mit Hilfe anderer wesentlicher Textstellen des Romans, die sich mit Mystik befassen, dargestellt und interpretiert werden. In der abschließenden Auswertung der Textinterpretationen wird die grundsätzliche Frage gestellt, in welcher Weise Eco Mystik begreift. Dabei ist zunächst einmal nicht auszuschließen, daß er sie nur deswegen in seinen Roman eingeführt hat, weil sie als bedeutende geistige Erscheinung des Mittelalters den notwendigen Bestandteil eines im 14. Jahrhundert, dem Höhepunkt der klassischen deutschen Mystik, spielenden Romans darstellt. Ist es dann aber nicht fraglich, ob Eco tatsächlich das mittelalterliche Verständnis christlicher Mystik vertritt und nicht eher wahrscheinlich, daß er sie als bloßes Stilmittel verwendet? Vielleicht aber – und das wäre eine zweite Deutungsmöglichkeit – dienen die mystischen Elemente als geschichtliche Hülse, die Eco in kritisch-moderner Weise gedanklich neu füllt. In diesem Zusammenhang muß sein Verhältnis zu einer »neuen« Mystik unserer Tage besonders beleuchtet werden.

2. Die mystischen Elemente im Roman

Mystische Motive finden sich verstreut im gesamten Roman. So ist beispielsweise bei der Beschreibung des Kirchenportals durch Adson die Rede vom »verzückten« Emporblicken der 24 Greise, die sich »wie in ekstatischem Tanze« bewegen und in einer »mystischen Sprache« eine »Harmonie von Hingabe und Entrückung« beschreiben (R 58, vgl. 59). Adson bemerkt einleitend zu dieser Szene, daß die Vielfalt der figürlichen Anordnungen des Tympanons ihn tief in eine »Vision« stürzte, die er auch nach Jahrzehnten kaum mit Worten geschlossen wiederzugeben vermöge (vgl. R 57). Weitere »Visionen« schließen sich an (vgl. R 60). Adson fühlt sich »wie betäubt« (R 62) und vermeint in der Ohnmacht seiner geschwächten Sinne (vgl. R 62) eine Stimme zu vernehmen, von der er kurze Zeit später sagt, sie sei »eine himmlische aus dem leuchtenden Zentrum« (R 63) seiner Vision gewesen. Zu Beginn des zweiten Tages in der Abtei eröffnen Mette und Laudes Adson »kurze Stunden mystischen Glücksgefühls« (R 131), wie es in der Überschrift zum Kapitel zusammenfassend heißt. Er empfindet das »Licht« der heiligen Worte des Evangeliums als »mystische Lilie, die wohlriechend sich entfaltete« (R 134). Ein anderer Zusammenhang, in dem sich der Abt »entrückt in seiner mystischen Verzückung« (R 184) über die Kostbarkeiten seiner Abtei äußert, ist gleichfalls durch entsprechende sprachliche Besonderheiten ausgezeichnet. Sie finden ihre Fortsetzung in der »Bekundung mystischer Kenntnis der kosmischen Zahlenwelt« (R 567, vgl. 566) durch den Abt während seiner Betrachtung des Aedificiums sowie in der »Sprache der Edelsteine«, die der Abt »entrückt wie in einer Vision« (R 570) erläutert. Soweit einleitend einige Belege für das Auftreten mystischer Motive im Roman außerhalb der beiden nachfolgend zu behandelnden Haupttexte. Es handelt sich hier stets um betont gefühlsintensive Situationen und ihre ästhetisierende sprachliche Fassung.

Die »Liebesszene Adsons«

Vergleichbare Momente mystischer Charakteristik bestimmen die Darstellung der ersten Liebeserfahrung Adsons, zu der in einem weiteren Rahmen auch die Hinrichtung Fra Micheles sowie die späteren psychischen Auswirkungen des sexuellen Erlebnisses zählen. Auch das Gespräch Williams mit Ubertin von Casale ist in diesem Zusammenhang von Bedeutung. Adson beschreibt seine innere Verfassung in dem Moment, als Fra Michele auf dem Scheiterhaufen stirbt: »Und so nahe war ich dem Feuer, daß mich eine Vision überkam und mir unwillkürlich einige Worte auf die Lippen sprangen ..., Worte über das Entrücktsein in der Ekstase, die ich einst gelesen in einem Buche der heiligen Hildegard: ›Die Flamme brennt in glänzendem Lichte, in purpurner Kraft und in feuriger Glut; durch das glänzende Licht aber leuchtet sie, durch die purpurne Kraft aber flammt sie, durch die feurige Glut aber wärmet sie‹.« (R 307f.) Als sich Adson später dem jungen Mädchen völlig unerwartet gegenübersieht, sind seine gefühls- und verstandesmäßigen Reaktionen von fast gleicher Art: »Worte, die sich in den tiefsten Zonen meiner Erinnerung festgesetzt hatten, stiegen herauf und sprangen mir auf die (stummen) Lippen, und ich vergaß, daß sie einst in der Schrift oder in den Büchern der Heiligen dazu gedient hatten, Wahrheiten und Empfindungen von ganz anderer Art auszudrücken. Aber gab es denn wirklich einen Unterschied zwischen dem hehren Entzücken, von welchem die Heiligen sprechen, und der heißen Lust, die meine erregte Seele in diesem Moment empfand? Ja, ich gestehe, in diesem Moment erlosch in mir der wache Sinn für die Differenz. Und das ist stets, so scheint mir, das Zeichen der Entrükkung und des Sturzes in die Abgründe der Identität.« (R 315) Im Moment der geschlechtlichen Vereinigung mit dem Mädchen sind es wiederum Worte der heiligen Hildegard von Bingen, an die sich Adson erinnert: »Dann sah ich nur noch ein gleißendes Licht und in dem Licht eine glänzende saphirblaue Gestalt, die ganz und gar im lieblichen Schein einer hochrot funkelnden Lohe erglühte, und das gleißende Licht durchdrang die funkelnde Lohe, und die funkelnde Lohe durchdrang die glänzende blaue Gestalt, und das gleißende Licht und die funkelnde Lohe durchfluteten die Gestalt durch und durch.« (R 318)

Halten wir fest: Adson assoziiert angesichts des brennenden Scheiterhaufens Aussagen der heiligen Hildegard über ihre Flammenvision in der Ekstase. Diese visionäre Erfahrung dient ihm später zur Beschreibung seiner »sexuellen Ekstase« im Augenblick der Liebesvereinigung mit dem Mädchen. Adson stellt somit drei Formen der Ekstase vor, die sich der gleichen symbolischen Sprache bedienen, weil sie das gleiche Phänomen zu bezeichnen scheinen: »Was war ähnlich, was war vergleichbar im Todesverlangen Micheles, in meiner Ekstase angesichts seines Flammentodes, in meinem Verlangen nach körperlicher Vereinigung mit dem Mädchen, in meiner mystischen Scham, mit der ich allegorisch beschrieb, was ich dabei empfand, und schließlich in jenem Verlangen nach freudiger Selbstauflösung, das die Heilige dazu trieb, an ihrer Liebe zu sterben, um weiterzuleben in Ewigkeit? Ist es möglich, daß derart uneinheitliche Phänomene so einheitlich benannt werden können?« (R 320, vgl. 319) Adson bemüht sich um eine Lösung dieser Fragen. Er geht davon aus, daß es eine »geheime Weisheit« (R 319) gibt, die es ermöglicht, verschiedenartige Phänomene einheitlich zu bezeichnen. Todesekstase und (weltliche) Liebesekstase sind unterschiedliche, wenn auch »gleichermaßen erregende und schmerzliche Erfahrungen« (R 319); Adson deutet sie »mit jenen Worten der ganz anderen Erfahrung einer heiligen Seele, die sich auflöste in der Anschauung Gottes« (R 320). Mit den »größten Doctores« kommt er zu dem Schluß, daß alles irdische Geschehen in mannigfachen Zeichen bestehe, die auf die eine Wahrheit verweisen, ohne diese selbst zu sein.

Ubertin von Casale wendet sich in besonderem Maße gegen den Vergleich zwischen irdischer und göttlicher Liebeserfahrung. Adson bezeichnet ihn als »unbeugsame(n) Verfechter eines asketischen Lebens« (R 73). Ubertin hält die »fleischliche Begierde« für das Grundübel dieser Welt. Die »Brüder des Freien Geistes« (vgl. R 78ff.) seien zu Recht als Häretiker verurteilt worden, da sie sich vor allem in sexuellen Ausschweifungen unter vermeintlich göttlicher Rechtfertigung ergingen: »›Sie suchten das Vergnügen, wenn der fleischliche Trieb sich regte, sie hielten es nicht für Sünde, wenn Mann und Frau zusammenlagen, um ihn zu befriedigen ...!‹« (R 79) Adson dagegen ist es ein wichtiges Anliegen, darauf hinzuweisen, daß seine sexuelle Erfahrung für ihn trotz aller theologisch berechtigten Bedenken (vgl. R 357ff.) natürlich und gut war. Er verspürt »keinen Schatten von Sünde« (R 314) in seinem Herzen und bekennt vielmehr: »nichts konnte richtiger, schöner und heiliger sein als das, was ich gerade empfand« (R 318). Mit Hilfe der Aussagen des Thomas von Aquin zur Liebe versucht sich Adson klar darüber zu werden, was Liebe bedeutet, wie sie sich äußert und worin sie wesentlich besteht. Er stellt fest: »Aber ich denke auch, daß jenes menschliche Gefühl, das mich damals erfüllte, nicht an und für sich und als solches schlecht war, sondern nur in bezug auf meinen mönchischen Status. Denn an und für sich und als solches war es nichts anderes als das Gefühl, das den Mann zum Weibe treibt, auf daß die beiden sich miteinander vereinen ...« (R 357) Adson weiß, daß er »unzweifelhaft verliebt« gewesen ist, »also erfaßt von einer Leidenschaft, in welcher sich ein Gesetz des Kosmos ausdrückt, ist doch auch die Schwerkraft der Körper eine natürliche Liebe« (R 358). Während also Ubertin von Casale die sexuelle Liebeserfahrung für schlecht hält und ganz und gar nicht vergleichbar mit der göttlichen, betont Adson den Wert und die Natürlichkeit der Liebe zwischen Mann und Frau und mutmaßt: »Doch daß ich damals so heftig zwischen derart widersprüchlichen Seelenregungen schwankte, mag auch darum gewesen sein, weil das, was ich empfand, so sehr jener heiligen Liebe glich, die von den Doctores beschrieben wird: Es versetzte mich in die Ekstase, in welcher der Liebende und das geliebte Wesen dasselbe wollen ...« (R 359) William, der später auch Verständnis für Adsons »Entgleisung« zeigen wird (vgl. R 325f.), läßt sich mit Ubertin auf eine Diskussion über grundsätzliche Fragen ein. Er kann kaum einen Unterschied ausmachen zwischen dem »Feuer der Seraphim« und dem »Feuer des Luzifer«, »›denn beide entspringen einer extremen Entzündung des Willens‹« (R 79). Ubertin kommentiert: »›Du willst sagen, daß der Wille zum Guten und der Wille zum Bösen nah beieinanderliegen, weil es in beiden Fällen nur um die Ausrichtung ein und desselben Willens geht. Das ist wahr. Aber der Unterschied liegt eben genau in dieser Ausrichtung auf verschiedene Objekte, und die Objekte lassen sich klar unterscheiden: einerseits Gott, andererseits der Teufel‹« (R 79) William vermag diese Gewißheit nicht zu teilen: »›... oft ist es nur ein sehr kleiner Schritt von der ekstatischen Vision zum sündhaften Rausch‹« (R 78). Er bezeichnet die Liebe des heiligen Franz zur Natur, in der sich Gott manifestiere, als lautere Form der Gottesliebe: »›Aus solcher Liebe kann niemals, so glaube ich, eine schwüle Verlokkung kommen. Dagegen mißfällt mir eine Liebe, die ins Zwiegespräch mit dem Höchsten die Fieberschauer der fleischlichen Berührung einführt‹...« (R 80) Für Ubertin aber ist es unbegreiflich, wie man nicht zu unterscheiden vermag »›zwischen dem Augenblick der ekstatischen Liebe, die dir die Eingeweide verbrennt mit dem Duft des Weihrauchs, und dem betäubenden Rausch der Sinne, der nach Schwefel riecht‹« (R 78f.). Er trennt strikt die »hehre Ekstase« von der »frivolen Ekstase« (R 80). Adson gegenüber gibt Ubertin jedoch die Anweisung: »›Doch du mußt lernen, das Feuer der übernatürlichen Liebe zu unterscheiden vom Entzücken der Sinne. Das ist sehr schwierig, auch für die Heiligen‹.« (R 295) Auch Ubertin sieht mithin die Schwierigkeit, die der Mensch aufgrund seiner triebhaften Natur notwendig hat, die »fromme« Liebe (»des Menschen zu Gott und zu seinem Nächsten«, R 296) von der »unfrommen« Liebe zu unterscheiden: »›Nichts in der Welt, weder Mensch noch Teufel noch sonst etwas, ist so zwiespältig wie die Liebe‹.« (R 295f.) Beide Formen der Liebe vermögen den Menschen, der nicht in angemessener Weise mit ihnen umzugehen weiß, ins Verderben zu stürzen (vgl. R 296). Es gibt für Ubertin nur eine Alternative: ›»Hier der Engelchor, dort der Höllenschlund‹.« (R 297) Er legt selber das Bekenntnis ab, ein Gefühl, das »zur Hälfte Wollen und zur Hälfte Begehren« (R 296) war, für Clara von Montefalco und Angela von Foligno empfunden zu haben: »›Du weißt, mit welch wildem – ja, wild ist das richtige Wort – mit welch wildem Verlangen nach Buße ich versucht habe, die Triebe des Fleisches in mir abzutöten, um mich ganz und gar transparent zu machen für die Liebe Jesu, des Gekreuzigten ... Und doch waren drei Frauen in meinem Leben für mich drei himmlische Botschafterinnen: Angela von Foligno, Margherita von Città di Castello ... und schließlich Clara von Montefalco‹.« (R 77, vgl. 287) Es ist gerade die »fromme« Liebe zu Christus, die Angela von Foligno in ihrer Ekstase erlebte, deren Lauterkeit William zu bezweifeln wagt (vgl. R 79f.). Denn William sieht – wie gezeigt – zwischen der erotischen Liebe von Mann und Frau und der erotisch gefärbten Liebe des Menschen zu Gott keinen Unterschied in der Verursachung, und auch Ubertin hat Schwierigkeiten, hier eine klare Trennungslinie zu ziehen.

Adsons Liebesszene wäre nicht hinreichend wiedergegeben, kämen nicht auch die psychischen Auswirkungen seiner Liebesnacht, wie sie sich am Morgen des folgenden Tages darstellen, zur Sprache. Die vergangenen Ereignisse werden Adson in vollkommen veränderter Form bewußt: »Ich sah sie (das Mädchen) im kahlen Gezweig der Bäume, das leicht erzitterte, wenn ein erschrockener Sperling aufflog; ich sah sie in den Augen der Fohlen, die munter aus dem Pferdestall strömten; ich hörte sie im Blöken der Schafe, die meinen Irrweg kreuzten. Es war, als spräche die ganze Schöpfung allein von ihr ...« (R 356) Er versucht, die fortwährend herandrängenden Gedanken an die Geliebte »in ein Gefühl von stiller Freude und frommer Friedlichkeit umzusetzen« (R 362): »Damals rettete mich ein wunderbarer Instinkt. Das Mädchen erschien mir in der Natur und in den Werken von Menschenhand, die mich umgaben. Also versuchte ich, dank einer glücklichen Eingebung meiner Seele, mich in die verlängerte Kontemplation dieser Werke zu vertiefen ... Ich versenkte mich in die Kontemplation der Natur, ich versuchte, meine Gedanken zu vergessen und die Wesen nur so zu betrachten, wie sie erschienen, ich ließ mich freudig aufgehen in ihrem Anblick.« (R 360)

Adson selber erkennt später diesen Gefühlszustand als durchaus geläufiges Symptom einer häufig auftretenden »Liebeskrankheit«: »Mir wurde klar, warum ich am Morgen so erregt gewesen von allem, was ich erblickte, denn offenbar tritt die Liebe zumeist durch die Augen ein.« (R 413)

Die Interpretation der Liebesszene Adsons

Die Analyse der Textbeispiele läßt wesentliche Merkmale einer besonderen Art von Erfahrung deutlich werden. Diese Erfahrung äußert sich vor allem in Verzückungen, Entrückungen, Ekstasen und Visionen (mit dem möglichen Bestandteil einer Audition). Die Person, die eine solche Erfahrung macht, befindet sich in einem Zustand äußerster Gefühlsanspannung, der ihr »die Sinne schwächt«, der sie gleichsam betäubt und trunken macht. Der »wache Sinn für die Differenz« schwindet. Das Bewußtsein »stürzt in einen Abgrund«, der die Erfahrung einer nie gekannten Identität bezeichnet. Dieses Erlebnis vollkommener Einheit vollzieht sich in völliger Selbsthingabe und Selbstauflösung. Es bedeutet höchstes Glück, das sich in dem erfüllt, was man hat und erschaut (vgl. R 317). Die Liebe ist in bestimmten Ausprägungen dieser Erfahrung der Einheitspunkt des Bewußtseins, aus dem alle Gedanken, Gefühle und Handlungsmotive fließen, die ein geliebtes Gegenüber betreffen (vgl. R 317f.). Da die liebende Vereinigung – körperlich oder im Bewußtsein – in ihrer wahren Vollendung höchstmögliche Einheit ist, die jegliche Bewußtseinsform übersteigt, muß jeder Versuch, sie zu beschreiben, scheitern; allenfalls kann eine symbolische Sprache das Erlebte zum Ausdruck zu bringen versuchen.

Wir haben es in dieser knappen Skizze mit Ansätzen zu einer phänomenologischen Beschreibung des sogenannten »ekstatischen Bewußtseinszustandes« zu tun. In der Ekstase wird das erlebende Ich außer Funktion gesetzt; es wird – wodurch, bliebe näher zu bestimmen – »überwältigt«. Von Bewußtsein im eigentlichen Sinne kann mithin nicht mehr die Rede sein. Die Ekstase ist psychologisch nicht näher zu kennzeichnen. Das gilt gleichermaßen für jede Form der Ekstase. Insofern hat Adson Recht, wenn er die drei Formen der Ekstase – Todesekstase, sexuelle und mystische Ekstase – gleich behandelt. »Rauschzustände« sind zudem auch künstlich herzustellen: »›Das Geheimnis der Visionen hätten wir also geklärt: Jemand füllt diese Lampe mit Zauberkräutern für die Nacht ...‹« (R 222, vgl. 81/93) Die überraschende äußerliche Ähnlichkeit der durch psychedelische Drogen provozierten Gefühlserlebnisse mit mystischen scheint die psychologisch-empirische Beurteilung der Visionen zu bestätigen. Dennoch bleibt die eigentliche Ursache der jeweiligen Ekstase ungeklärt. Ist sie grundsätzlich ein innerpsychisches Phänomen oder aber – im Falle der mystischen Ekstase – Ausdruck der Vereinigung einer menschlichen Seele mit Gott (unio mystica)? Diese Annahme scheint im Verständnis Adsons bei der (göttlichen) Ekstase Hildegards von Bingen vorzuliegen. Adson weiß sich jedoch bezüglich der einheitlichen psychischen Begleiterscheinungen der drei Ekstaseformen keinen rechten Rat. Er denkt zweifellos in traditionellen christlichen Vorstellungen, dabei jedoch keineswegs unkritisch, wie seine Überlegungen beweisen. Diese führen ihn zu dem Ergebnis, daß es sich in dieser Frage insgesamt um ein unergründliches Geheimnis handeln müsse. Die »eine« Wahrheit, Gott, kommt in allem zum Ausdruck und kann in allem gefunden werden. William äußert sich entschiedener, konkreter. Im Gespräch mit Ubertin von Casale nennt er sowohl für die sexuelle als auch für die mystische Ekstase als Ursache eine »extreme Entzündung des Willens«. Ekstatische Vision und sexueller Rausch liegen für ihn so nah zusammen, daß es nur »ein sehr kleiner Schritt« ist von der einen zum anderen. Die Frage nach der letzten Ursache bleibt offen. Sie läßt sich für William nicht entscheiden. Alleiniger Beurteilungsmaßstab ist notwendig die psychologische Ebene. William muß folglich die von Ubertin beschworene, vermeintlich klar unterscheidbare Ausrichtung des Willens (auf Gott oder den Teufel) anzweifeln.

Es mag hier von Interesse sein, die Meinung eines Wissenschaftlers, der als einer der ersten die Religion unter psychologischen Gesichtspunkten betrachtet hat, zu dieser Frage zu hören. Zur psychologischen Deutung mystischer Erlebnisse nimmt William James in ›Die Vielfalt religiöser Erfahrung‹ Stellung: »Bei Erkrankungen an Wahnsinn, bei Paranoia, wie man es gelegentlich nennt, haben wir eine diabolische Mystik, eine Art religiöse Mystik, bei dem das Unterste zuoberst gekehrt ist ... Betrachtet man ihren psychologischen Mechanismus, so ist evident, daß die klassische Mystik und diese niedrigeren Mystiken auf derselben geistigen Ebene entspringen, in dem großen subliminalen oder grenzjenseitigen Bereich, dessen Existenz die Wissenschaft zuzugeben beginnt, aber von dem so wenig wirklich bekannt ist.« (395 f.) Das einzig mögliche, den Nichtmystiker aber nicht verpflichtende Kriterium der Unterscheidung sieht James in der Art und Weise, wie der Mystiker selber sein Erlebnis auslegt: »Für den medizinischen Geist bedeuten diese Ekstasen nichts als auf Suggestion und Nachahmung beruhende hypnoide Zustände auf der intellektuellen Basis von Aberglauben und der körperlichen Basis von Degeneration und Hysterie. Zweifellos haben diese pathologischen Bedingungen in vielen und möglicherweise in allen Fällen geherrscht, aber diese Tatsache sagt uns nichts über den Wert des Bewußtseins, das sie hervorrufen, für die Erkenntnis. Um ein Werturteil über diese Zustände zu fällen, dürfen wir uns nicht mit dieser oberflächlichen medizinischen Sprache zufriedengeben, sondern müssen nach ihren Früchten fürs Leben fragen.« (384)

William von Baskerville sieht sich gezwungen, jede Form der Mystik, »die ins Zwiegespräch mit dem Höchsten die Fieberschauer der fleischlichen Berührung einführt«, abzulehnen und vielmehr jene Form von Mystik, die Gott in der Natur verehrt, wie sie etwa Franz von Assisi vertreten habe, anzupreisen. William spricht in diesem Zusammenhang von mystischen Erfahrungen »in den Augen« (R 80).

Was hier aufgrund unentscheidbarer Symptome von William abgelehnt wird, kennt die Geschichte der Mystik – im Sinne religionsphänomenologischer Unterscheidung – als sogenannte »affektive Mystik«. Ihre wesentlichen Merkmale und geschichtlichen Ausformungen – soweit sich in Ecos Roman Anhaltspunkte für sie nachweisen lassen – sollen im folgenden ausführlich zur Sprache kommen. Sie müssen auf dem Hintergrund der soeben erörterten Problematik gesehen werden. Die affektive

Mystik findet sich in Form von Ekstasen, Entrückungen, Verzückungen und Visionen (vergleiche Elemente im Text!), vor allem in Anlehnung an die Liebesallegorien des Hohenliedes – Adson verwendet zur Beschreibung des Mädchens in wörtlichen Entsprechungen die Sprache des ›Liedes der Lieder‹ –, bei Mystikerinnen des 13. und 14. Jahrhunderts als überwältigende Erfahrung mystischer Vereinigung der Seele mit Christus, ihrem Bräutigam, vor. Die vom sehnlichen Wunsch nach Gotteinigung erfüllten Nonnen wenden sich in Askese und Kontemplation bewußt von der Welt und ihren Einflüssen, die eine Gottesbegegnung zu beeinträchtigen vermögen, ab und gelangen in einer gefühlsmäßigen Steigerung bis zur ekstatischen Schau, die sie als Erlebnis der unio mystica in erstrebter Wiederholung zu vertiefen suchen. Diese unaussprechliche Erfahrung sucht in der erotischen Sprache des Hohenliedes ihren angemessenen Ausdruck. Die affektive Mystik geht in ihren Anfängen vor allem auf Hildegard von Bingen (1098–1179) und Elisabeth von Schönau (1141–1165) zurück. Sie beginnt als deutsche Frauenmystik mit dem erstmalig in deutscher Sprache verfaßten Offenbarungsbuch ›Das fließende Licht der Gottheit‹ der Begine Mechthild von Magdeburg (um 1210–1283?). Adson »zitiert« zweimal Textpassagen aus Hildegards von Bingen Hauptwerk ›Scivias‹. Seit ihrer Berufungsvision im Jahre 1141 (Einleitung zum ›Scivias‹) befindet sich Hildegard in fortwährend visionärem Zustand, von Gott zur Mitteilung ihrer prophetischen Gesichte bestimmt, die den apokalyptischen Visionen Ezechiels und des Johannes gleichen (prophetische Mystik). In ihren Visionen erscheinen Hildegard Gott und seine unendliche Kraft als »Licht«, das sie als »lux viventis« selbst (vergleiche die »saphirblaue Gestalt« im Zitat!) allein in der unio mystica erfährt. Der jeweiligen Vision folgen allegorische Erklärungen, durchsetzt von Mahnungen zur moralischen Umkehr und Buße an die Großen der Zeit sowie an alle der Belehrung Bedürftigen. Hildegards gesamte Lehre zielt ab auf den Kampf gegen das Böse, die Rettung des Menschen im Hinblick auf das Ziel der Heilsgeschichte: Adson deutet seine melancholische Stimmung mit Hildegard als »Einflüsterungen der Schlange und des Teufels« zum Schaden des Menschen, »der aus dem harmonischen und vollendeten Zustand des paradiesischen Menschen ausbricht« (R 414); und der Abt offenbart Adson: »›Merke, mein Sohn: Nichts ist dem Teufel so sehr verhaßt wie die Sprache der Edelsteine, die heilige Hildegard hat es bezeugt!‹« (R 571) Alles Wirkliche dieser Welt trägt für Hildegard Hinweischarakter auf Gottes Macht und Herrlichkeit, ist einzuordnen in den Rahmen einer alles durchdringenden Vorsehung Gottes.

Nicht unerwähnt bleiben soll in diesem kurzen geschichtlichen Abriß der Einfluß der affektiv-voluntaristischen Mystik Bernhards von Clairvaux (1090–1153). Bernhard von Clairvaux steht auch im Hintergrund der Liebesszene Adsons. Zu deren Entstehungsgeschichte bemerkt Eco in seiner ›Nachschrift‹, er habe sie »aus lauter religiösen Zitaten zusammenmontiert ... vom Lied der Lieder bis zu Bernhard von Clairvaux, Jean de Fecamp und Hildegard von Bingen« (N 51). In den Predigten zum Hohenlied Salomos entfaltet Bernhard seine gefühlsbetonte »Brautmystik«. Seine Mystik ist jedoch hinsichtlich des vorbereitenden Weges und des Aktes der unio mystica selbst voluntaristisch ausgerichtet. Der Mensch gelangt durch die selbstlose Nachfolge des gekreuzigten Christus in der mystischen Einswerdung mit Gott zur »Deificatio« (Verähnlichung mit Gott), die eine Verbindung des göttlichen und des menschlichen Willens, eine »Einwilligung« in wechselseitiger Liebe bedeutet, die für den Menschen wesentlich ethische Konsequenzen hat.

Neben Hildegard von Bingen und Bernhard von Clairvaux spielen zwei weitere Mystiker des Mittelalters in Ecos Rosenroman eine bedeutende Rolle: Ubertino da Casale und vor allem Franz von Assisi. Daß Eco im Zusammenhang der Erörterung des umstrittenen Phänomens »affektiver Mystik« Ubertino da Casale (1273–1317) zum Gesprächspartner Williams bestimmt, kommt nicht von ungefähr. Ubertin weist sich in seinem Hauptwerk ›Arbor vitae crucifixae‹ als leidenschaftlicher Vertreter einer überschwenglichen »Passionsmystik« aus. Elemente seiner mystischen Lehre lassen sich im Roman zusammentragen. Über seine erste Begegnung mit Ubertin schreibt Adson unter anderem: »Ich verstand nun auf einmal, welches mystische Feuer ihn verzehrt hatte seit seiner Jugend, als er, obwohl Student in Paris, sich von den theologischen Spekulationen abgewandt hatte und sich einbildete, er sei in die Büßerin Magdalena verwandelt; ich verstand seine intensiven Beziehungen zu der heiligen Angela von Foligno, die ihn eingeführt hatte in die Schätze der Mystik und in die Anbetung des Kreuzes.« (R 73) Der Spirituale Ubertin von Casale versteht sich in seinem Eintreten für die franziskanische Lebensweise radikaler Armut als getreuer Nachfolger des heiligen Franz, dem er auch in seiner Passionsmystik nacheifert: »›Quorum primus seraphico calculo purgatus et ardore celico inflammatus, totum incendere videbatur‹« (R 86). Adson bemerkt zu diesem Zitat: »... doch ich war sicher, daß er eine Stelle aus seinem großen Buch über den Baum des Lebens rezitierte.« (R 86) Ubertin bringt den Inhalt seiner mystischen Lehre auf eine prägnante Handlungsformel: »›Züchtige deine Intelligenz, lerne zu weinen über die Wunden des Herrn, wirf deine Bücher weg!‹« (R 87) Zudem ist die Verehrung der Gottesmutter Maria wichtiger Bestandteil seiner Mystik: »›Du mußt dich der unbefleckten Liebe zuwenden. Siehe, in der Jungfrau Maria hat sich die Weiblichkeit sublimiert, und darum kannst du von ihr auch sagen, daß sie schön ist wie die Geliebte im Canticum Canticorum!‹« (R 295) Von der Sublimierung der weiblichen Natur in der Heiligkeit spricht Ubertin auch in bezug auf Clara von Montefalco: »›Wenn die weibliche Natur, die von Natur so pervers ist, sich in der Heiligkeit sublimiert, kann sie zum höchsten Gefäß der Anmut werden‹.« (R 77) Die heilige Clara von Montefalco (1275–1308) zeichnete sich durch einen außergewöhnlichen Buß- und Gebetsgeist aus, der sie bis zu ekstatischen Erlebnissen führte. Von Bedeutung für Ubertin war ferner der Einfluß der seligen Margareta von Città di Castello (1287–1320) und vor allem derjenige der seligen Mystikerin Angela von Foligno (1249–1309), unter deren und dem Einfluß anderer Ubertin Spirituale wurde. Ihr ›Memorial‹ (1297) enthält Gesichte und Unterweisungen, die stark leidensmystisch geformt sind.

Mit Franz von Assisi (1181/2–1226) schließlich – er soll am Ende der geschichtlichen Beispiele hervorragender Vertreter einer affektiven Mystik stehen – gilt es die ursprüngliche Ausprägung der passionsmystischen Lebensweise vorzustellen. Die Mystik des heiligen Franziskus schließt sich in einzigartiger praktischer Verwirklichung an die voluntaristisch-affektive Mystik Bernhards von Clairvaux an. Die Nachfolge Christi (»imitatio«) bestimmt in ihrer Radikalität das ganze Leben des Heiligen aus Assisi, allein ihre Intensität macht das Wesen seiner Mystik aus, die im Unterschied zur Überschwenglichkeit der Mystik Ubertins niemals übersteigert anmutet. Ziel der Mystik des heiligen Franz ist die »conformitas« mit Christus. Diese zeigte sich vor allem in der Stigmatisation des Heiligen: »›... nachdem Franziskus gekommen ist, zu verkörpern in seinem Fleische die fünf Wunden des Gekreuzigten‹«

(R 85). Von der Liebe des heiligen Franz zur Natur war bereits die Rede: »›Wenn Gott als Licht empfunden wird, in den Strahlen der Sonne, in den Bildern der Spiegel, im Spiel der Farben auf den Teilen der wohlgeordneten Materie, in den Reflexen der Morgenröte auf den taufeuchten Blättern ... Ist solche Liebe nicht näherder Liebe des heiligen Franz, der Gott in seinen Geschöpfen pries, in Blumen und Gräsern, in Wasser und Luft?‹« (R 80) Ecos roman enthält zudem wichtige Angaben zur Zeitgeschichte und Biographie des heiligen Franz von Assisi. Ubertin schildert die wechselvolle Geschichte des von Franziskus gegründeten Ordens (R 68f.); William benutzt authentische und legendarische Momente aus dem Leben des Heiligen (Zusammenleben mit Leprakranken, Predigt zu den Vögeln; vgl. R 256) zur Erläuterung der soziologischen Frage des Ketzertums. Die außergewöhnliche Persönlichkeit des heiligen Franz wird, in allerdings negativer Akzentuierung, im Gespräch mit William von Jorge von Burgos beschrieben: »›Du bist ein Gaukler, genau wie der Heilige, der euch Mindere Brüder hervorgebracht hat. Du bist genauso wie dein Franziskus, der de toto corpore fecerat linguam, der beim Predigen hüpfte und gestikulierte wie ein Komödiant auf dem Jahrmarkt, der den Geizigen in Verwirrung brachte, indem er ihm Goldmünzen in die Hand legte, der die Andacht der Schwestern herabsetzte, indem er das Miserere sang, statt zu predigen, der auf französisch bettelte, der mit einem Stöckchen die Armbewegungen des Geigenspielers nachahmte, der sich als Vagabund verkleidete, um die gefräßigen Brüder zu verwirren, der sich nackt in den Schnee warf, der mit den Tieren und Pflanzen sprach, der sogar das Mysterienspiel der Geburt Christi in einen bauernschwank verwandelte und das lamm bethlehems anrief, indem er blökte wie ein Schaf ...‹« (R 608). Franziskus verstand es zu provozieren, eingefahrene, falsche Verhaltensweisen bloßzustellen: »›So lehrte Franziskus das Volk, die Dinge von einer anderen Seite zu sehen‹.« (R 608) Er hatte ein gesundes Verhältnis zur Wirklichkeit, wie auch seine Mystik die Wirklichkeit des Alltags als weg zu Gott versteht, als Freude und »Mitleiden« an der Kreatur. Für franziskus ist die welt unvollkommen und dennoch schön, auf das Herrlichste von Gott eingerichtet. Allein diese Art einer vom Gefühl bestimmten Mystik, die in ihrer Wahrhaftigkeit und Ursprünglichkeit zum Lebenszeugnis eines innigen Gottesverhältnisses wird, vermag William zu akzeptieren.

Kommen wir zur abschließenden Interpretation der Liebeserfahrungen Adsons – selbst das unzweifelhaft glaubwürdige Beispiel des heiligen Franziskus soll aufgrund der möglichen psychologischen Deutung der Kritik unterworfen und schließlich abgelehnt werden. Wir kehren somit zum Ausgangspunkt des geschichtlichen Überblickes zurück, zu der Frage nach der Unterscheidbarkeit von mystischer und erotischer Ekstase, zu deren Beantwortung William – mit Ausnahme jener Mystik, die Gott in der Natur zu erkennen sucht – allein ein psychologisches Kriterium glaubt zur Anwendung bringen zu dürfen. Adsons Feststellung, daß die Liebe »zumeist durch die Augen« eintritt, stellt auch Williams Mystik »in den Augen« psychologisch in Frage. Adson bezieht sich auf jenen Morgen nach der Liebesnacht, an dem ihm das Mädchen als identisch mit der Natur erschienen war. Mit mystischen Begriffen beschreibt er diese Erfahrung. Er spricht von seiner »Kontemplation der Natur«, in die er sich »versenkt«, vom Abstreifen aller Gedanken, von bloßem Schauen und freudigem Aufgehen darin. Die Selbstidentifikation mit der Natur, in der sich die geliebte Person manifestiert, erwächst, im Verständnis der tiefenpsychologischen Schule C. G. Jungs, der unterbewußten Sehnsucht nach dem ewig Weiblichen (Symbole wie Luft, Baum etc.). Zudem verwirklicht sich im »Hervorquellen des Unbewußten« die erstrebte Ganzheit (Integration) der Persönlichkeit. Vergleichbare Momente finden sich im »naturmystischen« Alleinheitsgefühl, wie es phänotypisch beispielsweise als »kosmisches Bewußtsein« vorkommt. Aus der Sicht der Psychologie läßt sich ferner (mit Sigmund Freud) feststellen, daß die rationalisierende Ablenkung Adsons von seinen zweifellos bedrängenden Problemen (vgl. R 360 ff.) in dieser Szene zu klassischen psychischen Abwehrmechanismen des Ich, wie Verschiebung und Isolierung, führt. Auch hier also ein Beispiel für die psychologische Auslegung mystischen Erlebens!

Sehen wir hinter der im Text stattfindenden Diskussion über das Phänomen ekstatischer Erfahrungen und vor allem über die Frage nach dem Unterschied zwischen mystischer und erotischer Ekstase den Autor Eco und seine Meinung, so scheint im Fazit deutlich geworden zu sein, daß Eco Elemente affektiver Mystik, wie sie von ihm auch geschichtlich sehr breit angeführt werden, als eindeutig psychologisch erklärbare Erlebnisformen wertet, wenngleich er dem gläubigen Menschen die Möglichkeit der göttlichen Verursachung einer mystischen Ekstase nicht absprechen möchte. Adson befriedigt ein natürliches sexuelles Bedürfnis und verwendet zur Beschreibung der Einmaligkeit und Außergewöhnlichkeit seines Erlebnisses die Sprache traditioneller mittelalterlicher Mystik, die, wenn auch mit unterschiedlicher Gewichtung und Zielsetzung, für Eco das gleiche psychische Erleben wiederzugeben versucht. So spricht Eco in recht eindeutiger Weise in seiner ›Nachschrift‹ von der »Entscheidung zur Assimilation von mystischer und erotischer Ekstase« (N 52). Eco scheint sich der mittelalterlichen mystischen Elemente lediglich als Mittel der Kritik an überholten theologischen und kirchlichen (Zölibat!) Werthaltungen zu bedienen.

»Adsons Schlußsentenzen.

Ds Ende der Binnenerzählung des Romans bildet ein ausführliches Gespräch zwischen William und Adson. Während die Abtei ein Opfer der Flammen wird, formuliert William die Quintessenz seiner lebenslangen Suche nach Wahrheit. In Adson findet er dieses Mal einen durchaus gleichwertigen, kritischen Gesprächspartner.

William kommt angesichts der fanatischen Einstellung Jorges, der für den Menschen nur die Wahrheit gelten läßt, die diesem von Gott zuteil wurde, zu der Überlegung: »›Vielleicht gibt es am Ende nur eins zu tun, wenn man die Menschen liebt: sie über die Wahrheit zum Lachen bringen, die Wahrheit zum Lachen bringen, denn die einzige Wahrheit heißt: lernen, sich von der krankhaften Leidenschaft für die Wahrheit zu befreien‹.« (R 624) Jorge von Burgos sah in seiner Predigt (vgl. R 508–517) die göttliche Selbstoffenbarung der Heiligen Schrift und ihre vor allem kirchliche Auslegung als das den Menschen von Gott allein zugedachte Wissen in seiner Vollendung an. Die Wahrheit ist dem Menschen vorgegeben; er kann ihr eigenständig nichts mehr hinzufügen: »›Darüber hinaus aber gibt es nichts mehr zu sagen‹.« (R 510) Folglich gibt es für Jorge »›keinen Fortschritt, es gibt keine epochale Revolution in der Geschichte des Wissens, es gibt nur fortdauernde und erhabene Rekapitulation‹« (R 509). Er begreift die »Sünde der Hoffart« als die widernatürliche Triebkraft seines Jahrhunderts, »›eines Jahrhunderts, das in jeder Hinsicht, in Worten und Taten, in Burgen und Städten, in hochfahrenden Universitäten und himmelstürmenden Domen darauf versessen ist, neue Zutaten zu den Worten der Wahrheit zu finden, wodurch es den Sinn eben jener Wahrheit entstellt, die bereits vollständig und offenkundig zutage liegt, zu der alles Notwendige schon gesagt worden ist und die keiner törichten Erweiterung mehr bedarf, sondern nur unermüdlicher Verteidigung!‹« (R 511). Diese leistet Jorge im sicheren Bewußtsein, von Gott dazu den Auftrag erhalten zu haben – »›Ich bin die Hand Gottes gewesen‹.« (R 609) Er versucht, indem er selbst »über Leichen geht«, die göttliche Wahrheit vor der nach seinem Verständnis verzerrenden und zersetzenden Macht des Lachens zu schützen, das im zweiten Buch der Aristotelischen Poetik behandelt wird.

Für William ist der »Teufel« »›die Anmaßung des Geistes, der Glaube ohne ein Lächeln, die Wahrheit, die niemals vom Zweifel erfaßt wird‹« (R 607). Das Lachen bedeutet für ihn keine die Wahrheit zerstörende Kraft, sondern bezeichnet die befreite Haltung des Menschen, der sich der Tatsache bewußt ist, Wahrheit stets nur annäherungs- und teilweise, niemals absolut erfassen zu können. William geht davon aus, daß der menschliche Geist eigene Wahrheiten zu finden in der Lage ist. Er hält die Erforschung der Natur, die Gottes Schöpfung ist, durch die menschliche Vernunft für möglich und legitim. Hinsichtlich der Frage jedoch, ob der Mensch einen Sinn in der Welt zu begreifen vermöge, kommen William Zweifel: »›Ich bin wie ein Besessener hinter einem Anschein von Ordnung hergelaufen, während ich doch hätte wissen müssen, daß es in der Welt keine Ordnung gibt‹.« (R 625) Von dieser sagt er: »›Die Ordnung, die unser Geist sich vorstellt, ist wie ein Netz oder eine Leiter, die er sich zusammenbastelt, um irgendwo hinaufzugelangen. Aber wenn er dann hinaufgelangt ist, muß er sie wegwerfen, denn es zeigt sich, daß sie zwar nützlich, aber unsinnig war. ›Er muoz gelîchesame die leiter abewerfen, sô er an ir ufgestigen‹ ...‹« (R 625) Das bedeutet, anders ausgedrückt: »›Die einzigen Wahrheiten, die etwas taugen, sind Werkzeuge, die man nach Gebrauch wegwirft‹.« (R 626) William kommt zu dem Schluß, daß es in der Welt keine Ordnung gibt. Es fällt ihm jedoch schwer, diese Tatsache im freien Willen Gottes und in Gottes Allmacht begründet zu sehen. Auf die Frage Adsons, ob nicht im Falle der Richtigkeit dieser Annahme jegliches Unterscheidungskriterium zwischen Gott und dem ursprünglichen Chaos entfiele, letztlich also die Nichtexistenz Gottes bewiesen werde, antwortet William mit der Gegenfrage: »›Wie könnte ein Wissender sein Wissen weiterhin mitteilen, wenn er deine Frage mit einem Ja beantworten würde?‹« (R 626) William fragt somit nach den Folgen, die eine Bejahung der Nichtexistenz Gottes nach sich ziehen würde. Zwei Deutungsmöglichkeiten der Antwort Williams gibt uns Adson: 1. Mitteilbares Wissen wird zur Unmöglichkeit, wenn das Grundkriterium der Wahrheit (= Gott) entfällt; 2. Die Mitteilung des Wissens von der Nichtexistenz Gottes wird von denjenigen, die eine mögliche Gefahr darin sehen, unterbunden. William bestätigt keine der beiden Deutungen, da im Augenblick der Frage Adsons das Dormitorium mit Getöse zusammenbricht. Eine Schlußbemerkung Williams allerdings, Gott sei nicht in der Aufregung, im Durcheinander, im Chaos oder in der Unordnung, schließt die Binnenerzählung Adsons endgültig ab. Wenn aber der menschliche Geist keine Ordnung in der Welt zu erkennen vermag, vielleicht weil es keinen Sinn in der Welt gibt, ist es dann dem menschlichen Denken überhaupt möglich, Gott zu erkennen, zumal er vielleicht gar nicht existiert? Das letzte Wort, damit auch das Ende der Rahmenerzählung setzend, hat der greise Adson, der sich dem Tode nahefühlt: »Mir bleibt nur zu schweigen. O quam salubre, quam iucundum et suave est sedere in solitudine et tacere et loqui cum Deo! Bald schon werde ich wiedervereint sein mit meinem Ursprung, und ich glaube nicht mehr, daß es der Gott der Herrlichkeit ist, von welchem mir die Äbte meines Ordens erzählten, auch nicht der Gott der Freude, wie einst die Minderen Brüder glaubten, vielleicht nicht einmal der Gott der Barmherzigkeit. Gott ist ein lauter Nichts, ihn rührt kein Nun noch Hier ... Ich werde rasch vordringen in jene allerweiteste, allerebenste und unermeßliche Einöde, in welcher der wahrhaft fromme Geist so selig vergehet. Ich werde versinken in der göttlichen Finsternis, in ein Stillschweigen und unaussprechliches Einswerden, und in diesem Versinken wird verloren sein alles Gleich und Ungleich, in diesem Abgrund wird auch mein Geist sich verlieren und nichts mehr wissen von Gott noch von sich selbst noch von Gleich und Ungleich noch von nichts gar nichts. Und ausgelöscht sein werden alle Unterschiede, ich werde eingehen in den einfältigen Grund, in die stille Wüste, in jenes Innerste, da niemand heimisch ist. Ich werde eintauchen in die wüste und öde Gottheit, darinnen ist weder Werk noch Bild ... Stat rosa pristina nomine, nomina nuda tenemus.« (R 634)

Sowohl Jorge von Burgos als auch William von Baskerville stellen sich gegen ein Lachen, das jegliche Bemühung um Wahrheitserkenntnis verhindert, indem es die Wahrheit nicht mehr ernstnimmt. Beiden ist es um die Wahrheit zu tun, die dem menschlichen Leben Sinn verleiht. Ihr Wahrheitsbegriff jedoch ist von grundlegend verschiedener Art. Während Jorge dem Menschen jegliche eigenständige Wahrheitserkenntnis abspricht, da alles Wissen, das für den Menschen und sein Leben in dieser Welt von Bedeutung zu sein vermag, von Gott selbst ein für alle Mal offenbart worden sei, betont William die Fähigkeit des Menschen, in seinem Denken Wahrheiten selbständig zu entdecken, die Welt geistig zu durchdringen. Wir haben es im Rahmen der dargestellten Kontroverse mit einer geistigen Entwicklung zu tun, die das ganze Mittelalter durchzieht und zunehmend die Eigenständigkeit der menschlichen Vernunft in bezug auf die Möglichkeit der Wahrheitsfindung unterstreicht. William ist sich jedoch darüber im klaren, daß menschliches Wissen notwendig Teilwissen bleibt, da das Denken des Menschen keine göttliche Absolutheit beanspruchen kann. Es besteht für William die Möglichkeit menschlichen Erkenntnisfortschrittes, gleichwohl kommt dieser niemals an sein Ziel: die Erkenntnis allumfassender Wahrheit. Adson wird eine zusätzliche, im Mittelalter besonders lebendige Form der Wahrheitserkenntnis zur Sprache bringen, die der Mensch, wenn auch grundsätzlich nur durch Gottes Gnade, zu erreichen vermag: die mystische Schau. Sie bringt den Menschen dem göttlichen Geheimnis näher und verleiht seinem Leben einen neuen, unbezweifelbaren Sinn. Die geistigen Positionen Jorges und Williams – sowie abschließend im Vergleich zu ihnen diejenige Adsons – sollen unter Bezugnahme auf Hinweise im Roman in ihren geschichtlichen Voraussetzungen beleuchtet und auf ihre geschichtliche Aktualität zu Beginn des 14. Jahrhunderts hin befragt werden. Die Konfrontation mittelalterlicher Denkstrukturen und Denkmodelle mit charakteristischen Denkformen des 20. Jahrhunderts wird es ermöglichen, die geistige Haltung Ecos in der Wahrheitsfrage genauer zu bestimmen.

Jorge von Burgos versucht mit aller Macht, die über Jahrhunderte etablierte, in sich gefestigte christlich-abendländische Sicht von Gott, Welt und Mensch aufrechtzuerhalten, die in ihrer Gültigkeit jedoch immer mehr in Frage gestellt wird, da sich ihre geistes- und sozialgeschichtlichen Voraussetzungen grundlegend gewandelt haben. Die mittelalterliche Abtei, der Ort des mysteriösen Geschehens in Ecos Roman, läßt mit ihrer nur scheinbaren inneren Ordnung die Zerrissenheit und Dekadenz der äußeren Welt, die sie als Mikrokosmos in sich abbildet und widerspiegelt, nur zu deutlich werden. Die Rede ist etwa vom franziskanischen Armutsstreit und seinen teilweise häretischen Folgen, vom Machtkampf zwischen Papst- und Kaisertum (Avignoner Exil), von der Entwicklung menschlichen Selbstbewußtseins in Stadt und Land, von Naturkatastrophen und Krankheiten. Der menschliche Geist entdeckt in dieser Zeit den Wert des Einzelnen; das Individuum als solches tritt immer mehr in den Vordergrund. Der Mensch wird sich seiner eigenen Fähigkeiten und seiner besonderen Bedeutung im Weltganzen bewußt. In Übereinstimmung mit dieser Veränderung menschlichen Selbstbewußtseins steht eine zunehmende Emanzipation des Menschen in Fragen der ursprünglich allein im Zuständigkeitsbereich der Kirche liegenden Sinnfindung und Ausgestaltung des Lebens. Die kirchliche Autorität wird durch eine sich stetig erweiternde denkerische und religiöse Freiheit, die sich nicht mehr nur passiv mit vorgesetzten Wahrheiten abspeisen läßt, angezweifelt. In dieser Zeit des Umbruchs entstehen zwei unterschiedliche (geistes-)geschichtliche Strömungen, in denen die gemeinsame Suche nach einer wahrhaftigen, sinnvollen Sicht des Lebens zum Ausdruck kommt: die eine vor allem charakterisiert durch gefühlsüberspannt-irrationalistisches Schwärmertum, die andere bestimmt durch den Versuch, mit Hilfe des Denkens einen neuen Zugang zur Weltwirklichkeit zu finden. Beide geistigen Bestrebungen wenden sich gegen die durch Jorges Einstellung repräsentierte traditionelle Auffassung einer vorgegebenen, unumstößlichen Ordnung in der Welt.

Der einen neuen Ausrichtung menschlicher Weltorientierung gehören zwei typische Erscheinungsformen einer im Volke lebendigen Sehnsucht nach wahrer Frömmigkeit an. Sie sollen in ihren wesentlichen Merkmalen vorgestellt werden. Eco erwähnt die »Flagellanten« (R 606) und ihre Geißlerbewegung sowie die »Brüder des Freien Geistes« (R 606,78–80). Beiden Gruppen gemeinsam ist ein sich von der Kirche lossagendes, eigenständiges Streben nach Gottwohlgefälligkeit. Für die Geißler steht es im Dienste der Abwendung des drohenden Gottesgerichtes; den Brüdern (und Schwestern) des Freien Geistes bedeutet es die Verwirklichung authentischer Christlichkeit eines bereits angebrochenen Zeitalters des Heiligen Geistes. Es würde an dieser Stelle zu weit führen, die religiösen Vorstellungen jeder Gemeinschaft im einzelnen darzulegen. Von Bedeutung ist, daß vor allem mystische Elemente in ihren Lehren zutage treten. Die Mystik stellt sich als die Möglichkeit des Menschen dar, in unm.ttelbarenKontakt zur höchsten Wahrheit, zu Gott, zu gelangen. In dieser Form aber wird Mystik zur schwärmerischen Beliebigkeit degradiert. Die Flagellanten folgen einem durch Visionen und himmlischen Auftrag legitimierten Führer. Dieser verheißt in seiner von Gott verfügten Verkündigung an alle Menschen die jedem Einzelnen mögliche Selbstreinigung vor Gott – die Geißel.ng ist eie Form der Passionsmystik; Jorge spricht vom »Blutbedürfnis der Flagellanten« (R 606) – und somit unmittelbaren Zugang zu ihm. Die (sakramentale) Vermittlung der Kirche oder die Verpflichtung zur fortschreitenden moralischen Vervollkommnung entfallen als Voraussetzungen der Gottesbegegnung.

Die Brüder des Freien Geistes stützen sich in ihrer Lehre vor allem auf Joachim von Fiore und Amalrich von Bena. Apokalyptische Geschichtstheologie und mystisch-pantheistische Ansätze gehen eine Verbindung ein, die in ihrer übersteigerten Exklusivität das Selbstverständnis der Anhänger entscheidend bestimmt. Sie vermeinen gleich den Flagellanten aufgrund eigener Einsichten und religiöser Handlungsweisen ohne kirchliche Betreuung auskommen und die unmittelbare Begegnung und Einswerdung mit Gott eigenständig herbeiführen zu können. Der von Jorge beschworene »Rausch des Bösen der Brüder des Freien Geistes« (R 606) und die von Ubertin wiedergegebenen »Greuelmärchen« über sie (vgl. R 80f.) werden der in ihrer Lehre grundgelegten tatsächlichen Verhaltensweise jedoch nicht gerecht, wenngleich Ausschreitungen vorgekommen sein mögen.

Die zweite Ausprägung der gewandelten menschlichen Weltsicht – der Nominalismus – bestimmt maßgeblich die geistige Position Williams von Baskerville. William ist sich der Tatsache bewußt, auf der Schwelle zu einer neuen Zeit und auf dem Boden einer neuen Welt zu stehen, die mehr denn je durch den menschlichen Geist gestaltet und erforscht sein wollen. Er gehört jenen Repräsentanten dieses ganz neuartigen Weltgefühls an, die der gesellschaftlich-religiösen Krise im Sinne der Kirche begegnen möchten, ohne sich den veränderten Verhältnissen gegenüber blind zu zeigen: den Anhängern des heiligen Franziskus. Diese geraten zwar gelegentlich unversehens in den häretisch verfärbten Strudel ihrer Zeit (Spiritualen/Fratizellen), vermögen sich aber in der Regel aus der fragwürdig gewordenen Tradition in bewußter Hinwendung zu geistiger Neuerung zu befreien. Das geschieht etwa im sogenannten »Nominalismus«, dessen Position William – wie seine gesamte Denkweise im Roman zeigt – bezieht. Es ist vor allem der Franziskaner William von Ockham, der Begründer der »via moderna«, welcher mit Entschiedenheit lehrt, daß allein dem Einzelding eigentliches Sein zukomme, die Allgemeinbegriffe hingegen nur Abstraktionen des menschlichen Geistes seien. Diese Aussage stellt traditionelle metaphysische Vorstellungen und Spekulationen weitestgehend in Frage. Für die Theologie bedeutet dies, daß der Begriff »Gott« nichts über Gottes Wesen aussagt. Das Dasein Gottes läßt sich nicht mehr aus der Schöpfung beweisen. Ockham zieht jedoch nicht den Schluß, daß es Gott nicht gebe; er betont vielmehr Gottes Unerkennbarkeit für uns, seine Verborgenheit und Transzendenz. Streng trennt er Gottes absolute personale Freiheit von einem in der Schöpfung erscheinenden und wirkenden Willen Gottes. Erinnern wir uns hier an die abschließende Diskussion zwischen William und Adson. William stellt fest, daß es in der Welt keine Ordnung geben kann. Der menschliche Geist versagt angesichts der Frage nach einem Sinn in der Welt. Wahrheiten soll man nach Gebrauch fortwerfen.

Der »deutsche Mystiker«, den William in diesem Zusammenhang als Gewährsmann für seine Meinung zitiert (vgl. Tractatus logico-philosophicus, 6.54), ist ein deutschsprachiger Philosoph unseres Jahrhunderts: Ludwig Wittgenstein. Auch Wittgenstein beschäftigt sich mit der im Nominalismus behandelten erkenntnistheoretischen Problematik, bezieht aber eine eigene Position. Er sieht die Sprache überhaupt als Grenze der im Denken erfaßbaren Welt an. Der späte Wittgenstein betont, daß allein der Gebrauch der Worte ihren Sinn bestimmt, selbst aber nicht mehr zu begründen ist. Jenseits rationaler Erkenntnismöglichkeit, die sich notwendig in Sprache vollzieht, kann nicht mehr sinnvoll von Welt »gesprochen« werden: »Es gibt allerdings Unaussprechliches. Dies *zeigt* sich, es ist das Mystische.« (6.522) Der ›Tractatus logico-philosophicus‹ schließt mit dem bekannten Ausspruch: »Wovon man nicht sprechen kann, darüber muß man schweigen.« (7) Wittgenstein will vor allem die dem menschlichen Denken gesetzte Grenze zwischen Erkennbarem und Unerkennbarem bezeichnen. Seine Ablehnung der Metaphysik führt zu einer der »negativen Theologie« verwandten »mystischen« Denkform, die allerdings kaum im Sinne christlicher Mystik zu verstehen ist. Es fehlt die ausdrückliche Bezugnahme auf Gott und das Streben nach einer »gleichsam erfahrungsmäßigen Erkenntnis Gottes« (Thomas von Aquin) – dessen Existenz dadurch jedoch nicht ausgeschlossen ist – und betrifft in erster Linie die erkenntnismäßige Selbstbescheidung des menschlichen Geistes.

Wenden wir die von William adaptierten Gedanken des Nominalismus sowie der Sprachphilosophie Wittgensteins auf seine Aussagen im Gespräch mit Adson an, so läßt sich die folgende, abschließende Interpretation seiner Gedanken geben: Die Welt ist für William voller Zeichen. Der Mensch denkt in sprachlichen Zeichen, analysiert die Zeichen der Natur, interpretiert die Zeichen alltäglicher Geschehnisse: »›Ich habe nie an der Wahrheit der Zeichen gezweifelt, Adson, sie sind das einzige, was der Mensch hat, um sich in der Welt zurechtzufinden‹.« (R 625) Der menschliche Geist aber ist in der Deutung dieser Zeichen notwendig eingeschränkt. Mit dem Nominalismus des Mittelalters betont William, daß allein das Einzelne und diesbezüglich vor allem das sinnlich wahrnehmbare Einzelne sinnvolle Aussagen ermögliche. Die Erforschung der Natur ist somit ein besonderes Anliegen menschlicher Geistestätigkeit. Dem in den Begriffen erfaßten Allgemeinen kommt keine empirische Wirklichkeit zu. Wesensaussagen werden sinnlos; Sinnstrukturen sind nicht aufzeigbar: »›Was ich nicht verstanden hatte, war die Wechselbeziehung zwischen den Zeichen‹.« (R 625) Die Sprachphilosophie Wittgensteins macht vor allem deutlich, daß menschliches Denken in sich selbst begrenzt ist auf seine sprachliche Darstellbarkeit. Was diesem Kriterium nicht genügt, bleibt menschlichem Denken unzugänglich. Beide Positionen sehen jenseits der Grenze des Erkennbaren einen Bereich, über den Aussagen nicht mehr möglich sind. Die absolute Wahrheit (Gott) ist in der Welt durch die menschliche Vernunft nicht zu erkennen. Das Gesamt der Wirklichkeit bleibt menschlichem Denken verschlossen. Es kann sich ihr nur unter eingegrenzter, je individueller Perspektive nähern. Diese drückt eine Wahrheit aus, die notwendig relativ ist: »›Die einzigen Wahrheiten, die etwas taugen, sind Werkzeuge, die man nach Gebrauch wegwirft.‹«

Es bleibt zu fragen, ob die fehlende Ordnung in der Welt von

Gott beabsichtigt sei. Die Freiheit und Allmacht Gottes müßten dann dahingehend verstanden werden, daß Gott stets auch anders hätte handeln können und anders handeln kann. Adson bekräftigt die traditionelle theologische Auffassung, die Erschaffung der Welt sei Ausdruck des souveränen, absolut freien Wollens und Wirkens Gottes. Gott bindet sich freiwillig an »ewige Wahrheiten«, die er dem Menschen zur Orientierung in dessen Leben vorgibt. Er handelt nicht willkürlich, sondern sinn- und planvoll, entsprechend seiner absoluten Weisheit, Güte, Gerechtigkeit und Barmherzigkeit. Gäbe es keine göttliche Ordnung, verstieße Gott gegen sein eigenes Wesen und wäre vom ursprünglichen Chaos nicht zu unterscheiden, verlöre Sinn und Existenzberechtigung. Die Unterscheidung zweier Begriffe göttlicher »Mächtigkeit« im Nominalismus wird somit dem Wesen Gottes nicht gerecht. Wenn aber Gott existiert und Sinn schafft, muß die Unordnung in der Welt allein im Ungenügen des menschlichen Denkvermögens begründet liegen. Auch William ist auf der Suche nach dem letzten Kriterium der Wahrheit und hält es für unverzichtbar. Er glaubt aber angesichts der eingeschränkten Erkenntnismöglichkeiten des Menschen feststellen zu müssen, daß über den Grund der Wahrheit nichts ausgesagt werden könne. Ist Gott das »Grundkriterium der Wahrheit«, so würde die Behauptung seiner Nichtexistenz jegliches Wahrheitsbemühen des Menschen ad absurdum führen. Sein Leben hätte keinen alles umfassenden Sinn mehr. Der Mensch fiele dem Nihilismus anheim. Es wäre folglich verständlich, zur Aufrechterhaltung menschlicher Ordnung das Wissen von der Nichtexistenz Gottes geheimzuhalten. William sieht diese Gefahren, bleibt jedoch seiner agnostischen Position treu: wenn Gottes Existenz auch sinnvoll gefordert werden müsse, sei sie damit doch noch nicht bewiesen. Er bleibt Adson mithin die abschließende, klärende Antwort schuldig. Wenn er aber beim Zusammensturz des Dormitoriums davon spricht, Gott sei nicht in der Aufregung, im Durcheinander, in der Unordnung, so mag er damit zum Ausdruck bringen wollen, daß Gott, die höchste Wahrheit, in der Welt für den menschlichen Geist unerreichbar bleiben muß, daß Gott aber möglicherweise jenseits menschlicher Belange und Interessen existiere als Garant auch menschlicher Wahrheit.

Wenn der Mensch die von Gott selbst geoffenbarte Wahrheit (Position Jorges) in ihrem Anspruch nicht zu akzeptieren vermag und seine eigene Wahrheitssuche durch die Vernunft (Position Williams) notwendig scheitern muß: Welche Möglichkeit der Sinnerkenntnis bleibt dem denkenden Menschen, wenn nicht diejenige der Resignation?

Kann die Position Adsons hier eine Lösung anbieten? Adson bewegt sich in seinen Schlußsentenzen zweifellos im traditionsreichen Raum christlicher Gottesvorstellung, versucht diese jedoch mit Meister Eckhart und Angelus Silesius (25. Strophe seines ›Cherubinischen Wandermanns‹: »Gott ist ein lauter Nichts, ihn rührt kein Nun noch Hier ...«/R 634) radikal zu übersteigen. Adson spricht von der Wiedervereinigung mit seinem Ursprung, der Gott in seiner absoluten Einheit ohne »Gleich und Ungleich«, ohne »alle Unterschiede«, Gott, wie er in sich und bei sich selbst ist, bezeichnet. Gott wird in der Sprache Eckharts (und mit Angelus Silesius) als »Nichts«, »Einöde«, »Finsternis«, »Abgrund« und »einfältiger Grund« oder auch als »stille Wüste« beschrieben. In dieses »Innerste, da niemand heimisch ist«, das »Stillschweigen« und »unaussprechliches Einswerden« bedeutet, in jene »wüste und öde Gottheit, darinnen ist weder Werk noch Bild«, will Adson »eintauchen«, »versinken«; darin will er »selig vergehen«.

Spekulativ schwindelerregender, in der vorgestellten Einswerdung mit Gott intensiver können diese Gedanken nicht mehr sein. Sie finden sich als Beschreibung der unio mystica in der sogenannten »spekulativen Mystik«, deren Höhepunkt im 14. Jahrhundert liegt. Ihr Hauptvertreter und ihre zentrale Persönlichkeit ist Meister Eckhart (um 1260–1327/28). Im 17. Jahrhundert wird es Johannes Scheffler (Angelus Silesius, 1624 bis 1677) sein, der die Ideen Eckharts in teilweise extrem zugespitzter Weise vor allem lyrisch zum Ausdruck bringt. Die spekulative Mystik betont den menschlichen Intellekt als alleinige Voraussetzung mystischer Erfahrung. Seit den Anfängen mittelalterlicher Mystik war den Schilderungen mystischer Erfahrung der mehr oder weniger bewußte Versuch ihrer theoretischen Erfassung zur Seite gestellt. Der Mystiker will sich Klarheit über die phänomenologische Beschaffenheit, Zusammensetzung und Ursächlichkeit, das heißt über die Kriterien der Glaubwürdigkeit seiner mystischen Erlebnisse verschaffen. Einzigartig in der spekulativen Mystik jedoch ist der Umstand, daß hier das Streben nach Reflexion über Voraussetzungen, Methode und Eigenart mystischer Vereinigung mit Gott zum Prinzip, zur mystischen Erkenntnisweise selbst erhoben wird.

Im folgenden sei kurz – soweit für das Verständnis der Schlußüberlegungen Adsons erforderlich – die mystische Lehre Meister Eckharts umrissen. In ihr wird sich der Mensch zunächst der Tatsache bewußt, Geschöpf zu sein, das seinem Wesen nach in absoluter Abhängigkeit von Gott besteht. Durch gedankliches »Lassen« von allem Kreatürlichen gewinnt der Mensch innerliche »Gelassenheit«, »Abgeschiedenheit«, das heißt Freiheit für Gott. Er wird dadurch stets von neuem im tiefsten Innern seiner Seele, das als »Seelenfünklein« die gnadenhafte ursprüngliche göttliche Gegenwart im Menschen bezeichnet, in die Geburt des Sohnes Gottes, die Dynamik göttlicher Liebe zwischen Vater und Sohn mit einbezogen. Der Vater gebiert seinen Sohn in die Seele des Menschen, die Seele gebiert den Sohn zurück in den Vater. Diese Form der unio mystica wird freilich nicht in rationalem Denkvollzug erlebt; sie stellt vielmehr die Erfahrung ekstatischen »Denkschauens« dar. Allein die Gnade Gottes ermöglicht die Schau höchster Wahrheit. Ferner von Bedeutung ist die spezifisch Eckhartische Unterscheidung zwischen »Gott« und »Gottheit«, in der Meister Eckhart in radikaler Konsequenz seiner mystischen Lehre selbst den immer noch menschlich bestimmten Bezug zum dreieinigen Gott, dem Schöpfer der Welt, »um Gottes willen« fallen-läßt, um in den Grund der Gottheit, wo Gott so gefunden wird, wie er in sich selbst ist, vorzustoßen. Wer Gott erkennen will – und das ist, wie Eckhart betont, jedem Menschen möglich –, muß »zu Gott werden«, das heißt in den Ursprung aller Wirklichkeit zurückkehren und mit ihm vollkommen einswerden. Gott, das »Nichts«, kann – so sagt es später Nikolaus von Kues – nur im »Nichtwissen« erkannt werden. Adson bezieht hier – im Vergleich zu Jorge und William – eine dritte Position der Wahrheitserkenntnis: die Erkenntnisposition mystischer Erfahrung. Bei der mystischen Erkenntnis handelt es sich nicht um wissenschaftlich-rationale Erkenntnis, gleichwohl um eine Erkenntnisweise, die allein die höchste Wahrheit, Gott, zu erfassen vermag, aufgrund menschlicher Bemühung und Gottes Gnade. »Stat rosa pristina nomine, nomina nuda tenemus.« (R 635) Für uns Menschen in unserem irdischen Dasein bleibt die Erkenntnis der Wahrheit auf »nackte Namen« beschränkt; der ursprüngliche Zustand einer Schau Gottes von Angesicht zu Angesicht ist in vollendeter Form erst im Tode möglich, als »Vorgeschmack« bereits in der mystischen Erfahrung.

Es gibt zusammenfassend zwei positive Möglichkeiten für den Menschen, in seinem Wahrheitsstreben zur Ruhe zu kommen: Er kann, mit William, seine Leidenschaftlichkeit für die Wahrheit nicht allzu ernstnehmen und über die Unerreichbarkeit absoluter Wahrheit für menschliches Denken »lächeln«. Er kann aber auch »allen Ernstes« die Existenz eines göttlichen Wesens, das letzten Sinn stiftet und Ordnung schafft, trotz aller Widersprüchlichkeiten endlichen Erkennens anzunehmen versuchen, ohne den Anspruch, nur in der Hoffnung auf von Gott geschenkte Erkenntnis.

Der religiöse Mensch wird »Mystik« als vollkommene Selbstentäußerung (als »Sterben«) und absolutes Sich-selbst-Überlassen an Gott verstehen, der nichtreligiöse Mensch wenigstens als Ausdruck eines unaussprechlichen Geheimnisses, das ehrfürchtiges Schweigen erheischt: »Mir bleibt nur zu schweigen. O quam salubre, quam iucundum et suave est sedere in solitudine et tacere et loqui cum Deo!« (R 634) Schweigen und Stille sind wesentliche Voraussetzungen und Bestandteile von Kontemplation und Meditation. Sie bedeuten ein »Innewerden« des Menschen, eine konzentrierende geistige Sammlung, die auf das Wesentliche des Menschen und der Welt gerichtet ist: auf Gott als die höchste Wahrheit dieser Welt.

3. Ecos Verständnis von Mystik und ihre Funktion im Rosenroman

Darstellung und Interpretation der im Rosenroman enthaltenen mystischen Elemente ergaben eine Fülle unterschiedlicher Sichtweisen des Phänomens »Mystik«. Sie erwies sich in ihren Erscheinungsformen als überaus vielschichtig. Verschiedene Ausprägungen affektiver Mystik, voluntaristische Mystik und spekulative Mystik demonstrieren differenzierte Zugangsmöglichkeiten des Menschen zu Gott. Mittelalterliche Mystik, wie sie in Textbeispielen und sprachlich-situativer Anwendung im Roman zur Darstellung kam, wurde konfrontiert mit neuzeitlicher Deutung und moderner philosophischer Analyse.

Es hat im Ergebnis den Anschein, daß Umberto Eco das, was als mystische Erfahrung vor allem im Mittelalter von großer Bedeutung war, sehr kritisch zu beleuchten bestrebt ist. Dabei scheint ihm »affektive Mystik« insgesamt für einen Menschen, der nicht an Gott glaubt – und Eco selber hat sich einmal gläubig nicht im Sinne des Glaubens an Gott genannt –, als psychische Tatsache, als Ausdruck erotischer Phantasien etwa, erklärbar zu sein. Anders scheint es sich im Falle der spekulativen, intellektuellen Mystik zu verhalten. Eco richtet sein Augenmerk auf das »intellektuelle« Moment, wie es als Versuch des Menschen, denkend seine Wirklichkeit zu deuten, zu allen Zeiten, im Nominalismus des Mittelalters nicht weniger als in der Sprachphilosophie Ludwig Wittgensteins oder auch in der mystischen Erkenntnis Meister Eckharts, zutage tritt. In neuzeitlich-erkenntniskritischer Sicht liegt die Betonung im Rahmen dieses Vergleichs auf der für den Menschen notwendig unerreichbaren Erkenntnis absoluter Wahrheit, auf der Unmöglichkeit, die Existenz eines Gottes rational zu beweisen. Die Möglichkeit eines alles umfassenden Sinnhorizontes wird jedoch nicht von vornherein ausgeschlossen, sie bleibt durchaus offen. Für den mittelalterlichen Menschen Eckhart ist sie unbezweifelbar gültige Voraussetzung sinnvollen menschlichen Denkens und Handelns. Für ihn ist ein Beweis nicht erforderlich. Desgleichen der mittelalterliche Nominalismus. So sehr er auch überkommene Denkformen erschüttert und neuzeitliches Denken vorbereitet, er überschreitet niemals den vorgegebenen Rahmen einer in Gott gründenden Sinnhaftigkeit der Welt.

Grundlegend gewandelt aber erscheinen die geistigen Bedingungen des 20. Jahrhunderts. Der Glaube an Gott ist für viele obsolet geworden. Atheistische Einstellungsweisen des Menschen sind keine Seltenheit mehr. Auf der anderen Seite jedoch ist die Suche des Menschen nach einem letzten Sinn seiner Weltwirklichkeit niemals abgebrochen, und sie scheint sich heute mehr denn je lediglich in unzählig weitverzweigte spirituelle wie säkulare Kanäle verstreut zu haben. Ludwig Wittgenstein bekennt sich persönlich zur Existenz Gottes. In seinen Tagebüchern schreibt er an einer Stelle: »Gott und der Zweck des Lebens? Ich weiß, daß diese Welt ist. Daß ich in ihr stehe, wie mein Auge in seinem Gesichtsfeld. Daß etwas an ihr problematisch ist, was wir ihren Sinn nennen. Daß dieser Sinn nicht in ihr liegt, sondern außer ihr ... Den Sinn des Lebens, d.i. den Sinn der Welt, können wir Gott nennen.« (165) An anderer Stelle heißt es: »An einen Gott glauben heißt sehen, daß es mit den Tatsachen der Welt noch nicht abgetan ist. An Gott glauben heißt sehen, daß das Leben einen Sinn hat.« (ebd.) Hat dieses Bekenntnis auch heute noch Bestand? Die Zugeständnisse an die Erkenntnishaltung des »Glaubens« scheinen sich zunehmend reduziert zu haben und unklarer, vager, inhaltsleerer geworden zu sein. Es gibt eine »neue« Mystik des 20. Jahrhunderts, bei der es sich im allgemeinen um einen Glauben ohne Gott und außerhalb der Kirche handelt, der sich in Literatur, Philosophie, Malerei und Musik vielgestaltet vorfindet. Bezugspunkt zur traditionellen Mystik bleibt allein der Rückgang auf ein höheres Wesen, das aber nicht näher zu bezeichnen, geschweige denn zu erkennen ist; die moderne Literaturwissenschaft spricht von »leerer Transzendenz«. Alleiniges Interesse gilt der Form mystischer, nicht-rationaler Erkenntnis, nicht ihrem überkommenen Inhalt. Die mystische Erkenntnis dient als wichtige, unverzichtbare Ergänzung zur Rationalität. William James schreibt in ›Die Vielfalt religiöser Erfahrung‹ dazu: »Es ist eher der rationalistische Kritiker, der in der Kontroverse die Rolle des Verneiners spielt; und seine Verneinungen sind ohne Kraft, weil es niemals einen Stand der Dinge geben kann, dem nicht in Wahrheit eine neue Bedeutung gegeben werden könnte, sobald nur der Geist einen umfassenderen Gesichtspunkt ersteigt. Es muß stets eine offene Frage bleiben, ob nicht mystische Zustände möglicherweise solche höheren Gesichtspunkte sein können, Fenster, durch die der Geist auf eine größere und umfassendere Welt hinausschaut ... Schließlich könnte der Supernaturalismus und Optimismus, von dem sie (die höheren mystischen Zustände) uns überzeugen möchten, wenn man sie in der einen oder der anderen Weise interpretiert, die wahrsten Einsichten in den Sinn dieses Lebens sein.« (396f.)

Unsere Ausführungen haben gezeigt, daß die mystischen Elemente in Ecos Rosenroman eine besondere Funktion der Kritik zu erfüllen haben. Im Falle der affektiven Mystik werden ein falsches Gottesverhältnis und -verständnis des Menschen und falsche kirchliche Lehrmeinungen bloßgestellt. Im Falle der spekulativen Mystik gilt die Kritik der im menschlichen Denken verankerten Hybris, alles aus eigenem Vermögen heraus erkennen zu können. Wenn auch das Verständnis christlicher Mystik, der Glaube an einen personalen Gott und des Menschen Verhältnis zu ihm, von Eco nicht vertreten wird, so teilt er doch zumindest die Sympathie für jene von William James umschriebene Erkenntnishaltung, wie sie gleichsam als Synthese aus den Positionen Williams von Baskerville und Adsons erwächst.

Benutzte und zur Lektüre empfohlene Literatur

Carl Albrecht, Psychologie des mystischen Bewußtseins. Mainz 1976.

Wolfgang Böhme (Hg.), Mystik ohne Gott? Tendenzen des 20. Jahrhunderts. Karlsruhe 1982.

Peter Dinzelbacher und Dieter R. Bauer (Hg.), Frauenmystik im Mittelalter. Ostfildern 1985.

Herbert Grundmann, Religiöse Bewegungen im Mittelalter (...). 3., unveränderte Auflage, mit Anhang: Neue Beiträge zur Geschichte der religiösen Bewegungen im Mittelalter. Darmstadt 1970.

Peter Heigl, Mystik und Drogenmystik. Ein kritischer Vergleich. Düsseldorf 1980.

William James, Die Vielfalt religiöser Erfahrung. Eine Studie über die menschliche Natur. Olten, Freiburg i. Br. 1979.

Walter Nigg, Das Buch der Ketzer. Zürich 1949.

Josef Quint, Artikel ›Mystik‹. In: Reallexikon der deutschen Literaturgeschichte. 2. Aufl., Bd. 2, Berlin 1965.

Kurt Ruh, Meister Eckhart. Theologe, Prediger, Mystiker. München 1985.

Gerda Walther, Phänomenologie der Mystik. 3., ergänzte Aufl., Olten, Freiburg i. Br. 1976.

Friedrich-Wilhelm Wentzlaff-Eggebert, Deutsche Mystik zwischen Mittelalter und Neuzeit. Einheit und Wandlung ihrer Erscheinungsformen. 3., erweiterte Aufl., Berlin 1969.

Ludwig Wittgenstein, Tagebücher 1914–1916. In: Schriften 1. Frankfurt a. M. 1960.

Robert Charles Zaehner, Mystik religiös und profan. Stuttgart 1960.

Alfred Heit
Die ungestillte Sehnsucht – Geschichte als Roman

> Der Vergleich zwischen Roman und Geschichte ist sinnvoll, für mich wenigstens; für Herrn Wehler wohl nicht.
>
> Golo Mann

Der vorstehende Ausriß zitiert zwei Kontrahenten auf den Plan, die auf glänzender Rüstung die Embleme »Theorie« und »Erzählung« ins geschichtswissenschaftliche Turnier trugen. Golo Mann – Hans-Ulrich Wehler: eine Kontroverse, die am wiederholten Austausch hochkarätiger Beweisgründe ermattete. Eine unzünftige Verschärfung könnte ihr guttun. Sehen wir zu.

Theorie ist, polemisch-poetisch gesprochen, die rationale Krücke, mit deren Hilfe der Mensch Abgründe überspringt, nachdem er sich seiner Sinnlichkeit entledigt, d.h. dem, was ich die »demokritische Blendung« nennen möchte, unterzogen hat. Blaise Pascal hätte vermutlich eine Wette darauf gehalten, daß auch der größte Philosoph dem Sinnendruck nicht standhielte, säße er auf einem noch so sicheren Brett über einem gähnenden Abgrund. Es ist unübersehbar, daß Theoriebeflissenheit und Entsinnlichungsdrang Zwangsgefährten sind. Das Christentum hat auf dem in der Antike gelegten Fundament ein solides und weitläufiges Gebäude aufgeführt; eine generalisierte Sinnenamputation gehört auch zu den »gnadenlosen Folgen des Christentums« (Carl Amery). Die Kirche hat – nicht nur mit sexuellem Akzent – in der Sinnlichkeit das Sündenpotential bekämpft, die Wissenschaft das Irrtumspotential, die Horizontverengung, das Erklärungsdefizit. Zudem sind die enragierten Theoriefreunde, denen eine falsche Theorie lieber ist als keine, innegeworden, daß sie nichts mehr zu fürchten haben als geschärfte Sinne und die durch sie aufgerührten Emotionen.

Kommen wir zur Geschichte. Johann Peter Hebel, aufgeklärter Biedermann, genialer Literat, unbequemer Christ und Humanist, hat es den Historikern überzwerch zwischen ihre gelehrten Zeilen geworfen: »So etwas ist nun geschwind gesagt: ›Moskau ist verbrannt.‹ Aber der geneigte Leser wird fast die Hände über dem Kopf zusammenschlagen, wenn er sich von dieser Stadt einen Begriff[!] machen läßt ... Wer den Schrecken und Jammer bedenkt, wenn ein einziges Haus in Flammen steht, die fürchterliche Helle der Nacht und die Röte am Himmel von ferne, der mag sich vorstellen, wie es aussieht, wenn in einem Umkreis von zwölf Stunden zwanzigtausend Häuser teils in Flammen, teils in Gefahr stehen und soviel Kirchen und Schlösser auf einmal brennen, und vierhunderttausend Menschen, Männer, Weiber, Kinder, Greise, Gebrechliche, Kranke, Fürsten, Bettler, fliehen oder verbrennen müssen, und niemand retten, niemand mehr löschen kann ...«

Wieviel Grauen würde aus unseren Geschichtskompendien aufstehen, wollte man sie versinnlichen! Nicht Veranschaulichung, Versinnlichung ist das Wort. Nebenbei bemerkt: auch in sozialdidaktischer Absicht. Der Gegentitel zu diesem Essay könnte lauten: ›Das verdrängte Grauen – Geschichte als Wissenschaft‹. Das ist einseitig und zugespitzt – mit Fleiß, denn es geht nicht um die idyllische Geschichte, sondern um die blutige, schuldhafte, allen Thesen, die Geschichte kenne keine Gewissenskategorien, zum Trotz. Für die blutige und schuldhafte Geschichte hat Rationalisierung und Einbindung in ein Theoriekonstrukt zumindest den Nebeneffekt eines Entsorgungsunternehmens. Aber kann, darf die »Endlagerung« in dem Sinne, daß man allenfalls kühle Gedanken, jedoch keine sinnenevozierten Emotionen mehr an solche Geschichte zu wenden habe, gelingen?

Die historischen Tragödien veranschaulichen zu wollen, wäre blank zynisch. Versinnlichung dagegen ist der Versuch der Mobilisierung des ganzen Erlebensspektrums des Menschen, auch in der Erinnerung, damit geschichtliche Rechenschaft nicht ein eitles Spiel mit Begriffshülsen wird. Mit welchen sinnlichen und emotionalen Erfahrungsräumen künftig zu rechnen ist, steht freilich dahin. Fundamentale Umwälzungsprozesse im Bereich der Sinne wie auch der sinnlichen Wahrnehmungsgegenstände sind im Gange. Der Ausgrenzung bestimmter Erfahrungsbereiche entspricht die Ausblendung, ja Diffamierung sinnlicher Wahrnehmungsfähigkeiten und gefühlsmäßiger Äußerungsformen. In keiner Wissenschaft sind die menschlichen Sinne anders denn als vorläufige Erkenntnismittel zugelassen, in der Atomtechnik läßt sich ihr völliges Versagen trefflich exemplifizieren und – politisch ausbeuten; Emotionalität ist Sünde im sozialen Rollenspiel. Die Medien schaffen eine Art Sekundärrealität, aber nicht nur sie. Der zivilisatorische Fortschritt läuft darauf hinaus, die »Realität« nur noch über selektive, »angenehme«

Sinneseindrücke wahrzunehmen, die »unangenehmen« werden herausgefiltert. Die Primärrealität, zerstört, vergiftet, rückt immer ferner. Ihr droht Gefahr, als »feindlich« gänzlich gemieden zu werden. Die offiziell verbannte Emotion bzw. Emotionalität wirkt um so nachhaltiger im Untergrund, etwa in der Wissenschaft, nur so beispielsweise. Ruhmsucht, Herrschsucht, Scheelsucht, nicht minder Habsucht halten die Wissenschaft wirkungsvoller in Gang als wissenschaftliches Ethos. Was ist schneidender als intellektuell geschärfte Bosheit?

Doch halten wir ein. Zu aggressiv ist dieser Einstieg, zu harsch für den Schmelz der Überschrift! Überdies, auch die nur leicht Erblindeten wird es keine Überwindung kosten, solche eruptiven Anwürfe als substanzlos abzutun.

Wie weit sind Gedankenfährten dieser Art von Ecos Rosenroman entfernt? Wer solche Frage in der hinterhältigen Gewißheit stellt, sie entlarve textferne agitatorische Sturmläufe, versetzt sich unbedacht ins Absichtszentrum des Romans. Im Klappentext des Romans heißt es: »Wovon man nicht theoretisch sprechen kann, muß man erzählen.« Das gibt sich oberflächlich und blasiert. Die innewohnende Absicht entpuppt sich im Erzählvorgang. In Wahrheit ist Ecos Roman in umfassender Bedeutung Zeuge und Zeugnis einer wohlreflektierten und umgreifend konzipierten »neuen Sinnlichkeit«.

Was ist das? Statt einer Definition kann man darauf verweisen, daß in diesem Begriff auch das von Eco in der ›Nachschrift‹ auseinandergesetzte »Prinzip des stellvertretend artikulierten Ausdrucks«, wie ich es einmal nennen will, zur Geltung kommt (N 27, 78ff.). Es ist die Aktualisierung einer als obsolet verlassenen Ausdruckshaltung durch ein Medium, in dem sich der Ausdruckswillige vertreten läßt. Oder mit anderer Akzentsetzung formuliert: Es geht um Wiederbelebung in einer dem modernen Lebensgefühl und auch moderner Realbefindlichkeit angemessenen Kompliziertheit.

Ein unleugbar wirkungsmächtiges Movens hat Ecos Geschichtsroman zu einem Bestseller werden lassen. Vor asymptotisch sich aufschwingenden Verkaufskurven prägt sich literarisch-psychologische Relevanz unauslöschlich ein, weckt Fragen nach den Beweggründen, sucht Antworten.

Ein im folgenden versuchsweise als Antwort ausgemalter Beweggrund: »die ungestillte Sehnsucht«, Chiffre für das von Adepten wie Laien am wissenschaftlichen Geschichtskonstrukt empfundene Ungenügen, das unerfüllte Sinnverlangen, die

Fragesucht nach Ursprung und Ziel, der lustvolle Drang nach seelischen Irrfahrten in die nächtigen Bezirke des menschlichen Lebens-, Gedanken- und Gefühlskosmos, das Begehren nach Auffüllung der ausgefegten Bereiche des Rätsel- und Geheimnisvollen, aber auch das unbefriedigte Bedürfnis nach greifbarer Aktion und erregender Farbigkeit der Darbietung. Solche Sehnsucht sucht den historischen Roman als Geschichte, die sich der Zunftaufsicht entschlägt, den kontrollierten und durchsichtigen Produktionsprozeß verläßt und zur Offenbarung »tieferer Wahrheit« sich poetischer Phantasie und Emotionalität anheimgibt. Sie erkennt ihn als Fluchtbewegung aus Kleingeisterei und Kleinmeisterei und deren Tendenz, der Geschichte monopolistisch ihre engen Horizonte aufzunötigen. Kurzum: es ist Hunger nach Sinnlichkeit, Sinn(en)haftigkeit, Sinn.

Ecos Roman, ein spätes, vermutlich jedoch nur vorläufig letztes Erfolgsprodukt der Gattung, ist der Nachfahre vorgängiger historischer Romane, auch Erfolgsromane. Sie alle bilden zur Geschichtswissenschaft, ja zur Wissenschaft überhaupt, einen oppositionellen Kontext, der eben jener »ungestillten Sehnsucht« entspringt. Unter diesem Blickwinkel interessiert historische Romanproduktion hier. Statt einen systematischen Vergleich zu leisten oder auch nur anzustreben, werden an gegebener Stelle sprunghaft Ausschnitte aus dem älteren historischen Roman eingebracht, die Vergleichs- und Erhellungsmomente zur Analyse von Ecos Roman abgeben können. Der Essayist ist optimistisch, daß die Betrachtung grundsätzlicher Spannungsverhältnisse dieser Art auch ohne zeitlich-räumliche Differenzierung erhellend wirken kann.

Wodurch nun wird die Botschaft einer »neuen Sinnlichkeit« im Roman manifest?

Skizzieren wir die Fabel – so wie es einem Historiker anstünde – mit nüchtern-rationalem Strich: Adson, Sproß eines Vasallen des deutschen Königs Ludwig IV., wird als Benediktinernovize aus dem Stift Melk an der Donau von seinem Vater auf Ludwigs Italienzug mitgenommen – kurzzeitig ist er so Weltenbummler in Toskana. Auf Empfehlung des Marsilius von Padua wird er »Schüler und Adlatus« des gelehrten Franziskanermönchs William von Baskerville, der in geheimer königlicher Mission in Italien unterwegs ist. Beide reisen gegen Ende November des Jahres 1327 aus der Nähe von Pisa in die westlichen Berge zu einem Benediktinerkloster, dessen diplomatisch-wendiger, prokaiserlich eingestellter Abt einem Treffen päpstlicher und franziskanisch-kaiserlicher Legaten, das William vorbereiten und zu einem guten Ende bringen soll, in seiner Abtei den örtlichen Rahmen bietet. William und Adson verbringen eine Woche und zwei Tage in diesem Kloster. Schon am ersten Tag wird William, der als erfolgreicher Inquisitor bekannt ist und dessen Ruf hervorragender Klugheit sich bei der Ankunft glänzend bestätigt, vom Abt mit der Aufklärung des mysteriösen Todes eines Mönches betraut. Eine Reihe weiterer Todesfälle tritt ein, ohne daß es William gelänge, Licht in diese Vorgänge zu bringen. Am Ende durchschaut er die kriminellen Zusammenhänge und ermittelt in der Person des erblindeten, fanatisch-schrulligen Mönches Jorge von Burgos einen Gesinnungstäter. Dieser hat in dem als verschollen geltenden zweiten Buch der Poetik des Aristoteles ein tödlich wirkendes Berührungsgift appliziert, weil er vom Geist dieses Buches schädliche Wirkungen für den christlichen Glauben und die christliche Weltordnung befürchtet. Im zunächst rhetorischen, dann handgreiflichen Streit Jorge – William entsteht durch eine Verkettung unglücklicher Umstände in der Bibliothek – der größten der Christenheit – ein Brand, dem schließlich die ganze Abtei zum Opfer fällt. William und Adson verlassen die Stätte der Trümmer und des Todes und reisen nach Deutschland zurück, wo sie sich in München trennen. Adson schreibt gegen Ende seines Lebens über alles, was ihm damals begegnete, einen chronikalischen Bericht, den er mit erbaulich-frommen wie auch weltkritischen Betrachtungen einleitet und dessen Schluß offensichtlich durch Alterstrübsinn verdunkelt ist.

Vielleicht bedarf es eines so bornierten, wenn auch keineswegs satirisch übersteigerten Resümees, damit der Roman in seiner Eigenart hervortritt. Freilich sollte man dieser in der Tat dürftig gezeichneten Fabel noch Hinweise auf die ergiebigen Dialoge, die zeitspezifischen Personen-, Orts- und Sachschilderungen, die historisch-übergreifenden und geschichtsphilosophischen Einblendungen anfügen. Aber noch immer fehlte Wesentliches, ja *das* Wesentliche im Sinne unserer These. Es durchdringt den Roman teils unauffällig-berückend, teils plakativhinreißend. Wir wollen versuchen, dem Leser in lockerer Reihung Romanelemente vor Augen zu stellen, an denen es sich bewußt machen läßt. Ich nenne die Stationen: Titel – Hinweg zum Text vulgo »Einführung«/»Einleitung« (»Natürlich, eine alte Handschrift«) – Plan und Bau/Gestaltung des Romans –

das ungleiche Paar Adson-William – die »Atmosphäre«: die Aura der Personen und Dinge, das Wetter.

Ein Einschub zuvor: Unter den Versteckspielen der Autoren, insbesondere historischer Romane, haben das Pseudonym und die Anonymität eine respektable Tradition. Ecos ausgeprägtes Versteckssyndrom – »Ich schämte mich zu erzählen« etc. (N 27f.) – ließ ihn zwar ein anderes Remedium wählen, die Fiktion der Handschrift eines mittelalterlichen Chronisten, doch hat die Leistungsfähigkeit des erstgenannten Mittels kein Geringerer als Walter Scott erprobt. Der damalige Jungmeister des historischen Romans hat seinem ›Waverley‹, den Goethe höchlich zu rühmen fand, mit Ausdauer die Vaterschaft versagt. Noch im Vorwort zur dritten englischen Ausgabe scherzt er über die Hälfte des Textes angelegentlich mit seinem Publikum zu diesem Punkt. Mit artiger Ironie, der sich das verschnörkelte Selbstgefühl des Erfolgsautors beimischt, stattet er Dank ab und liefert der rätselratenden Leserschaft neue Anstöße, aber keine Lösung. Unterstellt, Geheimhaltung sei heute noch möglich, so ließ sich Eco einiges entgehen! Nun Scott bei seiner vergnüglichen »Mummerei der Anonymität«:

»Bei weitem mehr, als der Verfasser erwarten durfte, würdigte das Publikum diesen Versuch einer Charakteristik altschottischer Sitten seiner Aufmerksamkeit. Es konnte ihm nicht entgehen, daß man sein Werk mehr als einem achtungswerthen Namen zuschrieb; er fand darin eine erfreuliche, wohlthuende Belohnung. Gern würde er zwar diese Personen vom Verdachte der Autorschaft befreien, wenn ihn nicht wichtige Gründe abhielten, die in seinen Verhältnissen liegen. Er muß daher, wenigstens für jetzt, sein Publikum noch rathen lassen, ob Waverley das Produkt eines Dichters oder Kritikers, Juristen oder Theologen, oder ob der Verfasser nach Malaprop's Worten ›wie Cerberus dreiköpfig‹ ist. Er überläßt es dem unbefangenen Urtheile des Publikums, unter den vielen Umständen und Verhältnissen des Lebens sich diesen oder jenen Beweggrund zu denken, der ihn zur Verschweigung seines Namens veranlaßt haben mag ... Vielleicht ist der Verfasser eine noch zu neue Erscheinung, um sich sogleich der Öffentlichkeit preiszugeben, an die er nicht gewöhnt ist; vielleicht auch ein Schriftsteller, dessen Popularität durch zu häufiges Auftreten, dessen er sich schämt, abgenutzt ist ... Vielleicht ist er ein Mann von ernster Beschäftigung, für den es nachtheilig sein könnte, als Romanschreiber vor dem Publikum zu erscheinen; oder ein Weltmann, der den

Schriftstellernamen vermeiden will. Vielleicht ist er zu jung, um sich gern für einen Schriftsteller halten zu lassen, oder in einem Alter, wo man es rathsamer findet, davon abzustehen.« Apropos: Der »dreiköpfige Cerberus« wirkt wie eine Keimzelle des vollentwickelten Ecoschen Verfasser-Bearbeiter-Übersetzer-Teams, das – im Verein mit weiteren Sicherheitsvorkehrungen – den unidentifizierbaren Text gewährleisten soll.

Verbleiben wir zur ersten Station noch bei Walter Scott. Anders als Eco, der sich zum Titel seines Romans erst im nachhinein äußert, steht bei Scott die Titelfrage voran: »Der Titel dieses Werks ist nicht ohne ernste und reifliche Überlegung gewählt worden, wie man es bei jeder wichtigen Sache vom klugen und weisen Manne erwarten kann. Schon seine erste und allgemeine Benennung war das Ergebniß tiefen Nachdenkens; obgleich ich nach dem Beispiel meiner Vorgänger nur unter den volltönendsten, wohlklingendsten Namen, welche die englische Geschichte oder Topographie darbietet, den Titel meines Buchs und den Namen meines Helden zu wählen gehabt hätte ... Wie junge Ritter, die zum erstenmal in den Schranken erscheinen, einfache Schilde ohne Wahlspruch führten, habe auch ich für meinen Helden den unbescholtenen Namen Waverley gewählt, der auf den Leser weder guten noch schlimmen Eindruck machen kann, insofern nicht die Erzählung selbst solchen in der Folge in ihm hervorbringt« (Erstes Kapitel, Einleitung). Die ironische Tonlage, auf die schon das Vorwort gestimmt war und die sich hier fortsetzt, steigert sich zu handfestem Spott bei den Überlegungen Scotts zum »Supplementtitel«, in denen er die eingefahrenen Sottisen der Gattung wie auch die seichte Erwartungshaltung des Publikums gleichermaßen verulkt (ebenda): »Hätt' ich z.B. auf dem Titelblatt, Waverley, eine Geschichte der Vorzeit, gesetzt, würde da nicht jeder Romanleser sogleich an ein zweites Schloß Udolpho's gedacht haben, dessen östlicher Flügel lange nicht bewohnt, und dessen Schlüssel entweder verloren oder einem betagten Keller- oder Hausmeister anvertraut waren, der mit schwankenden Schritten in der Mitte des zweiten Bandes den Helden oder die Heldin in die verfallenen Schloßmauern einführen müßte? ... Oder hätte ich meinem Buche den Titel: Waverley, ein Roman aus dem Deutschen, gegeben, wer würde da nicht einen ruchlosen Abt, einen tyrannischen Herzog, eine geheime und mysteriöse Verbindung von Rosenkreuzern und Illuminaten, mit allem Zugehör von schwarzen Kutten, Höhlen, Dolchen, Electrisirmaschinen, Fallthüren und

Blendlaternen erwartet haben? Oder hätte ich meinen Roman eine sentimentale Erzählung genannt, hätte man da nicht mit allem Recht auf eine Heldin mit einer Fülle von nußbraunem Haar gerechnet, eine Harfe, süße Trösterin ihrer einsamen Stunden, im Arm ...?«

Ecos Einlassung auf den Titel seines Romans in der ›Nachschrift‹ ist kurz. Nach Verkündung der apodiktischen Sentenz, ein Roman sei eine Maschine zur Erzeugung von Interpretationen, ein informativer Titel dabei aber »eins der Haupthindernisse«, kann das Ziel nicht zweifelhaft sein: Es gilt einen – im Sinne obsolet gewordener Titelgestaltung – »Nichttitel« zu finden, der das Perpetuum mobile stets erneuerter Sinnbemühung nicht anhält. Während Scotts Sorge darauf gerichtet ist, sich nicht »mit vorgefaßten Ideenverbindungen in eine unnöthige Opposition zu setzen«, also defensiv ist, gipfeln Ecos Grundsätze in einem aggressiven Paradoxon: »Ein Titel soll die Ideen verwirren, nicht ordnen.« (N 11) Ecos vehemente Absperrung rationaler Zugänge leitet den Leser nun aber geradenwegs in sinnlich-emotionale Bereiche. Zunächst über die Stufe der Frustration des rationalen Scheiterns. Sodann aber wird er gewahr: dieser Titel verströmt nostalgisches Parfum. Seine verschwommenen Konturen sind unserem Erleben angemessener als die harten Linien rationaler Bestimmung. Seine komplexe Konstruktion spiegelt ein »gebrochenes Verhältnis« zur Sinnlichkeit. Hieße der Titel ›Die Rose‹, wäre er banal und schal. Als ›Der Name der Rose‹ enthält er etwas von der Vergeblichkeit der Bemühung um Wesensbestimmung, von dem schmerzlichen Entgleiten sinnlichen Besitzes. Wer sich so der Titelmeditation überließ, ist vorbereitet zum Eintritt ins Reich der Sinne – unter Einschluß des siebten.

Der Hinweg zu einem vorgeblich historischen Text kostet den Autor, der Herausgeber spielt, immer die Anstrengung, den Leser an die Hand zu nehmen und ihm unterwegs bis zum Eintreffen am Textort weiszumachen, es handele sich mitnichten um (s)eine Erfindung, sondern eben um eine »alte Handschrift«. Und nun muß er sich einiges einfallen lassen, um die vorgelegte Textgestalt in ihren Besonderheiten, die dem Leser verdächtig werden können, zu rechtfertigen und an ein Original anzubinden. Neben dieser herausgeberischen Fiktion, die sich in der Regel auf die Begründung stützt, der Text sei durch ihn, den Herausgeber, oder aber gemäß den ihm zugänglich gewordenen Informationen im Laufe der Überlieferung bearbeitet und verändert worden, muß der Leser für den historischen Gegenstand erwärmt, und es muß ihm »Atmosphäre«, der »Hauch der Geschichte«, vermittelt werden.

Theodor Storm hat es sich in seiner Novelle ›Aquis submersus‹ mit seiner historischen Quellengrundlage noch einigermaßen leichtgemacht. Da genügte ihm als Beglaubigung für den Leser, daß es sich um »einige stark vergilbte Papierblätter mit sehr alten Schriftzügen« handele. Ohne Umschweife werden die autobiographischen Aufzeichnungen seines Malers – »kaum dürfte er in einem Künstlerlexikon zu finden sein« – in altertümelnder Hochsprache präsentiert: »So war ich denn wieder daheim in unserm Holstenlande; am Sonntage Cantate war es Anno 1661! ...« Vielschichtiger fügen sich die von Storm ausgebreiteten Quellenelemente in der Novelle ›Zur Chronik von Grieshuus‹ zusammen: bauliche Überreste, Sage, »Schrift- und Druckwerk«, mündliche Überlieferung.

Werfen wir noch einen Blick auf Storms Technik, den Leser zu erwärmen und in Historie einzustimmen. Die Eingangsschilderung heimatlicher Landschaft in ›Aquis submersus‹ gibt sich abschließend als Jugenderinnerung zu erkennen: » ... dort liegt eine von den Stätten meiner Jugend. Der Pastorssohn aus jenem Orte besuchte mit mir die ›Gelehrtenschule‹ meiner Vaterstadt und unzählige Male sind wir am Sonnabendnachmittage zusammen dahinausgewandert ... « Nach liebevollen Detailschilderungen steuert Storm alsbald das geschichtliche Geheimnis an, das ihn in der alten Dorfkirche in Bann schlug: »das unschuldige Bildnis eines toten Kindes, eines schönen, etwa fünfjährigen Knaben, der, auf einem mit Spitzen besetzten Kissen ruhend, eine weiße Wasserlilie in seiner kleinen bleichen Hand hielt«. Daneben hing ein weiteres Gemälde, auf dem ein »finsterer, schwarzbärtiger Mann in Priesterkragen und Sammar« abgebildet war. »Mein Freund sagte mir, es sei der Vater jenes schönen Knaben ...« Storm, der mit starkem Ausdruck seine Neugier und Ergriffenheit gesteht, steckt den Leser unversehens an. Und als er durch bezeichnenden Zufall an die Aufzeichnungen des Malers gerät, reißt er ihn mit dem Bekenntnis: »Ich aber las und hatte im Lesen bald alles um mich her vergessen« vollends mit in den unmittelbar folgenden »historischen« Text. Auch die Novelle ›Zur Chronik von Grieshuus‹ lenkt eingangs auf eine Jugenderinnerung: »Ich saß schon eine Zeitlang auf den Bänken unserer Prima, als ein stürmischer Oktobernachmittag mit seiner nordischen Sagenstimmung mich herausgelockt hatte ...«

Das Stichwort ist gefallen: »nordische Sagenstimmung«. Ihm gesellen sich immer mehr Elemente zu, die den Eindruck verdichten, die Geschichte selber stehe auf. Fast glaubt man, den Ruf des Basler Rechtsgeschichtsprofessors Johann Jakob Bachofen zu vernehmen: »Unser Wissen ist nichts, wir horchen allein dem Gerüchte!« Aber Storm schrieb auch unter den kritischen Augen von Rankes »Urkundionen« (Jacob Burckhardt), die eben erst die Geschichte auf ein wissenschaftliches Fundament gestellt hatten. Und so wälzt er denn geschickt den Verdacht, ein Spökenkieker zu sein, von sich ab, indem er Bild und Trugbild, Phantasie und Realität, Aberglauben und historisches Indiz, Sage und Verbürgtes, Traum und Wachen gegeneinander ausbalanciert, wenn er dabei auch öfter die Fäden unentwirrbar ineinanderschlingt.

Umberto Ecos Landsmann Alessandro Manzoni hat mit dem historischen Roman ›Die Verlobten‹ (›I promessi sposi. Storia Milanese del secolo XVII‹) für Italien das Erfolgswerk seines Jahrhunderts geschrieben. Im Sommer des Jahres 1827 erschienen, war die gesamte Auflage bereits Mitte August vergriffen. In den vier Monaten nach seinem Erscheinen schlossen sich über zehn Raubdrucke an. Auch auf diesen nationalen Identifikationsroman hatte der hochbetagte Goethe noch ein waches Augenmerk. Der Kongenialität des Jüngeren entbot er den begeisterten Willkomm. Am dritten Band mißfiel ihm freilich, daß Manzoni »mit einemmal den Rock des Poeten auszieht und eine ganze Weile als nackter Historiker dasteht« – so Goethe am 23. Juli 1827 zu Eckermann. Es wäre nicht nur reizvoll, sondern auch ertragreich, dem Verhältnis Eco – Manzoni nachzuspüren (vgl. N 11, 57f., 87f.). Uns soll indessen hier nur die »Einführung« beschäftigen.

Sie ist merkwürdig genug und hat für Eco offenbar Folgen gehabt. Manzoni stellt an den Anfang einen als Zitat gekennzeichneten Text, den er als den Beginn »jener verblichenen, zerschrammten Handschrift« ausgibt, über deren Herkunft er sich ausschweigt. »Mit Recht kann die Geschichte ein rühmlicher Krieg gegen die Zeit geheißen werden, denn sie entwindet ihren Händen die Jahre, ihre Gefangenen, die schon zu Leichen geworden, ruft sie ins Leben zurück ...« – so eröffnet der gedachte Berichterstatter des 17. Jahrhunderts seine Einleitung. Von den Historiographen der Haupt- und Staatsaktionen, die »lediglich die Taten der Fürsten, Machthaber und Personen von Rang einbalsamieren«, setzt er sich ironisch-selbstbewußt mit dem unvermeidlichen Topos der affektierten Bescheidenheit ab: »Meiner Unzulänglichkeit steht es nicht an, sich zu einem solchen Stoff und so gefährlicher Erhabenheit aufzuschwingen und in den Labyrinthen politischer Machenschaften und unter dem Schall der Kriegstrompeten umherzuschweifen. Da mir indes wahrhaft erinnernswerte Begebenheiten, wenngleich nur einfache, unbedeutende Leute betreffend, zur Kenntnis kamen, schicke ich mich an, sie der Nachwelt zu übermitteln und in lauterer, unverfälschter Weise als Erzählung oder Bericht wiederzugeben. Darin werden auf begrenzter Bühne grausige Schreckensszenen und solche von grandioser Ruchlosigkeit zu sehen sein neben Intermezzi rühmlicher Heldentaten und engelhafter Güte im Gegensatz zu teuflischen Aktionen.« In geschraubten Wendungen wird das »durch die Künste und Listen des Teufels« installierte »Inferno ruchloser Greueltaten, Bosheiten und Grausamkeiten« aus der Zeit der spanischen Herrschaft in Italien angesprochen.

Nur vage wird abschließend eine bei Ecos Adson wiederkehrende Verfahrensweise begründet: »Indem ich nun die Begebenheiten aus dem Frühling meines Lebens niederschreibe, werde ich, wiewohl die meisten der hier handelnden Personen inzwischen von der Szene des Welttheaters abgetreten sind und den Parzen ihren Tribut zahlen, doch aus schuldigem Respekt ihre Namen, d.h. die Namen ihrer Familien, verschweigen und ebenso die der Ortschaften und nur generaliter die Gegend aufzeigen.«

Über der Abschrift gerät Manzoni nach eigener Bekundung in »zwiespältige Erwägungen«. Soll er sie wirklich fortsetzen und »herausgeben«? Nach seinem überschwenglichen Lob auf deren Einleitung häuft er nun auf die Fortsetzung, was Sprache und Stil angeht, Vorwurf über Vorwurf. »In der Tat nichts, was man den heutigen Lesern vorsetzen könnte ...« Die Schlußfolgerung, »die alte Schwarte zuzuklappen und beiseitezustellen«, mochte er nun aber auch nicht ziehen. Es tat ihm »leid, daß eine so schöne Geschichte immerdar unbekannt bleiben sollte ...« Und so entschließt er sich, »den Ablauf der Geschehnisse der Handschrift (zu) entnehmen und nur die Schreibweise (zu) erneuern«, wozu er noch zusätzliche eigene Nachforschungen betreibt.

Zum Schluß der »Einführung« wendet sich Manzoni einer delikaten Frage zu, von der wir annehmen, daß sie für Eco eine besondere Herausforderung darstellte. Ihre Erörterung folgt daher mit Ausnahme des Schlußsatzes in vollem Wortlaut:

»Da wir nun die Ausdrucksweise unsres Autors als unerträglich verwarfen, was für einen Stil haben wir an ihre Stelle gesetzt? Das ist die Frage. Jeder, der sich ungebeten damit befaßt, das Werk eines andern umzuarbeiten, setzt sich der Gefahr aus, darüber ausführlich Rechenschaft ablegen zu müssen, ja er übernimmt dazu gewissermaßen die Verpflichtung. Das ist Brauch nach Fug und Recht, und wir wünschen nicht, uns ihm zu widersetzen. Im Gegenteil, wir haben, um ihm weitgehend gerecht zu werden, beschlossen, die von uns angewandte Schreibweise peinlichst zu verantworten. Zu diesem Zweck haben wir uns während der ganzen Dauer der Arbeit alle möglichen und unmöglichen Kritiken vorzustellen versucht, mit der Absicht, ihnen von vornherein zu begegnen. Und hierin würde keine Schwierigkeit gelegen haben, denn – wahrheitsgemäß müssen wir es gestehen – nicht ein einziges Urteil fiel uns ein, das mit einer triumphalen Antwort zu widerlegen wir nicht imstande gewesen wären, mit einer Antwort, die, ich will nicht sagen, die Frage gelöst, wohl aber sie abgeändert hätte. Oft spielten wir auch zwei Kritiken gegeneinander aus und ließen die eine von der andern niederschlagen, oder es gelang uns, nach gründlicher Prüfung und sorgfältigem Vergleich zu entdecken, daß die anscheinend so gegensätzlichen doch von gleicher Art waren, beide aus Nichtbeachtung der Tatsachen und Geschehnisse geboren, auf die jedes Urteil begründet sein muß. Indem wir solche zu ihrer nicht geringen Überraschung zusammenlegten, schickten wir sie miteinander ihrer Wege. Es wird kaum je einen Autor gegeben haben, der so klar und deutlich bewiesen hätte, daß er wohlgetan. Doch ach, als wir dabei waren, die besagten Einwendungen und Entgegnungen sorgfältig zusammenzusuchen, um sie ein wenig zu ordnen, gerechter Himmel, da hätten sie für ein ganzes Buch ausgereicht! In Anbetracht dessen standen wir ab von unserm Vorhaben ...«

Und nun zu Ecos Einleitung »Natürlich, eine alte Handschrift«. Wie nebenbei spricht ihr Titel die große Tradition historischer Fiktionen an, die sich alle auf eine »alte Handschrift« zurückführen. Wir haben nur einen Zipfel davon ergriffen und vorgeführt, hochberühmte Beispiele beiseite gelassen: Cervantes' ›Don Quixote‹, Ariosts ›Orlando furioso‹, auch Scott wäre zu nennen gewesen (vgl. auch N 28). Eco hat seine Einleitung unter Überbietung aller Traditionsstränge auf einen nur noch schwer zu steigernden Gipfel geführt. Auch auf dem Feld der sinnlichen Affizierung verfährt er mit Raffinement und nährt eine gespannte Erwartung auf Adsons Bericht.

Mit psychologischer Finesse zieht Eco, der Verführer, auch den reservierten Leser in seine Geschichte. Dem von den Blütenblättern des Titels Angelockten offeriert er ersten Nektar: die Aussicht auf Teilhabe an einem »kostbaren (bibliophilen) Fund« – einem hinreichend beglaubigten, versteht sich. Dann schlendert er mit ihm die Zeitgeschichte entlang: »Prag«, »sowjetische Truppen«, »gebeutelte Stadt«, Flucht. Ach ja, kein Antiquar, ein wacher, gar »echt betroffener« Zeitgenosse. Gedämpfter Ton und abgeblaßte Farben: der eigentliche Schrekken, der stärkeren Akzent erheischt, kommt noch. Ein coup d'oeil ins Private: eine »teuere Person« wird erwartet, in Wien trifft er die »langersehnte«. Nun unvermittelt der Schrecken, vor dem Prag verschwindet, eingebettet in das Bekenntnis: »In einem Zustand großer Erregung las ich, fasziniert, die schreckliche Geschichte des Adson von Melk ...« Im Leser kribbelt die Neugier. »Tragische Nacht« am Mondsee, »brüskes« Ende der Beziehung, die geheimnisvoll gesichtslose »Person« entschwindet im Nebel. Eco bleibt zurück, mit »leerem Herzen«, doch gottlob mit übersetzungsgefüllten Quartheften. Welch eine Geschichte, vor der dramatisches Zeitgeschehen und Liebesleidenschaft gleichermaßen untergehen!

Diesem Manuskript muß man nachgehen. Nachforschungen in Paris, gelehrter Schnickschnack – Hallo, ihr Schöpse, die ihr es immer zuletzt merkt, wenn man euch hochnimmt! –, echt fiktive Konsultation echter und fiktiver Experten. Nun ist der Leser hinreichend neugierbesessen, man kann ihn gefahrlos verunsichern: Eco schmuggelt das fragezeichengarnierte Wort »Fälschung« nebst Zweifeln an seinen Übersetzungsaufzeichnungen dazwischen. Fürsorglich wird der Leser noch mit der Sentenz über »magische Augenblicke« ausgestattet, der die durch »Abbé de Bucquoy« verbürgte Erkenntnis beigepackt wird, es gebe »Visionen von Büchern, die noch gar nicht geschrieben sind«. Aha, das Geständnis der Flunkerei! Mitnichten: Die zerfließende Diktion gewinnt an präzisen Zeit- und Ortsangaben neuen Halt: 1970, Buenos Aires, erneute Ermittlungen. Durch topographische und erlesene bibliophile Details hindurch taumelt der Leser schließlich dem ehrenfesten Jesuitenpater Athanasius Kircher in die Arme, den er im Konversationslexikon nachschlagen kann und der – wie Eco aus schlicht verheimlichter, aber gelehrter Quelle gegen sich beibringt – von dem Melker Adson nichts weiß. Nein, dieser skrupulöse, der Wahrheitsfindung so opfervoll zugetane Eco! Verständlich, daß er bei so verzweifelt verworrener Ermittlungslage nun (einen) Schluß macht – nicht einfach so, sondern einen logischen, anspruchsvollen: nämlich »daß die Erinnerungen des Mönches Adson offenbar teilhaben an der Natur der Ereignisse, über die er berichtet: wie jene sind sie umgeben von vielen dunklen Geheimnissen, angefangen bei der Person des Autors bis hin zu jener so detailliert beschriebenen Abtei ...«

Dem Topos der affektierten Bescheidenheit: »Spärlich sind also, bei Licht besehen, die Gründe, die mich zu bewegen vermochten, meine Aufzeichnungen zu veröffentlichen« korrespondiert im Gegentakt die emsige Erörterung der Detailfragen einer Veröffentlichung, insbesondere von Sprache und Stil – wir fühlen uns an Manzoni erinnert –, die freilich wieder in den schweren Seufzer mündet: »So bin ich, alles in allem, zutiefst von Zweifeln erfaßt.« Wie herrlich zerrissen er ist! Nur Mut, Eco, laß sie uns hören, die »unerhörte Geschichte« des Adson von Melk!

Eco tut zur Vervollständigung des Verwirrspiels noch ein übriges. Er legt vor dem Leser ein entwaffnendes Bekenntnis ab und webt auch in seinem persönlichen Bereich an einer Sphäre des Geheimnisses: »Eigentlich weiß ich gar nicht so recht, was mich schließlich bewogen hat, meinen ganzen Mut zusammenzunehmen und den Bericht des Adson von Melk der geneigten Öffentlichkeit vorzulegen, als ob er authentisch wäre. Sagen wir: es war eine Geste der Zuneigung. Oder, wenn man so will, ein Akt der Befreiung von zahllosen uralten Obsessionen.«

Die Wendung »als ob er authentisch wäre« hat einen feinen Hintersinn, der auf ein Geständnis zielt, was aber stracks zurückgenommen wird, indem Eco sich im nächsten Satz ruckartig zurückreißt: »Ich schreibe (will sagen: bearbeite meine Rohübersetzung) ...« Im »Imitator« des Schlußsatzes blitzt noch einmal schelmisch das Thema auf.

Die zeitgeschichtlich bezogenen Schlußbemerkungen lesen sich glatt und eingängig und heischen Zustimmung: der homme de lettres ist wieder zu seiner »höchsten Würde« promoviert: zweckfrei schreiben zu dürfen; sein Gegenstand ist so »herrlich frei von allen Bezügen zur Gegenwart, so zeitlos fremd unseren Hoffnungen und Gewißheiten". Adsons »schrecklicher« Bericht wird ästhetisierend aufgelöst: »eine Geschichte von Büchern, nicht von den Kümmernissen des Alltags«. Etwas deklamatorisch der Schluß: »In omnibus quaesivi ...«: die Bücherwelt als Refugium.

Wie gesagt, das liest sich glatt und eingängig – auf dem Hinweg zum Text. Auf dem Herweg vom Text, nochmals überlesen, wirkt es wie bösartige Ironie. Scheint es oder ist es? Vielleicht bindet das den Leser so an Eco, daß er ihn nie wird (ganz) erfassen und besitzen können. Die »Geschichte von Büchern« hat das Zeug, sich in rätselhafter Eigenbewegung ihrem Gegenstand signifikant einzuverleiben.

Grundriß und Bau bzw. Gestaltung von Ecos Roman sind gegenüber der älteren »Romantechnologie« von so großer Eigenständigkeit im Ganzen und so vielfältiger Parallelität im Detail, daß wir beim Vergleich weit ausholen und sehr ins Einzelne gehen müßten. Das mag bei anderer Gelegenheit geschehen. Bleiben wir bei Eco.

Augenfällige Merkmale drängen sich dem zergliedernden Betrachter auf: die Aura von Mittelalter und Mönchtum, die den Roman beherrscht in einer von Adson und William als Mönchen und Menschen bestimmten Perspektivik des von Adson erstatteten Berichts, ein neuartiger Gattungsrahmen – statt geläufiger Annalistik, Jahresberichterstattung, nun von Prolog und Epilog flankierte »Horalistik«, Erzählordnung nach tageweise wiederholten kanonischen Stunden –, für das Hauptgeschehen ein eng begrenzter Schauplatz, das Kloster, und der gedrängte Zeitrahmen einer starken Woche, dagegen potentielle, vor allem dialogisch ausgesponnene Unendlichkeit thematischer Kernpunkte, die an die straffe Handlungsführung einer Kriminalstory angebunden werden, die sich ihrerseits als eine kompliziert verknotete Sinndeutungshandlung lesen läßt. Der Roman ist so dicht gewebt, daß ihn auch mehrfaches Lesen nicht abträgt, ja daß er es fordert.

Die Perspektivität des Romans basiert auf einem glücklichen Kunstgriff Ecos. Die intime Kleinräumigkeit der Konstellation Adson–William läßt beim Leser Vertrautheit aufkommen. Das gewaltige Umfeld wird lediglich in den geistigen Horizont beider gezogen, personspezifisch gespiegelt. So wie William seinen Schüler Adson an die Hand nimmt, tut es dieser mit dem Leser. Durch Adson – den als Figur von beruhigender geistiger Mittelmäßigkeit darzustellen, Eco verdächtigen Eifer zeigt – fühlt sich der Leser nicht ins ignorantische Abseits gestellt. Gerne gesellt er sich dem »blutjungen Benediktiner-Novizen«, wenn diesem in Italien eine unbekannte Welt entgegentritt. Öfter wird dem Leser auch das Gefühl der Überlegenheit gegönnt. Die novizenhafte Unerfahrenheit, in der Erinnerung festgehalten, wird zwar von dem alten Adson, der ja seinen Bericht erst am Lebensende niederschreibt, öfter ausgeglichen, jedoch ohne umwälzende Horizontverschiebung.

Adson aber, der Mißkannte, ist Botschafter der Sinnlichkeit! Nicht zuvörderst wegen der Liebesnacht, die vielleicht nur er so tief erleben konnte und die Eco wie einen Höhepunkt in die Mitte des Romans legt, sondern weil er in allen seinen Weltbegegnungen das sinnlich und emotional hochempfindliche Medium ist. Er – als Erzähler-Ich wie auch als thematische Person – gibt dem Roman das sinnliche Kolorit. Das bleibt noch näher auszuführen.

Wie ein Basso ostinato durchzieht die kanonische »Stundung« den Bericht, garniert von Abbé Vallets schrägläufigen Stundenüberschriften, die den Geschehensablauf teils hintersinnig versimpeln, teils bizarr oder ironisch durchkreuzen. Der Prolog hat zeittechnisch die Funktion einer allmählichen Annäherung aus der langen und mittleren Zeitperspektive in die Großaufnahme der Geschichte von Tag zu Tag, ja von Stunde zu Stunde. Die auch räumlich nachvollziehbare Großaufnahme ist eine Bedingung dafür, den sinnlichen Erregungspunkt des Lesers zu treffen. Gleiches gilt für die Zeitperspektive. Das Maß ist der für den Leser sinnlich erlebbare Lebenstakt. Die auf Realzeit angelegten Dialoge gewährleisten ihn vor allem. So ist dem Roman ein Drehbuch schon einbeschrieben.

Der Schauplatz ist ein Ort der Superlative: Das Kloster ist ein Bau über allen Bauten, nie hat Adson »eine schöner und trefflicher angelegte Abtei gesehen« (R 37). Der Garten ist »reichhaltiger als je ein Herbarium war, und farbenprächtiger als die schönsten Anlagen sonst« (R 90). Das Skriptorium ist »noch viel schöner angelegt« als jenes, das Adson später in St. Gallen sehen sollte (R 97). Die Bibliothek ist die »größte der Christenheit« (R 624). Doch Adson vermittelt die Abtei »ein Schaudern und eine seltsame Unruhe« (R 32) wie Vorahnung der Vernichtung. Durch die architektenhafte Präzision ihrer Baubeschreibung läuft es wie ein untergründiges Beben. Die unzweifelhaft stärkste sinnliche Ausstrahlung hat die Schilderung des Tympanons der neuen Kirche (R 56ff.). Sie ist eine Verbalkomposition von hinreißender Wucht und tiefenpsychologischen Dimensionen, die archaische Abgründe und gleißende Himmel zugleich aufreißt. Aus ihrer Betrachtung erwächst Adson eine Vision, aus der er die sichere Ahnung bezieht, er und William seien bestimmt, Zeugen zu werden eines »mächtigen himmlischen Dreinschlagens« (R 62). Wie blaß wirkt dagegen trotz allen Aufwandes die Beschreibung des Tympanons der alten Kirche (R 430ff.), auf deren Bauresten ein neues Gebäude errichtet worden war, das nun den Päpstlichen und Franziskanern als Versammlungsraum dienen soll. Die Zuversicht, die Adson für den Ausgang des Treffens auf die »grandiose Friedens- und Glücksverheißung« dieses Tympanons gründet, wird grausam enttäuscht.

William und Adson reisen auch ins Kloster, damit dort ein Schauspiel auf »höherer Ebene«, platterdings auf dem Hochplateau des Klosters, stattfinden kann, in dem sinnlich-sinnhaft geschichtsphilosophische Sinndeutung aufgeführt wird. Das fängt als Kriminalhandlung an, hinter der unkeusches Treiben im Kloster steckt, das verwebt sich mit dem Treffen der Päpstlichen und der Franziskaner in Sachen Armutsstreit, das mündet über Bücherleidenschaft und Glaubensfanatismus in einen dramatisch-wuchtigen Weltanschauungskampf, manifestiert im Rededuell Jorge–William – und der Kern ist ein Buch: Aristoteles' zweites Buch der Poetik. Nicht von ungefähr überragt das Aedificium – *das* Gebäude schlechthin –, der Bibliotheksturm, ein Bau aus babylonischem Geist, die Kirche des Klosters. Freilich – es ist das nachgestellte Schauspiel eines schon entschiedenen Ringens. Das Theatrum des Romans ist Nebenschauplatz der Geschichte.

Adson und William, die ungleichen Brüder im Dienste des Herrn, sind Komplementärfiguren. Dies wird deutlich an den gegenläufigen, aber kohärenten Konzeptionslinien der Figurengestaltung: Unterdrückung der Rationalität bei Adson, Unterdrückung der Sinnlichkeit/Emotion bei William. Dem korrespondiert eine Betonung in umgekehrtem Sinne.

In diese Richtung hatte sich Ecos Gestaltungswille, wie er ihn in der ›Nachschrift‹ beschreibt, letztlich geklärt: Adson wird gestaltet als einer, der (rational) »nichts begreift« (N 42), William muß als Figur selbst auf den ihm zunächst zugedachten singulären Ausdruck einer »starken Gefühlsregung« (N 43) verzichten. Es ist der Adson, dem das Umschlagbild der dtv-Ausgabe des Romans die furchtsam-staunende Unbedarftheit ins Gesicht schreibt – halbgeöffneter Mund, schräger Blick, der sich halb hin-, halb abwendet –, während sich sein Körper aus der Kutte voll Neugier ins Geschehen beugt.

Natürlich gibt es im Roman Vermittlungs- und Übergangszonen im Charakterbild beider, aber doch nur bei ausgesuchten Gelegenheiten und unter Wahrung der Grundlinien. So, wenn Adson sich selbst als »scharfsinnig« vorkommt (R 96), wenn er über den Benediktinerorden oder die Armut nachdenkt (R 231, 236) – wobei sich aber zugleich Unruhe einstellt –, wenn er seinen »eigenen Kopf« gebrauchen will, um seinem Meister nachzueifern (R 465), »Hypothesen« aufstellt (R 573f.). Andererseits William, wenn er bei der Begegnung mit Ubertin »sichtlich bewegt« ist (R 67), »traurig« antwortet (R 195), »innere Rührung« zu zeigen scheint (R 326) oder gar Tränen vergießt (R 619). Man beachte die Dämpfung: »weinte William« heißt es schlicht. Wie expressiv muß Adson dagegen über sich berichten: »Fassungslos schluchzte ich auf ...« (R 519) Gelegentlich schlägt die Figurenkonzeption fast um. Erstaunlich und rührend zu sehen, wie Adson die Restbestände zuversichtlicher Rationalität vor Williams analytischer Vertilgungssucht zu retten trachtet (R 624f.).

Adson ist die komplizierteste und unwahrscheinlichste Figur des Romans, zwangsläufig: Unter rationalem Aspekt soll er als handelnde Person tumb sein, als Erzähler-Ich in Vertretung Professor Ecos souverän. Muß er doch auch Williams Dialogbeiträge, die bei den Kernthemen durchaus Traktatqualität haben, adäquat, d.h. ohne Substanzverlust, wiedergeben. Hätte er wirklich nichts begriffen, könnten wir es nur mit banalisierten Textfassungen zu tun haben. Adson ist mehr als ein leeres Gefäß, das sich mit dem von William vermittelten Wissen und Geschehen auffüllt und im chronikalischen Bericht am Ende wieder entleert. Die intellektuelle Reduzierung Adsons mag für den »naiven« Leser einen didaktisch willkommenen Nebeneffekt bieten, der eigentliche Gestaltungszweck ist dies nicht. Der erschließt sich auch nicht, wenn man Adson als Identifikationsfigur für intellektuelle Mangelerscheinungen und »Ängste« oder als »Obsessionsableiter« entwirft (N 42f.). Er liegt vielmehr darin, die Generallinie des Romans als einer Botschaft der Sinnlichkeit zu bestimmen. Oder doch: Adsons Charakter bestimmt diese Linie faktisch. Adson bezieht seine Qualifikation als Botschafter in sensualibus aus zwei Eigenschaften: Er ist der junge Mensch, sinnlichem Erleben und sinnlich-emotionaler Weltaneignung »verschrieben«, und er gehört einem jugendlich-sinnlichen Zeitalter, dem Mittelalter, an. Im Gegensatz dazu William: Er ist der alternd Abgeklärte, drängender Sinnlichkeit und Emotion enthoben, und zugleich moderner Rationalität und damit rationaler Moderne angehörig.

William führt Adson zu neuer Erfahrung, neuen Menschen, neuen Dingen, neuen Zusammenhängen. Durch ihn tritt auch die »unerhörte Begebenheit« – in seinem Munde: die »schreckliche Geschichte« – in sein Leben. Adson nimmt alles mit begierigen Sinnen auf. Er hat die unverbrauchte Neugier – fast seine stärkste Eigenschaft –, die den Leser ansteckt und die den Schilderungen des Romans die frische Farbe verleiht. Eco gießt über Adson eine Kaskade von Epitheta sinnlich-emotionaler Prägung aus, bis hinüber in den Bereich des Intuitiven, des Ahnungs- und Hingebungsvollen: Bewunderung, Staunen, Entsetzen, Schaudern, Erschütterung, mystische Ergriffenheit, Mitleid, Liebe, Wonne, Trunkenheit, Verzweiflung, Unruhe, Vorahnung – man müßte das Wortfeld erschöpfen, um vollständig zu sein. Adson beobachtet mit geschärften Sinnen, seine Personencharakteristik ist von kaum zu steigernder Treffsicherheit. Er erkennt intuitiv, geradezu körperlich. Er hat so etwas wie den siebten Sinn. Er ahnt noch, wo William die Unerkennbarkeit konstatieren würde. Aber er ist auch den Rätseln seiner Visionen hilflos ausgeliefert.

Weniger noch als Adson läßt sich William in den vielfältigen Facetten seines Charakters vollständig erfassen, man müßte denn den Roman rekapitulieren. In den Dialogen ist er nahezu allgegenwärtig. Sein Charakterbild entsteht für uns größtenteils aus der Kenntnis dieser Dialoge. Auffällig wenig tritt Adson als »›Enuniziationsinstanz‹« (vgl. N 38f.) für William auf. Dieser spricht sozusagen »für sich selbst«, ganz in der Logik der Figuren, die ihm die überlegene Position zuteilt. Eco hat ihn zeitweise intellektuell so überproportioniert, daß die Figurenkonstellation zum »Gruppenbild mit William« gerät.

William, über die Maßstäbe der Zeit hinaus gebildet, stupend erfahren, in Ansätzen ein Laplacescher Weltgeist, ist zugleich Erkenntnistheoretiker und -kritiker, als welcher er der von ihm brillant beherrschten Logik ihre Grenzen absteckt. Er ist – in einem hohen Verständnis – der geborene »Inquisitor«, der es liebt, »ein richtig schön verwickeltes Knäuel zu entwirren« (R 503). Die Woche im Kloster ist jedoch auch für ihn, den Wissens- und Lebenserfahrenen, den Forschungslüsternen, ein Lehrstück intellektuellen Scheiterns. Die Erkenntnisstrategien für eine Welt »ohne Ordnung« entwirft er als Protagonist einer künftigen Wegwerfgesellschaft (R 625f.). Das Ethos: »die Wahrheit zu bezeugen« (R 457) vermischt sich mit einer schon fast kaltschnäuzigen Funktionalität.

William, der Zukünftige, denkt in allen Bereichen über seine Zeit hinaus. Als Schüler Roger Bacons ist er ein Maschinenfan. Die Artes mechanicae kennt und schätzt er nicht nur, er praktiziert sie: »Man mochte meinen, er könne nur mit den Händen denken ...« (R 25), schreibt Adson ebenso hell- wie vorsichtig. Den – zumal christlich tingierten – Technikfans unserer Tage bringt er hochwillkommene Botschaft: das gottgewollte Maschinenzeitalter. In der Gesellschaftsanalyse verwendet er bereits psychologische und soziologische Kategorien. In der Rede vor der geistlichen Versammlung entwickelt er im Rahmen einer Herrschaftstheorie, welche die Kirche in die geistlichen Schranken weist, gegen Dantes Monarch das Modell eines modernen Parlamentarismus. Er ist Künder einer neuen Humanität.

William, der Diplomatisch-Biegsame, der in dieser Haltung auch eine spielerisch-komödiantische Begabung auslebt, wird durch Ludwig den Bayern auf hoher Ebene mit einer »geheimen Mission« betraut. Der im Leser aufkeimende Verdacht, er fungiere gar als »Geschäftsführer des Weltgeistes« (Hegel) bestätigt sich nicht, allenfalls in verschlungener Weise.

William, der vornehmlich aufs Diesseits gerichtete Denker, hat sich mit dem objektiven Schweigen Gottes abgefunden. Nur im »Innersten unserer Seele« (R 43f.) gibt es für ihn noch einen Dialog zwischen Gott und Mensch. William bestürmt Gott nicht. Er billigt ihm grenzenlose Freiheit zu. Das William zugedachte »schöne Gebet« hat ihm der rezensierende Eco gestrichen (N 43). Williams Bücherleidenschaft übersteigt jedes Maß. Das »verbotene Buch« nebst Implikationen erregt ihn dermaßen, daß das von Eco sonst so sorgfältig gewahrte Ebenmaß der Figur im Rededuell mit Jorge aus den Fugen geht. Jorge, der vermeint, durch Vorenthaltung des zweiten Buches der Aristotelischen Poetik seine Welt zu retten, erfährt in William den leibhaftigen Antagonisten, den Vertreter einer Gegenwelt, die aristotelischen Geistes und Lachens voll ist. Das inkriminierte Buch kann Jorge vertilgen, nicht aber William töten, der seine Gesinnung in eine neue Zeit trägt: »Die Hand Gottes verhüllt nicht, sie schafft.« (R 609)

Diesen fast übermenschlichen Eigenschaften setzt Eco als

Korrektiv das Allzumenschliche: William ist ein Ausbund an Eitelkeit. Mögliche Kritik antizipiert er, oder er läßt den Gegner an einem überlegen posierenden Intellekt abblitzen. Er kann grob sein bis zur Brutalität, resignativ bis zur Feigheit. Eco erspart es ihm auch nicht, daß der situativ gemeinte Ausdruck von der »kläglichen Allegorie der Ohnmacht« (R 618) auf ihn als Person projiziert wird.

Mit Blick auf Adson liest sich der Roman als ein melancholisch getönter Abgesang auf »Jugendzeiten«, sowohl individuell als auch epochal gesehen, aufgefangen jedoch im zeitlos verklärten Refugium des Buches, das ein schier unerschöpfliches, wenn auch der Vermittlung bedürftiges Aktualisierungspotential bereithält. Mit Blick auf William ist er die Darstellung der Geburt der Moderne aus dem Geist des Mittelalters, wie ihn Roger Bacon und sein Schüler William von Baskerville zukunftsträchtig verkörpern. Welche Faktion der von Eco in »Naive« und »Gebildete« geschiedenen Leserschaft sich welche Version auf ihr Ovationsbanner schreiben würde, ist durchaus unentschieden. Hegels verblüffende Zuweisung des abstrakten Denkens an die Ungebildeten könnte sich erneut bestätigen. Die Faszination einer sinnlichen Wiedergeburt im Geiste der ersten Lesart besitzt für mich beträchtliches Übergewicht gegenüber einer rational verkürzten Anamnese in der zweiten.

Williams ketzerische Haltung gegenüber der Kirche, insbesondere der Amtskirche, ist diskursiv bestimmt, sieht man von den spöttischen Bemerkungen etwa auf den Reliquienkult (R 540) einmal ab. Adson begeht unbewußt eine viel tiefergehende Häresie. Seine Liebesnacht mit dem unbekannten Mädchen ist ein »Fehltritt«, den ihm William, auch stellvertretend für die Kirche, durchaus verzeihen mochte (R 324 ff.). Wie konnte man ahnen, daß der »sprachlose« Adson dermaleinst zur Ausgestaltung dieser doch sehr persönlichen Berichtspassage einen Kernbestand der kirchlichen Liturgie, das Hohelied – ungeachtet der anderen Versatzstücke –, verwenden würde! Die triebhafte Kühnheit des jugendlichen Adson in der Tat steigert sich damit zur alles überbietenden Verwegenheit des alten in der Darstellung. Ist seine ruchlose Unternehmung doch nichts Geringeres als die Entfesselung der zum Lob der Ecclesia gebändigten Sinnlichkeit in unverhohlen leiblichen Bezügen!

Man kann die Behandlung der Bedeutung von Adson und William auch in der Frage zuspitzen: Wer ist der eigentliche Held? Im Sinne unserer These ist die Frage entschieden, zugunsten Adsons. Mit viel Berechtigung kann man ebenso behaupten: Es gibt keinen Helden im Singular, es gibt nur die Doppelung Adson–William. Wer es noch immer nicht aufgeben will, könnte fragen: Welche Figur hat mehr Substanz? Adsons Staunen und Schaudern könnte ihn diskreditieren, wenn nicht... Immerhin läßt Goethe seinen Faust höchst apodiktisch werten: »Das Schaudern ist der Menschheit bestes Teil« und er selbst, weniger »theatralisch« zu Eckermann am 18. Februar 1829: »Das Höchste, wozu der Mensch gelangen kann, ist das Erstaunen.« Andererseits garantiert nur Williams geistige Überlegenheit das hohe intellektuelle Niveau des Romans.

Kehren wir von den allgemeinen Überlegungen zum persönlichen Profil der Figuren zurück. William ist nicht etwa der bessere oder der überwundene Adson. Beide bleiben eigenständig. Dem entspricht ihr Individualschicksal. William stirbt außerhalb der Reichweite der Romanhandlung. Leider, möchte man sagen – man hätte auf Ecos Gestaltung der Todesstunde Williams gespannt sein dürfen. Adson erleidet ein tragisches Ende. Vom Schluß des Romans her gesehen, war er der Begegnung mit William nicht gewachsen. Der in ihm aufbrechende Zweifel zerfrißt seinen Glauben. Er erstarrt als Charakter. Adson, von William bestellt zum Chronisten (R 443), wird darüberhinaus Williams Eckermann. Adsons Bericht ist die Summe und Leistung seines Lebens. Mit ihm schreibt er sich hautnah an den Tod heran. Als er seine Geschichte beendet hat, gibt es keine sinnvoll zu füllende Lebensspanne mehr. Sie mündet in eine metaphysische Urlandschaft, in kosmische Nebel. Wir sehen durch das brechende Auge eines Sterbenden. Der letzte sinnlich nachhallende Eindruck ist der einer brüchigen Greisenstimme: »nomina nuda tenemus«. Der Plural greift auch nach uns. Adson: leergeschrieben, leergelebt. Zum jauchzenden Eintritt ins Jenseits hat er keine Kraft mehr. In diesem Schluß wandeln sich die ersterbende Sinnlichkeit, die verlöschenden Sinne ins Bild und den Begriff der nackten Namen: »nomina nuda«, aller Sinnes- und Sinnbezüge entkleidet. Einzelschicksal, Epochentod, Gesetz des geschichtlichen Lebens? Der Schluß stößt zurück in die Unerlöstheit, vielleicht Unerlösbarkeit. Ein neuer Kreislauf muß beginnen.

Die zur Behandlung anstehende »Atmosphäre« wird, wie bereits dargelegt, in einem allgemeinen Sinne Adson verdankt. Sie ist der Ausfluß seiner Sinnlichkeit und seiner Emotionen, denen aber auch eine beachtliche tektonische Kraft innewohnt. Die gliedernden Konsequenzen der inneren Bewegungen Adsons zeigen sich bei dem aufwühlenden Erlebnis in der Betrachtung des Kirchenportals der neuen Kirche, dem Auftauchen Salvatores, der Begegnungsszene William – Ubertin von Casale. Nur nebenbei sei die auf Adsons Erregung gründende, sich steigernde Anordnung der in der Liebesbegegnung gipfelnden Berichtselemente noch in Betracht gezogen.

Als Beispiel für die Darlegung der sinnlich-emotionalen Momente in der Aura der Dinge und Personen wählen wir die eben genannte Begegnungsszene. Sie hat als Analysestoff starke Konkurrenten: Jorge von Burgos, Bernard Gui und ihr jeweiliges Umfeld. In Adsons Gestaltungsmaxime zu diesem Bereich treffen sich Finesse und Malice des Autors Eco: »Ich werde mich auf den folgenden Seiten nicht mit Personenbeschreibungen aufhalten (es sei denn, ein bestimmter Gesichtsausdruck oder eine Geste erscheinen als Zeichen einer zwar stummen, aber nicht minder beredten Sprache), denn wie Boethius sagt: Nichts ist flüchtiger als die äußere Form ...« (R 21 f.)

Ähnlich wie beim Auftritt Salvatores vor dem emotionsgeladenen Hintergrund des Tympanons wird bei der Schilderung des Zusammentreffens Williams mit Ubertin von Casale in dessen Charakteristik ein atmosphärisch dichtes sinnliches Ambiente einbezogen: das mystische Halbdunkel der Abteikirche, eine Muttergottesstatue von bestrickender Ausstrahlung, um die, wie um ein Gestirn, Ubertins inbrünstige Empfindungen und Williams kühl geläuterte Gedanken kreisen werden.

Ubertins Persönlichkeit wird mit beispiellos kühnem Strich gezeichnet, gemessen an allem, was geschichtswissenschaftliche Darstellungen sich in biographischer Hinsicht nach dem Zunftkomment getrauen dürfen: »Es war der Kopf eines Greises, bartlos und kahl, die Augen groß und hellblau, die Lippen dünn und rot, die Haut schneeweiß und faltig um einen knochigen Schädel hängend als handle es sich um eine in Milch konservierte Mumie. Die weißen Hände mit ihren langen und schmalen Fingern vervollständigten den Eindruck eines welken, im zarten Alter dahingerafften Mädchens. Sein Blick schien zunächst verwirrt, als hätten wir ihn in einer ekstatischen Vision gestört ...« (R 66) Deutlich werden in Szenerie, Gestus und Sprachduktus Williams wissende Besonnenheit und Ubertins fiebrige, rasch zur Ekstase sich steigernde Sensibilität voneinander abgesetzt. Noch stärker abgrenzend ist die Charakteristik, die sie sich im

Dialog gegenseitig zusprechen. So William: »Du bist ein feuriger Geist, Ubertin, du brennst in der Liebe zu Gott wie im Haß auf das Böse« (R 79). Und Ubertin zu William: »Du denkst zuviel nach, lieber William!« (R 88).

Der von Adson eingeflochtene geschichtliche Entwicklungsstrang der Armutsbewegung wird bis an den Punkt geführt, da Ubertin und Clareno als führende Köpfe der Spiritualenbewegung aus dem Franziskanerorden ausscheiden und Ubertin bei den Benediktinern unterkommt – erklärender Hinweis auf die Anwesenheit Ubertins in der Abtei. Adson wendet sich nun wieder der vor ihm stehenden Person Ubertins zu. Erneut offenbart ihm der sinnliche Eindruck, der intuitive Weg des »esprit de finesse« (Pascal), Ubertins tiefere Wesenheit: »... der Greis hatte mir die Wange gestreichelt mit einer warmen, ja geradezu heißen Hand. Und bei der Berührung durch diese Hand hatte ich plötzlich vieles von dem verstanden, was ich gehört über diesen heiligen Mann und was ich gelesen in seinem Arbor Vitae.« (R 73) Selbst zu Ubertins Haltung und Handlungen nimmt Adson den Umweg über die Physiognomie: »Ich betrachtete seine Züge, die mir sanft erschienen wie die der Heiligen, mit der er so intensiven brüderlichen Verkehr und innigen spirituellen Austausch gepflogen. Wieviel härter mußten diese Züge damals im Jahre 1311 gewesen sein, als er sich dem feingesponnenen Kompromiß des Konzils zu Vienne widersetzte!« (R 73) Der innere Monolog Adsons wandelt sich in jähem Umschwung mit dramatischem Einsatz zum Dialog Ubertin – William: »Denk nur, William ..., sie waren bereits soweit, daß sie mich umbringen wollten.« (R 74) Um diese existentielle Bedrohung Ubertins baut sich das folgende, sehr weitläufige Gespräch auf, bezieht Personen und Dinge gemeinsamen Erlebens mit ein, erfaßt in sich erweiternden Themenkreisen die rechtgläubige und häretisch durchsetzte Spiritualenszene und bezieht auch das bevorstehende Treffen der päpstlichen Abgesandten mit der franziskanischen Opposition mit ein. Auch diesen sehr stark ereignisgeschichtlich geprägten Dialog durchzuckt gelegentlich die leuchtende Spur der mystisch gesteigerten Sinnlichkeit Ubertins, die vergeistigt und zugleich leiblich verhaftet, einem der Rationalität entzogenen, aber nicht unverdächtigen Zwischenreich angehört. Öfter bricht sich Fanatismus Bahn, oder Schilderungen der Gegner entgleisen ins Obszöne. »Wenn ich mit Ubertin spreche, habe ich immer den Eindruck, daß die Hölle nichts anderes ist als das Paradies, von der anderen Seite betrachtet« (R 89), kommentiert William gegenüber Adson.

»Die Geschichte von Sonnenschein und Regenwetter« (Emmanuel LeRoy Ladurie) ist das Äußerste an Extravaganz, was die Geschichtswissenschaft sich in diesem Bereich zumutet. Das Wetter als dramatisches Requisit und gar als handlungsparalleles oder handlungsintegriertes Schicksals- und Geschehenselement in Erwägung oder Gestaltung einzubeziehen, erscheint einem Historiker, der etwas auf sich und die Meinung der Zunftgenossen hält, abenteuerlich abwegig. Es gibt bedeutende Geschichtsdarstellungen, die Wetter über Jahrzehnte und Jahrhunderte hinweg nicht einmal als Umstand erwähnen. Erst serielle Erhebungen machen Wetter – sozusagen als kleinste meteorologische Einheit – interessant.

Wetter als Erfahrungs- und Darstellungsgegenstand transportiert ein Höchstmaß an sinnlicher Affizierung. Leopold Ranke, der ein Gespür hatte für sinnlich effiziente Sprachgebung, prägte den Ausdruck vom »schneidenden Luftzug der neueren Geschichte«, und ich glaube, kraft der ihm innewohnenden luziden Sinnlichkeit ist er zum geflügelten Wort geworden. Eco, dessen Rosenroman vornehmlich in Innenräumen spielt, hat das Wetter bei mannigfachen Gelegenheiten als differenziertes Kunstmittel einbezogen: als Stimmungselement, als Kausalnexus und durchaus auch noch als schicksalhaftes Handlungspendant oder -element, wobei er sich freilich hütet, einen dumpfen Determinismus zu konstruieren, eher schon eine tragikomische Diskrepanz. Meist spielerisch scheint bei ihm der Einsatz von Wetterbeschreibungen, weit entfernt von der bedeutungsschweren Schicksalhaftigkeit, mit der die einleitende Wetterszene in Felix Dahns Roman ›Ein Kampf um Rom‹ den Leser in das dramatische Geschehen einstimmt: »Es war eine schwüle Sommernacht des Jahres fünfhundertsechsundzwanzig nach Christus. Schwer lagerte dichtes Gewölk über der dunklen Fläche der Adria, deren Küsten und Gewässer zusammenflossen im unterscheidungslosen Dunkel: nur ferne Blitze warfen hier und da ein zuckendes Licht über das schweigende Ravenna. In ungleichen Pausen fegte der Wind durch die Steineichen und Pinien des Höhenzugs, der sich eine gute Strecke westlich von der Stadt erhob, gekrönt von einem halbzerfallenen Tempel des Neptun.«

Wie das heiter aufklingende Allegro einer Suite im alten Stil lesen sich die Eingangssätze in Adsons Bericht: »Es war ein klarer spätherbstlicher Morgen gegen Ende November. In der Nacht hatte es ein wenig geschneit, und so bedeckte ein frischer weißer Schleier, kaum mehr als zwei Finger hoch, den Boden.« (Der weiße Schleier wird alsbald zum Requisit, damit »Bruder William großen Scharfsinn« beweisen kann.) Vor dieser hellen Folie hebt sich die Schilderung der düsteren, unheildräuenden Abteigebäude um so schärfer ab. In der schreckensvoll-drolligen Äußerung Adsons erhält der Zusammenklang von Gebäudeeindruck und meteorologischem Ambiente eine subjektiv ungewollte ironische Tönung: »Dabei konnte ich noch von Glück sagen, daß ich (den Bau) erstmals an einem klaren Herbstmorgen erblickte und nicht etwa an einem stürmischen Wintertag.« (R 32)

Als der Abt Bruder William in seine detektivische Aufgabe einführt und den aufzuklärenden Tod des Adelmo schildert, stimmen Unglücksgeschehen und Wetter zusammen, nicht ohne daß in die Wetterbeschreibung auch noch das kriminalistisch verwertbare Detail und ein apokalyptischer Bedeutungsüberschuß eingearbeitet werden: »... müsse er wohl in den dunkelsten Stunden der Nacht in die Tiefe gestürzt sein. Es sei eine stürmische Nacht gewesen, eisige Schneeflocken, hart wie Hagelkörner, seien von einem scharfen Nordwind durch die Luft gewirbelt worden. Durchnäßt vom Schnee, der erst getaut und dann zu Eisklumpen gefroren sei, habe man schließlich die Leiche des Unglücklichen am Fuße des Steilhangs gefunden ...« (R 45f.)

Bei der Schilderung der Adson tief erregenden Bildwelt des Tympanons hat die Wetterkonstellation eine das Halbdunkel zugleich begründende und überhöhende Funktion: »Da die bleiche Novembersonne zu dieser Mittagsstunde fast senkrecht über dem Dach stand, fiel das Licht schräg auf die Fassade, ohne das Tympanon zu erhellen.« (R 57)

Als William mit Adson die Abteikirche betritt, um Ubertin von Casale zu treffen, vereinen sich Wetter und Innenraumatmosphäre in der Schilderung zu einer mystischen Aura: »Es war kurz nach der sechsten Stunde. Die Sonne stand bleich im Westen und erhellte das Kircheninnere nur durch ein paar schmale Fenster. Ein dünner Strahl traf gerade noch den Hochaltar und ließ den Baldachin in einem goldenen Schimmer erglänzen. Die Seitenschiffe lagen in einem tiefen Schatten.« (R 66)

Ecos Wetterbericht zum Abend des ersten Tages gestaltet sich vorahnungsvoll: »Das Wetter verschlechterte sich. Ein kalter Wind war aufgekommen, und der Himmel hatte sich bezogen. Im Westen hinter den Gärten erriet man eine untergehende Sonne, und im Osten war es schon fast dunkel.« (R 113) Wie ein Menetekel taucht der »Bottich mit dem frischen Schweineblut« auf. Doch als man am nächsten Morgen Venantius von Salvemec als Leiche kopfüber in diesem Bottich findet, hat das Wetter wieder die unschuldig-heitere Qualität des ersten Morgens: »Der Himmel war klar und wolkenlos, im Osten tagte es, und die weiße Schneedecke ließ das Gelände noch heller erscheinen.« (R 134)

Sonne und christliches Geheimnis gehen für Adson eine sinnfällige Verbindung ein, als er und William am zweiten Tag zur Nonzeit Abt Abbo in der Kirche vor dem Hochaltar aufsuchen: »Unwillkürlich entfuhr mir ein bewundernder Ausruf beim Anblick all dieser herrlichen Weihegeräte. Es war um die Mittagsstunde, das Sonnenlicht fiel in gebündelten Strahlen durch die Fenster des Chors ein und mehr noch durch die der Seitenschiffe, so daß es helle Kaskaden bildete, die gleich mystischen Strömen von wahrhaft göttlicher Substanz einander an mehreren Stellen des weiten Kirchenraums überkreuzten und den Altar regelrecht überfluteten.« (R 181) Durch und durch ironisch jedoch erscheint die Einbeziehung der Sonne, als der Abt alsdann in schwärmerisch-tiefsinnige Verzückung über die Reichtümer der Abtei gerät: »Der Abt hatte sich umgewandt und schaute versonnen ins Kirchenschiff. Ein Lichtstrahl, der aus der Höhe kam, erleuchtete ihm dank einer besonderen Güte des Tagesgestirns das Antlitz und beide Hände, die er hingerissen von seiner eigenen Inbrunst zur Form eines Kreuzes geöffnet hatte ...« (R 183f.)

William, auf detektivischem Kurs im Gespräch mit dem »uralten« Alinardus von Grottaferrata, lenkt das von ihm als Einstieg benutzte Allerweltsthema »Wetter« mit einem antithetischen Ruck auf seine Ermittlungen: »›Schöner Abend heute‹, sagte William. ›Dank der Güte des Herrn‹, gab der Alte zurück. (William:) ›Der Himmel ist klar, aber die Erde hat sich verdüstert. Kanntet ihr Venenatius gut?‹« (R 200) Als suggestiver Ruhepol wird nach dem aufregenden Besuch des Bibliothekslabyrinths ein Nocturne eingeschoben: »Die herrliche Nachtluft war wie göttlicher Balsam. Über uns glänzten die Sterne, und die Visionen der Bibliothek lagen weit in der Ferne.« (R 226)

Adsons großangelegte Rückerinnerung an den Fratizellen

Michele in Florenz – Verhör, Einkerkerung, Verurteilung, Zug zum Hinrichtungsplatz, Verbrennung – ist ein dramatisch dichter, sinnlich aufwühlender Bericht, der in eine mit Worten der heiligen Hildegard unterlegte Vision Adsons mündet. An diesem Mündungspunkt steht eine kurze, von fern an den Naturaufruhr bei Christi Tod gemahnende Wettereinblendung: »Dann brannte der Scheiterhaufen vollständig nieder wie eine Fackel, und es war ein großes Wetterleuchten am Himmel ...« (R 307)

Wie ein kosmischer Mitvollzug erscheint das metaphorische Auftauchen der Sonne, des Lebensgestirns, in der Schilderung höchsten Glücksgefühls in Adsons Liebesszene mit dem unbekannten Mädchen: »... gleichwie sich die Luft, wenn durchflutet von den Strahlen der Sonne, zu höchstem Glanze und höchster Klarheit wandelt, dergestalt, daß sie nicht mehr erleuchtet zu sein, sondern selber zu leuchten scheint – so fühlte ich mich vergehen in süßem Verströmen ...« (R 318) »... das war gewiß (jetzt begriff ich es) die Strahlkraft der Sonne, und die gleißende Freude, die sie hervorbringt, öffnet, erweitert, vergrößert den Menschen, und der klaffende Abgrund in seinem Innern schließt sich nicht wieder so leicht, denn er ist die Wunde, die das Schwert der Liebe geschlagen hat ... Dies aber ist das Recht der Sonne, daß sie ihre Strahlen wie Pfeile schießt in die Wunde ...« (R 321) Mit der verebbten Exzitation verdämmert auch das Ambiente: »Als ich die Augen nach einiger Zeit wieder öffnete, war das Nachtlicht bedeutend schwächer geworden, vielleicht weil eine Wolke sich vor den Mond geschoben hatte.« (R 322)

Während Berengars Tod in der Schilderung ohne signifikante Wetterbegleitung abläuft, wird nun durch Severin erinnerungsweise ein heftiger Sturm eingebracht, der eines Tages über dem Plateau tobte und einen Raum des botanischen Laboratoriums »schrecklich verwüstete« (R 339). Zugleich verschwand die Flasche mit hochkonzentriertem Gift.

Wenige Seiten später läßt Eco nicht ohne ironischen Blick auf sich und den Leser William die »Nachtseite« der Abtei kriminalistisch erläutern: »Du wirst bemerkt haben, Adson, daß die interessantesten Dinge hier immer nachts geschehen. Nachts wird gestorben, nachts wird ins Skriptorium geschlichen, nachts werden Frauen in die Abtei geschleust ... Wir haben eine Abtei bei Tage und eine Abtei bei Nacht, und die nächtliche ist entschieden interessanter.« (R 343)

Die quälenden Gedanken und Gefühle Adsons über seine nun als »Sündenfall« nacherlebte Liebesnacht überkommen ihn, während er sich in der »fahlen und kalten Sonne jenes winterlichen Morgens erging« (R 354), ein schneidender Kontrast zur metaphorischen Sonne seiner untergegangenen Glücksgefühle.

Für den vierten Tag, als zur Stunde der Sext die Minoriten, zur Stunde der Non die avignonesische Delegation zum angesetzten Treffen sich einfanden, wie auch für den nachfolgenden Tag des Treffens selbst, gewinnt Wetterbeschreibung den breitesten Raum und die stärkste handlungssymbolische Bedeutung: »Die Sonne hatte sich merklich verdunkelt, aus dem schönen und klaren Morgen war (inzwischen nahte bereits die Mittagsstunde) ein trüber, naßkalter Tag geworden. Große Wolken zogen im Norden auf und legten sich über den Gipfel des Berges, der zusehends hinter einem grauen Schleier verschwand. Es sah wie Nebel aus, und vielleicht stiegen auch wirklich Nebelschwaden aus der Tiefe empor, doch auf dieser Höhe war es schwer, die aufsteigende Feuchtigkeit von der herabsinkenden zu unterscheiden. Schon waren die weiter entfernten Gebäude kaum noch zu erkennen.« (R 367) Mit geisterhafter Zielsicherheit steuern die geheimnisvollen Nebelwolken die Abtei an: »Während wir den steilen Kehrweg hinunterstiegen, wurde die Luft mit jedem Schritt klarer. Nicht daß die Sonne hervorgetreten wäre, der Himmel war immer noch wolkenverhangen, aber die Dinge wurden erkennbarer, denn der Nebel blieb über unseren Köpfen hängen. Als ich einmal auf halber Höhe zurückschaute, um den Gipfel des Berges zu betrachten, sah ich nichts mehr: Der ganze obere Teil des Felsmassivs, das Hochplateau, das Aedificium, alles war in den Wolken verschwunden.

Am Morgen unserer Ankunft vor drei Tagen, als wir den Kehrweg erklommen, hatten wir von einigen Punkten aus noch das Meer sehen können, kaum zehn Meilen entfernt ...

An diesem Mittag hingegen war alles grau, ja geradezu milchig weiß, und kein Horizont war zu sehen, auch wo das Tal sich zum Meer hin öffnete.« (R 369)

Wie verhaltener Spott auf den unsensiblen Teil der Leserschaft liest sich die Bemerkung: »Doch ich verliere mich in Erinnerungen, die von geringem Interesse für den Fortgang des Geschehens sind und meine geduldigen Leser ermüden.« (ebd.)

Während des Aufenthaltes der beiden Delegationen in der Abtei ist der Nebel, der sich wie ein verderbliches Fatum eingestellt hatte, das beherrschende Element. Als Adson zur Primzeit des fünften Tages von William geweckt wird, ist die Abtei wie im Nebel ertrunken: »Ich rieb mir die Augen, schaute zum Fenster der Zelle hinaus und sah nichts. Der Nebel vom Vortag hatte sich zu einer milchigen Suppe verdichtet, die unangefochten das ganze Plateau beherrschte.

Als wir hinaustraten, bot die Abtei einen Anblick, wie wir ihn an keinem der Tage zuvor gesehen: Nur die größten Gebäude, die Kirche, das Aedificium und der Kapitelsaal, zeichneten sich aus der Ferne ab, verschwommen, als graue Schatten im weißlichen Dunst, alles andere wurde erst sichtbar, wenn man unmittelbar davorstand. Die Formen der Dinge und Lebewesen tauchten auf, als kämen sie aus dem Nichts, die Menschen erschienen zunächst wie graue Schemen und wurden nur mühsam erkennbar.« (R 429)

Die im letzten Satz waltende Als-ob-Struktur tastet sich an eine rätselhafte Überwirklichkeit heran, die mehr erahnt als begriffen werden kann und die das Denken, Fühlen und Handeln der Menschen gleichnishaft umspannt. Die Bedeutung dieses Gestaltungsmittels akzentuiert sich in der Bewußtwerdung Adsons, daß Nebelatmosphäre, Ereignis- und Personenkonstellation und seine Psyche in einem verborgenen Zusammenhang standen: »Im Norden geboren, war ich kein Neuling in diesem Element, unter anderen Umständen hätte es mich sogar mit einer gewissen Zärtlichkeit an das flache Land und die Burg meiner Kindheit erinnert. An jenem Morgen indessen schien mir die Verfassung der Luft in schmerzlicher Weise meiner Gemütsverfassung zu ähneln, und die Beklommenheit, die ich beim Erwachen verspürt hatte, wurde größer, je näher wir dem Kapitelsaal kamen.« (R 429)

Der Nebel hält an (R 449, 459). Nach beendeter Inquisitionsverhandlung und unmittelbar bevor William das niederschmetternde Fazit zieht: »Bernard hat uns besiegt«, heißt es von diesem Nebel: »... der sich noch immer nicht auflösen wollte, ja mit zunehmender Dunkelheit eher noch dichter wurde« (R 499). Ihm wird sogar – wenn auch doppeldeutig – Mordgefahr assoziiert: »›Wie ich Bernard kenne, besteht die akute Gefahr, daß Ubertin noch heute nacht, zumal wenn dieser Nebel anhält, ermordet wird‹.« (R 501 f.).

Jorges große Predigt wider die Hoffart und über den Antichrist (R 508–517) bündelt noch einmal unter den vielen Zeichen seiner Ankunft auch die Wettersignale: »(der Antichrist) ... kommt in unerwarteten Zeichen am Himmel, wenn plötzlich Regenbögen erscheinen und Hörner am Firmament und Blitze, gefolgt von grollendem Donner, während das Meer zu kochen beginnt!« (R 512f.); »... folgen einander Mißernten und allerstrengste Winter« (R 514); »... Sturmwinde reißen die Erde auf ... neue und nie gesehene Wunder ereignen sich auf dem Mond, die Sterne verlassen ihre gewohnten Bahnen und andere – unbekannte – zerfurchen den Himmel, Schnee fällt im Sommer und trockene Hitze herrscht im Winter ...« (R 515); »... im Norden wird eine purpurne Wolke aufziehen, Blitze und Donner werden ihr folgen und blutiger Regen wird niederprasseln. ... Am fünften Tage zur sechsten Stunde wird die Leuchtkraft der Sonne erlöschen, und es wird finster sein auf der Welt bis zum Abend, und dann werden auch der Mond und die Sterne ihr Amt niederlegen. ... Nicht den Sündern wird es vergönnt sein, die Morgenröte des achten Tages zu schauen ...« (R 516) Die in der Predigt recht frei gehandhabte Apokalypse stellt die Verbindung her zu den Verbrechen in der Abtei – sie hatte ja auch für William zeitweise kriminologische Funktion –, und sie weist zugleich in mehrbödiger Ironie auf den Untergang Jorges selbst wie auch der Abteiwelt.

Als am sechsten Tag »nach Tertia« die Franziskaner aufbrachen, nachdem die Avignoneser schon eine halbe Stunde zuvor abgereist waren, und zur Zeit der Sext »die Geschichte der Bibliothekare ergründet« und »noch einiges mehr über das geheimnisvolle Buch« (R 559) ruchbar wurde, fällt die lapidare Feststellung: »Draußen war es jetzt klar, ein leichter Wind hatte sich erhoben.« (R 565)

Aber dieser wie ein erleichterter Seufzer klingende Satz ist von hintergründiger Ambivalenz: Im Wind stellt sich nun das untergangsträchtige Element des Schlußaktes ein. Das Crescendo und Decrescendo seiner Bewegung begleitet das Geschehen bis hinein in den alles verheerenden Feuersturm der Ekpyrosis. Als Adson und William sich verbissen-hoffnungsfroh anschikken, das Geheimnis der Abtei zu lüften und so der Ratio zum Sieg zu verhelfen, kündigt sich im Wetterelement schon das Unheil an: »Der Wind blies immer heftiger, es fing bereits zu dunkeln an, obwohl die neunte Stunde erst gerade vergangen war« (R 575). Bald darauf, als die Bibliothek im Kampf Williams und Adsons mit Jorge Feuer fing, ist der Wind Untergangshelfer: »Die scharfen Böen, die ein schwaches Flämmchen leicht hätten ausblasen können, entfachten ein stärkeres Feuer nur um so mehr, und knisternde Funken stoben auf.« (R 614)

Alles wendet sich jetzt zum Schlimmsten: »Funken stoben hervor und flogen als schweifende Lichtpunkte durch die Nacht. Der Wind war ein wenig schwächer geworden, und das war ein Unglück, denn als Sturm hätte er die Funken vielleicht gelöscht, als Brise aber trieb er sie auf und entfachte sie, und mit ihnen flogen brennende Pergamentfetzen durch die Luft gleich lebendig gewordenen Fackeln.« (R 620) »Denn die Funkenwolke, die jetzt ungehindert aus Dach und Fenstern hervorbrach, verteilte sich rasch und erreichte, vom Wind angetrieben, das Dach der Kirche.« (R 621) »Der Wind war wieder stürmisch geworden und blies die Funken weit durch die Nacht. Gleich nach der Kirche fingen die Stallungen Feuer.« (R 622)

Im Epilog haben Wetterbeschreibungen keinen Platz mehr. Wie ein letzter Farbtupfer inmitten einer in die Grautöne des Nichts zerfließenden Welt steht das »Blau des Himmels« (R 632) in der Schilderung des Trümmerfeldes der Abtei, als Adson sie später noch einmal aufsucht.

Der Essayist darf sich abrupt verabschieden. Noch ein Wort auf der Schwelle: Das vorgesehene epigrammatische Schlußwort des imaginären Historikers kam nicht zustande. Auf den Lichtenbergschen Aphorismus: »Ich kann nur die Oberfläche der Leute auf meine Seite bringen« mochte er sich nicht einlassen. Die Frage: »Wird es eine econische/posteconische Phase der Geschichte, insonderheit der mittelalterlichen, geben?« müsse, bevor man ihr geschichtswissenschaftlich nähertrete, schärfer differenziert werden.

Anmerkungen und Hinweise auf Literatur:

Der Unterscheidung Ecos als Person, Autor und Herausgeber der »alten Handschrift«, die in der Rezeptionsliteratur teilweise eingeführt wurde, folge ich nicht.

Als Überblick empfiehlt sich: M. Nußberger und W. Kohlschmidt, Artikel: Historischer Roman. In: Reallexikon der deutschen Literaturgeschichte. 2. Aufl., Bd. 1, Berlin 1958 (mit der wichtigeren älteren Literatur). Den neueren Diskussionsstand vermitteln: Theorie und Erzählung in der Geschichte. Hg. von Jürgen Kocka und Thomas Nipperdey. München 1979 (hier auch die »Kontroverse« zwischen H.-U. Wehler und Golo Mann); Formen der Geschichtsschreibung. Hg. von Reinhart Koselleck, Heinrich Lutz und Jörn Rüsen, München 1982

(Theorie der Geschichte, Beiträge zur Historik 3 und 4; mit umfänglichen Literaturangaben).

Vgl. zu Demokrit (geb. um 460 v. Chr.), der sich in fortgeschrittenem Alter selbst des Augenlichts beraubte, da er nach den Worten Ciceros glaubte, die Schärfe des Geistes werde durch das körperlich-sinnliche Sehen beeinträchtigt (»atque hic vir impediri etiam animi aciem aspectu oculorum arbitrabatur«; M. Tullii Ciceronis Tusculanarum Disputationum ad M. Brutum, V, 114), jetzt den erfrischenden Versuch von Luciano De Crescenzo, historisch verbürgte und fiktive zeitgenössische Philosophie als »lebenswichtige Praxis, auch im Alltag« darzustellen: Geschichte der griechischen Philosophie. Die Vorsokratiker. Zürich 1985.

Das Hebel-Zitat stammt aus: Der Brand von Moskau (1814), in: Johann Peter Hebel, Werke. Hg. von Eberhard Meckel. Bd. 1, Frankfurt a. Main 1968; vgl. dazu die glänzende Studie von Hans Robert Jauss, Der Gebrauch der Fiktion in Formen der Anschauung und Darstellung der Geschichte. In: Formen der Geschichtsschreibung (wie oben).

Der Bezug auf Hegel betrifft seinen Aufsatz: Wer denkt abstrakt? In: Georg Wilhelm Friedrich Hegel, Vermischte Schriften aus der Berliner Zeit. 4. Aufl., Stuttgart 1968 (Sämtliche Werke 20).

Der Aphorismus Lichtenbergs lautet vollständig: »Ich kann nur die Oberfläche der Leute auf meine Seite bringen, ihr Herz erhält man nur mit ihrem sinnlichen Vergnügen, des bin ich so überzeugt, als ich lebe.« (Lichtenbergs Werke in einem Band. Ausgewählt und eingeleitet von Hans Friederici. 3. Aufl., Berlin, Weimar 1978, F 532).

Ich verzichte auf bibliographische Angaben zu der angesprochenen oder gestreiften Literatur. Ausnahmen sind mit Bezug auf die zitierten Ausschnitte in folgenden Fällen angezeigt: Walter Scott's ausgewählte Romane. Übers. und hg. von Carl Immer und Henry Clifford. 1. Bd.: Waverley. Hamburg 1840; Alessandro Manzoni, Die Verlobten. Übers. von Ruth Macchi mit Nachwort von Vladimir Macchi, Leipzig o. J.

Ernst Voltmer

Das Mittelalter ist noch nicht vorbei ...

Über die merkwürdige Wiederentdeckung einer längst vergangenen Zeit und die verschiedenen Wege, sich ein Bild davon zu machen

> Das Gedächtnis und das Vergessen sind gleichermaßen erfinderisch.
>
> Jorge Luis Borges

> Träume sind Schriften, und viele Schriften sind nichts als Träume.
>
> William von Baskerville

> Jede Epoche schafft sich ihr geistiges Bild der geschichtlichen Vergangenheit. Ihr Rom und ihr Athen, ihr Mittelalter und ihre Renaissance.
>
> Lucien Febvre

> Es hat jeder seine eigene (meist) verdorbene Idee vom Mittelalter. Nur wir Mönche von damals wissen die Wahrheit, doch wer sie sagt, kommt bisweilen auf den Scheiterhaufen.
>
> Umberto Eco

1. Ein Bestseller und das Mittelalter

Seltsam – ein Roman, der im weiß Gott fernen Jahr 1327 spielt und der, über und über gespickt mit (manchmal unübersehbar lateinischen) Zitaten und noch viel gelehrteren Diskussionen, seinem Leser neben einigem Stehvermögen auch die eher seltene Gabe einer umfassenden abendländischen Bildung abverlangt, diese dem Kopf und dem Zettelkasten eines schlitzohrigen Semiotik-Professors entsprungene Zumutung schlägt ein wie eine Bombe, hat Erfolg, einen derart überwältigenden Erfolg, daß er sich zum »Weltbestseller« auswächst. Doch nicht so seltsam: ›Der Name der Rose‹ und seine an keiner Kulturgrenze haltmachende Aufnahme – mancher wird auch denken: der um ihn herum inszenierte Rummel – bilden das vorläufig letzte, gewichtige Glied in einer langen Kette von Indizien, die eine unter Eingeweihten lange gehegte Vermutung bestärken: Das Mittelalter kommt wieder ins Gespräch, oder besser: man kann es wieder ins Gespräch bringen. Das vordem schlichtweg »finstere Zeitalter«, häufig in polemischer Absicht als Urbild aller Rückständigkeit und Barbarei diffamiert, ist auf einmal hoffähig, ist interessant geworden.

Die Fachleute, allen voran die Mittelalter-Historiker, können sich über dieses neue Interesse an »ihrer« Zeit freuen. Sie hätten aber auch Grund, beunruhigt zu sein, sich in jeder Hinsicht betroffen zu fühlen. Wie und warum, davon soll hier auch die Rede sein. Denn was folgt, sind Gedanken und Fragen, die den Historiker bei der Lektüre und angesichts des Erfolgs des Bestsellers bewegen. Gedanken und Fragen, Beobachtungen und Vermutungen, die ohne den Zwang zur Vollständigkeit und Systematik zusammengetragen wurden und denen keine Patentantworten, wenig Sicheres und Verbindliches gegenübergestellt werden können. Dem vom Erfolgsroman in Gang gesetzten Nachdenken über das Mittelalter scheint eine lockere, eher unernste Form der Darstellung angemessen, die nicht hinter einem Wall gelehrter Fußnoten in Deckung gehen will und die sich, angesichts des einschlägigen Milieus wohl unvermeidlich, hier und da zu nachgerade ketzerischen Untertönen inspirieren läßt.

Umberto Ecos philosophisch-theologisch-historischer Kloster-Krimi und dessen weltweiter Siegeszug durch die Bestsellerlisten bestätigen eine immer häufiger sich wiederholende Beobachtung: Wer heutzutage von der Zeit und den Menschen des Mittelalters erzählt, und tue er dies auf noch so anspruchsvoll-verzwickte Weise, kommt an, hat plötzlich ein Publikum. Gewiß, und hier ist bereits der erste skeptische Einwand fällig, das Buch verdankt einen Teil seines Erfolgs einer ausgetüftelten Werbekampagne, dem Bemühen, mittels wohldosierter Vermarktung den Roman über Jahre im Gespräch zu halten. Zuerst erscheint die gebundene Ausgabe, unmittelbar gefolgt von der ›Nachschrift‹, Ecos Buch zum Buch, dann die jeweilige Taschenbuchausgabe, schließlich werden noch diejenigen, die ein repräsentatives Buch in ihrem Regal oder als Geschenk zu schätzen wissen, mit einer Art Luxusausgabe zufriedengestellt. Natürlich läßt auch die Verfilmung (mit dem Buch zum Film) nicht lange auf sich warten. Der Film, der trotz immensen Aufwands an Geld, Material, Vorschußlorbeeren, prominenten Schauspielern und sogar an bedeutenden historischen Beratern nicht zum Meisterwerk gerät, zieht dennoch viele Zuschauer an und verschafft so dem Buch wieder neue Verkaufsimpulse. Auf der Mattscheibe wird er wohl auch irgendwann zu sehen sein, das staatliche italienische Fernsehen war ja an der Produktion beteiligt.

Diesen unaufhaltsamen Aufstieg zum »Buch, das man gelesen haben muß« (bzw. Film, den man gesehen haben muß) begleitete von Anfang an eine werbeträchtige Flut von Anzeigen und Besprechungen in fast allen Medien, nicht zu reden von diversen Vorträgen, Seminaren und Kolloquien. Zu jenen Aktivitäten, die nicht selten im Sog des Erfolgs mitschwimmen wollen, gehört, gleichsam als Nebenprodukt, eine zweite Generation des »Buchs zum Buch«, jene Art von Stiefgeschwistern im Stile von »Alles über Eco und seinen Roman«, Gebrauchsanweisungen für Unbedarfte. Hier ließen sich natürlich auch die folgenden Zeilen einordnen.

Also bloß wieder die übliche Geschichte, ein Beleg mehr für einen der Leitsätze unserer Zeit, daß nun mal nichts erfolgreicher ist als der Erfolg? Sicherlich, doch ist damit noch lange nicht alles erklärt. Denn selbst den ausgepichtesten Verlagsstrategen gelingt es wohl kaum, an den Erwartungen und Wünschen des Publikums vorbei jedes beliebige Buch zum Bestseller zu »machen«. Geschäftstüchtigkeit allein genügt einfach nicht, vielmehr braucht es auf dem Buchmarkt für die ganz großen Erfolge immer die richtige Mischung aus Kommerz und Phantasie bzw. Genie, braucht es neben dem Angebot auch die Nachfrage.

Welche Seiten, welches Interesse konnte und kann ein eher schwieriger Roman bei einem offensichtlich breiten Publikum ansprechen? Woran liegt es also noch, daß ›Der Name der Rose‹ so viele Käufer (Leser?) gefunden hat? An der unbestreitbar großen Erzählkunst des Autors oder aber auch an der Tatsache, daß der Roman im Mittelalter spielt?

Zunächst und vor allem ist dieser Erfolg natürlich der listigen Meisterschaft Umberto Ecos gutzuschreiben, erklärt er sich aus einer frappierenden, geradezu unerschöpflichen Mehrdeutigkeit, d.h. daraus, daß der Roman sich und seine Leser keineswegs festlegt, sondern viele Wege der Annäherung und ebenso viele des Verstehens, des Wiedererkennens von Ansichten, Einsichten und Welt-Anschauungen zuläßt. Es ist dies der Paradefall eines Buches, das für eine unbestimmte Reihe von Erwartungen offenbleibt (und bei der Lektüre auch noch neue zu wecken vermag), eines Buches »ohne Grenzen«, eines genial komponierten Bestsellers »für alle«, entstanden aus der geschickten Mischung verschiedener Gattungen: Kriminalroman, historischer Roman, Schauerroman, philosophischer Schlüsselroman. Das Ganze bleibt immer unauflöslich miteinander verbunden und mündet dazu nicht selten – unverhofft aber nachdrücklich – in die unmittelbare Aktualität, in ein kritisches Gegenwartsbild, mit Anspielungen auf die Krise unserer Zeit und unseres Denkens, einschließlich der Verarbeitung von Erfahrungen mit Formen des politisch-ideologischen Fanatismus unserer Tage (die allerdings mehr die italienischen Verhältnisse betreffen). In dieser Vielseitigkeit und Mehrdeutigkeit scheint ›Der Name der Rose‹ ein echter Nachfahre des mittelalterlichen ›Rosenromans‹.

Schließlich bereitet der Roman ein besonderes Lesevergnügen wegen der raffiniert gewählten Technik der Darstellung. Denn es handelt sich nicht um ein reines Werk der Phantasie im Sinne des literarischen Originalkunstwerks, sondern vielmehr um ein Buch aus Büchern, eine gekonnte Collage von Gedanken, Sätzen und ganzen Passagen aus einer Vielzahl anderer Texte vergangener und moderner Zeiten: von mittelalterlichen Philosophen, Theologen und Mystikern, von der allgegenwärtigen Bibel (Johannes-Apokalypse, Hohelied Salomons etc.) bis zu Agatha Christie, von der ›Cena Cypriani‹ (Bibelparodie) bis zu Mario Praz, von den ›Carmina Burana‹ bis zu Jorge Luis Borges, von Isidor von Sevilla bis zu den Kunsthistorikern Erwin Panofsky und Rosario Assunto, von den Merseburger Zaubersprüchen bis zu Ludwig Wittgenstein. Daneben eine Reihe »historischer Zeitdokumente«: päpstliche Dekretale und Bullen, Beschlüsse von Generalkapiteln der Franziskaner, Quellen zur Ketzergeschichte (die anonymen ›Storia di Fra Michele Minorita‹ und ›Historia fratris Dulcini Heresiarche‹ sowie ›De secta illorum qui se dicunt esse de ordine Apostolorum‹ von Bernardo Gui, zusammen mit dessen Handbuch für Inquisitoren).

Das Ganze wird von Eco – in der unbefangenen Manier eines mittelalterlichen Chronisten – stillschweigend in die Schilderungen und Dialoge der Romanhandlung eingeschmuggelt, ohne daß diese jedoch etwas von ihrer Lebendigkeit und Unmittelbarkeit verlieren. Der Löwenanteil dieser hinterlistig versteckten Zitate entfällt naturgemäß auf mittelalterliche Autoren, und es ist für die Mediävisten (und alle, die sich dafür halten) von besonderem Reiz, dem Rätselspiel des Dechiffrierens, des

Enttarnens von Texten und Autoren nachzugeben, sich (unter dem Gelächter des falschen Mönchs aus Alessandria?) auf die endlose Suche nach den Quellen der teils vagen oder mehrdeutigen Anspielungen, teils abgewandelten oder wörtlichen Zitate zu begeben. Dieses Eindringen in das Labyrinth eines Textes aus Texten kann ein zusätzliches, nachgerade elitäres Vergnügen verschaffen. Denn zum einen vermeint man, so dem Romanautor auf die Schliche zu kommen, und zum andern bietet es Gelegenheit, sich – und vor allem den Nichteingeweihten – seine Kennerschaft zu beweisen. So wird aus dem Roman schließlich auch noch ein Kultbuch – für »Ecologen«.

Allein, hätte ›Der Name der Rose‹ nur jene Handvoll Kenner – d.h., realistisch gesehen, gerade einen Bruchteil der studierten Historiker, Philosophen/Theologen, Literaturwissenschaftler – als (die vielleicht idealen) Leser, er wäre gewiß nie auch nur in die Nähe des Bestsellerverdachts geraten. Sein Erfolg muß vielmehr neben einer ausgeklügelten Verlagsstrategie und dem schriftstellerischen Raffinement eines Umberto Eco mit der Zeit und den Figuren des Romans zu tun haben, muß irgendwie auch damit zusammenhängen, was meist sehr unscharf als »Mittelalter« bezeichnet wird.

2. Ecos Mittelalter: Modell und Traum

Wenn eine besondere Vertrautheit mit der Geistesgeschichte des 12. und 13. Jahrhunderts als Nachweis genügen kann, so darf Eco selbst zum Kreis der Mediävisten gezählt werden, zu denjenigen also, die – wie meist ziemlich fahrlässig formuliert wird – etwas vom Mittelalter verstehen. Dieser Teil unserer Vergangenheit hat ihn schon immer interessiert, in gewisser Weise auch fasziniert. So ist sein Verhältnis zu dieser Zeit ein ganz besonderes, aber auch sehr persönliches. Wie sehr, das gesteht er selber, wenn er – wie immer augenzwinkernd – versichert, das Mittelalter aus erster Hand, die Gegenwart dagegen nur aus dem Fernsehen zu kennen.

Zusammen mit dem römischen Futurologen Roberto Vacca (der sich mittlerweile in ähnlicher Weise auch der Renaissance angenommen hat) war Eco zu Anfang der siebziger Jahre der Wortführer jener unvoreingenommenen jungen italienischen

Intellektuellen, die unter dem Eindruck der auf den ersten Blick frappierenden Parallelen (pax romana – pax americana; steigende Unregierbarkeit und Zerfall der großen Reiche in kleinere, begrenzte, »feudale« Herrschaftsgebilde, Refeudalisierung der Gesellschaft; Atomkrieg – Apokalypse; Armutsbewegung – Hippiekultur etc.) in vielen Formen des Lebens und Denkens der modernen Zeit für sie durchaus mittelalterliche Züge entdeckten und sogar ein »neues Mittelalter« heraufziehen sahen.

Wohlgemerkt ging es bei diesen Gedankenspielen nicht um ein Mittelalter »wie es wirklich gewesen«, vielmehr blieb, auch durch politische Wunschvorstellungen geleitet, das Interesse am Mittelalter ausschließlich darauf beschränkt, was sich als ähnlich, vergleichbar mit Erscheinungen der Gegenwart oder auch der Zukunft anbot: das Mittelalter als Modell, als Vor-Bild, kurzgeschlossen mit der Moderne und reduziert auf hier oder da durchscheinende, einzelne Momente der möglichen Verbindung mit der Gegenwart – eine Art Umgang mit der Vergangenheit, wie wir ihn auch in ›Der Name der Rose‹ noch einmal wiederfinden werden. Im selben Zusammenhang und in der gleichen unbefangenen Weise hat Eco sich dann auch Gedanken darüber gemacht, was eigentlich – wie für eine Rezeptur – an Ingredienzien zu einem richtigen Mittelalter gehören muß und wie man ein solches »herstellen« kann. Neuerdings schlägt er vor, weil es ja doch nicht gelänge, sich auf ein Mittelalter zu einigen, wenigstens zehn verschiedene Mittelalter zu unterscheiden, entsprechend den zehn Möglichkeiten, nach denen man sich ein – sein jeweiliges – Mittelalter erträumen kann: das Mittelalter – ein Traum, nur Phantasiegebilde, Metapher für unsere Zeit und unsere Probleme, nicht wissenschaftliche, d.h. um Objektivität bemühte Rekonstruktion einer bestimmten Epoche unserer Vergangenheit?

In seinem Roman nimmt sich das geträumte Mittelalter allerdings sehr real aus, mit starker, unmittelbarer Wirkung auf den Leser. Als Zeit der Handlung hat Eco bewußt das 14. Jahrhundert (genauer das Jahr 1327) und als Ort des Geschehens ein entlegenes Kloster gewählt – einen geradezu klassischen, mittelalterlichen Schauplatz, wo noch nicht die kalte Mechanik der Uhr, sondern die Jahres- und Gebetszeiten den Lebensrhythmus bestimmen. Doch dient dieses Ambiente nicht – wie bei so manchem »historischen« Roman – als bloße Kulisse, in der mit mittelalterlichen Kostümen Verkleidete moderne Ansichten zu ebensolchen Problemen zum besten geben. Dieser Gefahr entgeht Eco – wenigstens zum großen Teil – sehr elegant durch jene kunstvolle Collagetechnik, gekonntes Jonglieren mit mittelalterlichen Texten, durch die und in denen oft die Zeit selbst zu Wort kommt. Auf diese Weise wird nicht, und schon gar nicht schulmeisterlich, vom Mittelalter erzählt, sondern es spricht selbst, unmittelbar in den Äußerungen der Personen, einschließlich des Erzählers, ihren Beschreibungen und Berichten, in den Dialogen und den Diskussionen. Auf diese Weise gelingt Eco eine eindringliche Rekonstruktion mittelalterlicher Mentalität, die oft wörtliche, naturgetreue Nachzeichnung von Gedanken und Anschauungen, die bestimmte Personengruppen zu bestimmten Zeiten des Mittelalters – nicht jedoch *den* mittelalterlichen Menschen – geprägt und bewegt haben.

Eco hat darüber hinaus ausdrücklich dargelegt, warum sein Roman gerade im Jahr 1327 spielt, spielen muß. Um ihn im Sinne seiner Botschaft jenseits der Kriminalhandlung mit den richtigen Protagonisten ausstaffieren zu können, braucht er einen ganz bestimmten politischen, kirchengeschichtlichen und geistesgeschichtlichen Hintergrund: den Kampf des deutschen Königs und Noch-Nicht-Kaisers gegen den Papst, der den politischen Gegner verketzert, um die Anerkennung der Vorherrschaft; den Kampf der Franziskaner gegen den Papst wegen des Armutsstreits; Ketzerproblem und Inquisition; Scholastik gegen aristotelische Erfahrungswissenschaft. Dieser Hintergrund scheint ihm erst mit dem 14. Jahrhundert gegeben, und weil Michael von Cesena sich bereits Ende 1327 in Avignon aufgehalten hat, muß die Handlung eben im November dieses Jahres spielen.

Muß sie wirklich? Abgesehen von der grundsätzlichen Freiheit des Autors selbst der gestrengen sogenannten historischen Wahrheit gegenüber, von der Eco hier und da ja auch Gebrauch macht, hätten sich, um das zu untermalen, was alles in dem Roman auch gesagt werden soll, durchaus vergleichbare und brauchbare Zeit- und Personenkonstellationen finden lassen, so z.B. das 13. Jahrhundert mit der eindrucksvollen Gestalt des Staufers Friedrich II. und seinem Kampf gegen die Päpste, mit dem Franziskanergeneral Elias von Cortona und den Anfängen des Armutsstreits, den Schwierigkeiten und »Erfolgen« in der Ketzerbewegung, mit Robert Grosseteste und Roger Bacon als Vertretern der »neuen Wissenschaft« und nicht zuletzt auch mit einem veritablen Schotten, der schillernden Figur des Übersetzers, Astrologen und Magiers Michael Scotus. Ins 13. Jahrhundert führen viele der gelehrten Grundsatzdiskussionen des Romans zurück, und hier hätte Ecos Zettelkasten doch wohl ebenfalls eine vergleichbare Ausbeute hergegeben. Wäre als Hintergrund der Romanhandlung aber auch an ganz andere Epochen zu denken, beispielsweise die Reformationszeit, den Dreißigjährigen Krieg, die Französische Revolution, oder mußte es wirklich das Mittelalter sein? Es scheint tatsächlich so. Wieder sind wir, gleichsam im dritten Anlauf, bei der Frage nach dem Mittelalter, seinem Stellenwert für diesen Roman und für seinen Erfolg.

3. Betroffensein – Betroffenheit: der Historiker und die Mittelalter-Welle

Warum also das Mittelalter? Die offenkundige, wenn auch besonders geartete Vorliebe Ecos für diese Zeit verweist – neben individueller Neigung und womöglich gegebenem Einklang mit bzw. gutem Gespür für Zeitströmungen beim Autor – natürlich auch auf sein Publikum, auf dessen Erwartungen und Disponiertheit, und damit auf jene in den letzten Jahren vor allem in Frankreich und Italien, aber auch in Deutschland sich immer deutlicher abzeichnende Mittelalter-Mode. Es gilt weithin als ausgemacht, daß das Mittelalter »en vogue« sei, und es wird vielfach geradezu von einer Mittelalter-Welle gesprochen. Allenthalben läßt sich eine zunehmende Neugier feststellen, der offenkundig entschiedene Wille, etwas oder mehr über Denken, Leben und Alltag der Menschen im Mittelalter zu erfahren. Dieser neuen Bereitschaft des Publikums entspricht der von verschiedenen Seiten praktizierte Rückgriff auf das Mittelalter, sein Gebrauch für die unterschiedlichsten Absichten und Zwecke. Einen Höhepunkt in dieser Entwicklung markiert ohne jeden Zweifel ›Der Name der Rose‹ mit seinem alle Erwartungen übertreffenden Erfolg.

Diese neue Empfänglichkeit für den diskreten Charme des Mittelalters mag zusammenhängen mit einem wieder gestiegenem Interesse an der Geschichte. Denn längst vergessen erscheinen die Zeiten, da man fast gebetsmühlenartig große Geschichtsmüdigkeit und den Verlust der Geschichte verkündet und – vor allem von den Kathedern herab – in düsteren Abendland-Untergangs-Gemälden vor den unausweichlichen Folgen gewarnt hat. Doch kann ein erneut gewachsenes Interesse an der Vergangenheit die Wiederentdeckung, Neubewertung und – die Humanisten mögen verzeihen – die Renaissance ausgerechnet des Mittelalters nur unzureichend erklären. Woher kommt dessen neuer, beinahe exotischer Reiz? Vielleicht daher, daß es eine Vergangenheit »nach Maß« darstellt, nicht zu weit weg, um nicht gänzlich unbegreiflich zu sein, aber immerhin weit genug, um nicht ständig an eine lästige Gegenwart zu erinnern. Das Mittelalter als Fluchtpunkt in der Vergangenheit?

Darf man denn wirklich von einer Wiederentdeckung des Mittelalters reden? Gibt es tatsächlich eine solche Mittelalter-Welle? Wenn ja, was bestimmt sie, wie ist sie zustandegekommen, wer hat sie beeinflußt, wer oder was ist dafür verantwortlich? Auch diese Fragen sind bisher kaum gestellt worden, geschweige denn einfach zu beantworten. Eines läßt sich allerdings schon jetzt behaupten: Die Fachleute, die Mittelalter-Historiker, haben mit der Mittelalter-Renaissance offenkundig wenig oder gar nichts zu tun.

Natürlich, und auch zu Recht, können die Mediävisten sich freuen über die neue Wertschätzung ihres Arbeitsgebiets, die – wenn sie ihnen auch mehr oder weniger in den Schoß gefallen scheint – dem in Zeiten eines vordergründigen Verwertungs-Fetischismus nicht eben unerschütterlichen Selbstwertgefühl des Geisteswissenschaftlers etwas aufhilft. Und nicht wenige fühlen sich auch durchaus geschmeichelt, so sehr, daß ›Der Name der Rose‹ – entgegen ihrer berufsmäßig verinnerlichten Abwehrhaltung derartiger Konkurrenz gegenüber – von ihnen wenigstens teilweise geradezu überschwenglich aufgenommen wurde. Denn ein Publikumserfolg stimmt die Historikerzunft sonst eher skeptisch und kann oft geradezu als diskriminierend gelten, wird dahinter doch – ob aus Neid wegen der hohen Auflage oder aus einer anerzogenen, zur Vorsicht mahnenden kritischen Haltung heraus – meist eine fragwürdige, wenn nicht zwangsläufig geringe wissenschaftliche Qualität geargwöhnt. Im Falle Eco, der vom engen Zunftstandpunkt her ja eher zu den Außenseitern zählt, war die Reaktion vergleichsweise milde, ja geradezu wohlwollend bis hofierend, diesmal vielleicht wegen des großen Erfolgs und der vielen Publizität. Der Roman wurde selbst, man sieht es ja, Gegenstand wissenschaftlichen Interesses, und auch die renommiertesten Fachzeitschriften scheuten sich nicht, ihn auf Seiten zu besprechen, die sonst

»bedeutenderem« Schriftgut vorbehalten sind. Dem Autor hat sein Ruhm sogar die Einladung zum Eröffnungsvortrag eines großen Historikerkongresses eingebracht – über Fälscher und Fälschungen im Mittelalter, versteht sich.

Doch sind natürlich keineswegs alle Mediävisten dieser Euphorie erlegen. Auch ohne unbedingt der Spielverderber sein zu wollen, lassen sich angesichts von Eco-Bestseller und Mittelalter-Welle einige skeptische Einwände und bedenkenswerte Vorbehalte nicht unterdrücken. Zuallererst muß für mehr Wirklichkeitssinn plädiert werden, müssen, was die Reichweite der Mittelalter-Mode, den Umfang der davon betroffenen Öffentlichkeit und die Qualität des so vermittelten Geschichtsbilds betrifft, die Maßstäbe zurechtgerückt werden. Denn man sollte sich keinen Illusionen hingeben: mit bestimmten Themen läßt sich immer nur eine begrenzte Öffentlichkeit ansprechen. Fachgelehrte werden mit ihren Veröffentlichungen das große Publikum nie erreichen, liegt doch der statistische Anteil des Lesepublikums an der westdeutschen Bevölkerung, selbst bei optimistischer Schätzung, deutlich unter 20 Prozent. Daher werden sie, wie auch viele andere, gegen die »Sportschau« und gegen »Dallas« immer weniger (nie?) eine Chance haben. Aber man muß ja schließlich auch nicht mit Schiller meinen, daß die Geschichte jedem Menschen etwas Wichtiges zu sagen hätte.

Reduziert sich demnach das interessierte Publikum fast von alleine, so bleibt noch die Frage nach der Art dieses Interesses. Was heißt denn: »Das Mittelalter ist wieder interessant«? Dient die Feststellung vielleicht nur als Slogan, als Aufhänger dafür, Bücher, Filme und andere Dinge besser verkaufen zu können? Stehen dahinter wirklich der Wunsch und die Bereitschaft, mehr von dieser Zeit erfahren zu wollen, in sie einzudringen, sich – auch mit Mühe – kundig zu machen? Oder aber handelt es sich eher um eine oberflächliche Neugier, die mit bekannten Klischees und Stereotypen abgespeist, der ein Mittelalter zum leichten, problemlosen Konsum verabreicht wird (und die damit auch zufrieden ist), ohne zu ahnen, welche gewaltigen Schwierigkeiten die Annäherung an diese uns so ferne Zeit in Wirklichkeit birgt. Wird damit nicht fatalerweise eine Pseudo-Vertrautheit, eine falsche Familiarität erzeugt und zugleich die Chance vertan, einem wichtigen Abschnitt der Vergangenheit etwas mehr gerecht werden zu können?

Angesichts dieser Vorbehalte dürfte Ecos Romanerfolg den Mittelalter-Fachleuten eigentlich keinen Anlaß zur Selbstgefälligkeit geben. Eher sollte er sie nachdenklich stimmen. Denn es kann sie wohl kaum gleichgültig lassen, daß es ein neues Interesse für das Mittelalter gibt, ohne daß sie etwas dazu getan hätten. Eine Mittelalter-Welle, die bisher an ihnen vorbeigegangen ist und die sie – existierte das Buch nicht – vielleicht gar nicht bemerkt hätten: eine Welle, die ihnen immerhin gute Chancen eröffnet, mit ihrer Arbeit, kommt sie diesem Interesse entgegen, auf eine größere Resonanz zu stoßen. ›Der Name der Rose‹ – ein Buch, das dem Mittelalter-Historiker zu denken geben sollte?

Gewiß, ein Roman, der ihn auf zweifache Weise ansprechen kann: einmal unmittelbar, durch die Lektüre selbst, und dann, wenn er darüber hinausdenkt. Beim Lesen wird er auf Schritt und Tritt an seine eigene, mühevolle Arbeit des Rekonstruierens von Vergangenem erinnert: das kriminalistische Auffinden und Sichern von Spuren, das Entziffern und Deuten von Zeichen und Texten, die grundsätzlich eine, vielfach verschlüsselte und vermittelte, mehrdeutige Botschaft enthalten; wenig Gewißheit, vielmehr die ständige Gefahr, wie William trotz höchsten methodischen Aufwands in die Irre geführt zu werden, auf der Suche nach der »Wahrheit« zu scheitern. Der Historiker letztlich in der Rolle Adsos (warum hat der Übersetzer eigentlich den guten germanischen Namen zu Adson »eingewelscht«?), der von der monumentalen Bibliothek am Ende nur noch Pergament-Schnipsel in der Hand hält? Bleiben nicht auch ihm »von verflossener Herrlichkeit« (und Erbärmlichkeit) letztlich »nur nackte Namen« zurück?

Der Erfolg des Romans kann ihn schließlich dazu anregen, über den Sinn seiner Arbeit und ihre Funktion, d.h. über nicht weniger als die (sich wandelnde?) Rolle des Historikers in einer sich wandelnden Gesellschaft wieder einmal nachzudenken.

4. Das Mittelalter – die Mittelalter

Von *dem* Mittelalter schlechthin darf man eigentlich schon lange nicht mehr sprechen, es sei denn, man meint ganz pragmatisch und ohne sich auf Inhaltliches und auf Wertungen einzulassen einfach die Zeit von 500 bis 1500 (in Europa). Diese rund 1000 Jahre zwischen Theoderich und Kolumbus, Benedikt von

Nursia und Luther, zwischen Völkerwanderung (und Invasionen der Araber) und den Türkenkriegen haben kein einheitliches Gesicht und können nur mit einigem Aufwand an Vergeßlichkeit und Ausblendung auf einen oder wenigstens einige gemeinsame Nenner gebracht werden. Sie sind vielmehr gekennzeichnet durch Nicht-Einheitlichkeit, eine ungeheure Vielfalt, durch Zersplitterung, das Auseinanderfallen in ein buntes Nebeneinander der verschiedensten Lebensbereiche und Schauplätze, stärkste räumliche und zeitliche Verschiebungen und Kontraste, kurz eine geradezu zum Gesetz erhobene Gleichzeitigkeit des Ungleichzeitigen. Sie entziehen sich damit der vereinfachenden, vereinnahmenden Etikettierung, sind christlich *und* heidnisch, zivilisiert und barbarisch, ständisch geordnet und anarchisch, fortschrittlich und primitiv, unbeweglich-statisch und dynamisch-revolutionär. Die großen Worte vom »Kosmos des Mittelalters«, seiner festgefügten Ordnung, und vom »christlichen Abendland« taugen daher bloß noch für Festreden. Und auch die Zeit der Diffamierungen à la »finsteres Zeitalter« (Dark Ages) sollte vorüber sein.

Niemand ist in der Lage, die Geschichte dieser tausend Jahre bis in alle Vereinzelungen zu überblicken, geschweige denn zu einem Gesamtbild zu gelangen. Es gibt daher auch kein für alle und für alle Zeiten verbindliches Mittelalter-Bild. Die Zeit bietet einfach zu viele Möglichkeiten und Ansatzpunkte, sich ein Bild, d.h. sich viele verschiedene Bilder von ihr zu machen. Nun kann man, wie Eco, mindestens zehn Wege ersinnen, um ein Mittelalter herbeizuträumen, oder aber resignierend jedem sein individuelles Mittelalter-Bild zubilligen. Eine grundsätzliche Unterscheidung scheint jedoch notwendig: die zwischen dem Mittelalter (bzw. den Mittelaltern) der Spezialisten und dem der anderen, dem viel weiter verbreiteten Bild der Laien, dem »anderen Mittelalter«. Gerade die Mittelalter-Welle, die Konjunktur für alles, was mit dieser Zeit zu tun hat, macht deutlich, daß es von ihr diese beiden Vorstellungen gibt: das wissenschaftliche, »offizielle« und das »andere« Mittelalter.

Das Mittelalter der Fachleute

Es klingt paradox, ist aber eine häufige Erfahrung und leicht mit dem bekannten Baum-Wald-Gleichnis zu erklären: Wenn heutzutage vom Mittelalter schlechthin nicht mehr geredet werden kann, so ist dies allein die Schuld der Fachleute, geht auf das Konto der Mediävisten, die mit viel Fleiß und solider wissenschaftlicher Arbeit, vor allem aber mit ihrem fortschreitenden Spezialistentum zu seiner allmählichen Auflösung beigetragen haben. *Das* Mittelalter ist ihnen nach und nach abhanden gekommen. Wie die Zauberlehrlinge stehen sie nun da, wissen mehr denn je über »ihre« Zeit, dringen – soweit die Überlieferung es zuläßt – immer neugieriger in immer weitere Bereiche vor, verbauen sich damit aber immer mehr die Chance, aus ihren Puzzle-Stückchen jemals ein Gesamtbild zusammensetzen zu können. Welch enorme Leistung dennoch dahintersteht, und in welchem Maße unser Wissen auch über die Zeit des Mittelalters explodiert ist, zeigt schon ein flüchtiger Blick in die ersten Bände des ›Lexikon des Mittelalters‹.

Historiker, Literaturwissenschaftler, Kunsthistoriker, Archäologen und andere, die allmählich in einer Mittelalter-Wissenschaft zusammenfinden, haben in der Tat ein gewaltiges Stück Arbeit geleistet – Aufklärungsarbeit im wahrsten Sinne des Wortes. Denn gegen alle Vorurteile und verzerrte Vorstellungen ist es ihnen gelungen, immer mehr Licht in ehedem »düstere Jahrhunderte« zu bringen. Die Ausgangslage nämlich war denkbar ungünstig, meinte doch »mittlere Zeit« (medium aevum) ursprünglich eine belanglose Zwischenzeit (zwischen Antike und Neuzeit), in der außer einem Rückfall in »Barbarei« nichts Wichtiges passiert sei. So sahen Humanismus (verstärkt noch durch die Reformation) und Aufklärung im Mittelalter bloß ein bedauerliches Intervall, einen sich leider etwas hinziehenden Betriebsunfall in der europäischen Kulturentwicklung. Dieses Ressentiment, dieser aus eher negativen Assoziationen gespeiste Beigeschmack hat sich bis heute gehalten, werden »Zustände wie im Mittelalter« doch immer noch bemüht, wenn von Primitivität, Rückständigkeit, Rechtlosigkeit die Rede sein soll.

Die von der Fortschrittsidee inspirierte, künstliche Dreigliederung der Vergangenheit, die mit der Zeit zusehends problematischer wird, hat noch eine weitere Folge. Bereits als polemischer Gegenbegriff geboren, ist die unglückliche Bezeichnung »Mittelalter« von vornherein so angelegt, daß ihr gegenüber eine unvoreingenommene Haltung nur noch schwer möglich scheint. Nie hat die Zeit eine Chance gehabt, wie sie gewesen, d.h. in ihrer eigenen Wertigkeit gesehen zu werden, immer wurde und wird sie benutzt, instrumentalisiert, mythisiert oder als Negativ-Folie (Nicht-Aufklärung, Nicht-Moderne), als mal verklärte, mal verteufelte Gegenwelt der jeweiligen Gegenwart präsentiert. Eben weil es von Anfang an schon nur als Alibi und als Spiegel konzipiert wurde, fällt auch heute, bei allem Fortschritt unseres Wissens, uneingeschränkte Neutralität gegenüber dem Mittelalter schwer.

Denn in der Tat, in dieser Zeit läßt sich alles und von allem das Gegenteil finden. In einem Gebiet, das den Umfang des sogenannten Abendlands mittlerweile weit gesprengt hat und sich von Island und Skandinavien nach Sizilien und Nordafrika und von Portugal bis ans Schwarze Meer erstreckt, und innerhalb eines zeitlichen Rahmens, dessen Grenzen vor allem nach der Neuzeit hin alles andere als fest zu umreißen sind, stößt der Fachmann auf die verschiedensten gesellschaftlichen, politischen und religiösen Wirklichkeiten in den mannigfachsten Formen, die sich zudem ständig verändern und die – wenn auch nicht alle – hin und wieder miteinander zwar in Kontakt kommen, aber dennoch ziemlich isoliert und unvereinbar einander gegenüberstehen. So entwerfen auch die Spezialisten von jener Zeit, von der man weder genau weiß, wann sie beginnt, noch wann sie aufhört, ganz verschieden gefärbte Bilder, gibt es auch für sie mehrere Mittelalter nebeneinander:

Das der Blutrache, Kriege, Eroberungen, des ständigen Mangels, der Hungersnöte und Seuchen, roh und gewalttätig, immer bedroht und voller Entbehrungen; das der hohen Schulen und Universitäten, der Theologen, Juristen, der Intellektuellen, gebildet und selbstbewußt, spitzfindig und skeptisch zweifelnd, wissenschaftlich und international; das der Sklaven und Leibeigenen, der unfreien Landbevölkerung, der Bauern und Tagelöhner, primitiv und persönlich abhängig, unterdrückt und ausgebeutet, ungebildet und abergläubisch; das der Könige, Fürsten und Ritter, der Päpste und Bischöfe, adlig und hierarchisch geordnet, »feudal« und höfisch, selbstherrlich und mächtig; das der Patrizier und Bürger, Kaufleute und Handwerker, Künstler, Architekten, Erfinder, städtisch, berechnend, materialistisch, gebildet und mobil; das der Klöster und geistlichen Gemeinschaften, der Prediger und Eiferer, der Frömmigkeit, gläubig und jenseitsbezogen, naiv und mystisch, spirituell und ketzerisch; das der Minderheiten und Randgruppen, der Fahrenden und Söldner, freischwebend und weltläufig, verachtet und anarchisch; das der Fürsorge für Arme und Kranke, der Stiftungen und Hospitäler; das der Wirtschaft, des Handels und Verkehrs, des Geld- und Kreditwesens; das des Rechts, der Gerichtsverfahren und Gutachten, der Ordnungen, Statuten und der Gesetzgebung; das der Stadt- und Landgemeinden; das des Nordens und das des Mittelmeers, von Byzanz, der Slaven, Juden und Araber (usw., mit vielerlei Überschneidungen und teilweise gewaltigen räumlich-zeitlichen Unterschieden).

Schon dieser noch ziemlich oberflächliche Katalog läßt ahnen, wie sehr das Mittelalter der Fachleute sich mittlerweile gewandelt und geweitet hat, wie es immer unübersichtlicher und komplizierter geworden ist. Am Anfang war alles noch einfach. Seitdem man aber begonnen hat, sich wissenschaftlich mit dem Mittelalter zu beschäftigen – seit der Wende zum 19. Jahrhundert und vor allem geleitet von jener einseitigen, mythisch verklärenden Sicht der Romantik, deren Kind die Mediävistik ja auch ist –, hat die Zeit ihren einheitlichen Charakter mehr und mehr verloren. Verloren in dem Maße, wie man neben den romantischen Vorstellungen (z.B. vom christlichen Europa) auch die einstmals großen Leitideen, den Nationalstaats-(Reichs-) und den Fortschrittsgedanken, allmählich aufgegeben und sich anderen Grundthemen, insbesondere dem der »Gesellschaft« und der sie tragenden Personengruppen und Gemeinschaften, zugewandt hat. Verstärkt wurden diese »Auflösungserscheinungen« noch durch einen grundlegenden Wandel in der Untersuchungsmethode, die, insbesondere seit der Zeit nach dem Ersten Weltkrieg, nicht mehr die Haupt- und Staatsaktionen, sondern kleinere Einheiten als Gegenstand bevorzugt: die ein eng gefaßtes Untersuchungsgebiet und eine möglichst große Aspektvielfalt erfolgreich kombinierende Landes- und Lokalgeschichte (die übrigens von den Neuzeit-Historikern erst wesentlich später entdeckt wurden).

Auch die Versuche, die langen tausend Jahre durch eine – ebenso willkürliche wie diskutierbare – Unterteilung in Früh- (bis 900/1000), Hoch- (bis 1250/1300) und Spätmittelalter besser in den Griff zu bekommen, haben wenig gefruchtet, im Gegenteil, durch sie wurde das Spezialistentum zusätzlich begünstigt. Neuerdings ist es üblich, das Mittelalter in zwei grundverschiedene Hälften zu zerlegen: in eine uns schon ziemlich ferne und fremdartige »archaische« und in eine »alteuropäische« Zeit, wobei die Zäsur um das Jahr 1000 angesetzt wird. Das hinter den Begriffen »alteuropäisch« und »Alteuropa« sich verbergende Konzept zeigt an, daß sich im Verhältnis Gegenwart–Mittelalter wieder einmal etwas getan hat, daß wieder eine neue Phase der Mittelalter-Sicht erreicht ist. Nicht mehr als bloße Zwischenzeit, nicht als romantisch verklärte Gegenwelt, auch nicht als schlicht vergangene und überlebte Epoche wird das Mittelalter (bzw. ein Teil von ihm) gesehen, sondern es wird enger an die Moderne herangerückt: als Zeit, in der viele Grundlagen gelegt worden, Vorentscheidungen von großer Tragweite gefallen sind, als wichtiges Glied in einer Kette von Ursachen, die unmittelbar zu uns hinführen. Es gibt keine feste Epochengrenze, sondern nur Übergänge. Vieles, womit wir heute praktisch umgehen (z. B. unsere Sprache, Rechtsordnung, Stadt, Staatenwelt, Universitäten) und was uns in unseren Köpfen beschäftigt, hat seine Anfänge und findet seine entscheidende Ausprägung in der Vergangenheit. Die Neuzeit »überwindet« das Mittelalter nicht, sie wächst aus ihm heraus; ihre »Neuzeitlichkeit« ist ein Teil von ihm, in ihm angelegt und von ihm abhängig.

Je mehr das Mittelalter sich als eine durchaus nicht einheitliche und geschlossene Zeit entpuppt, um so mehr erweist es sich auch als nicht abgeschlossen, als zur sogenannten Moderne hin offen. Für die meisten Lebensbereiche wird das »Ende« des Mittelalters bereits weit über die Schwelle des Zeitalters der Entdeckungen und Reformation hinausgeschoben, bis zum Beginn der Industrialisierung (um 1800) und zum Teil noch weiter. Wobei man mit dem Mittelalter stillschweigend natürlich nur dessen zweite, »alteuropäische« Hälfte meint; zurück zur »archaischen« Zeit des frühen Mittelalters scheint viel weniger oder gar nichts mehr zu führen. Dieses Heranziehen eines Teils der Vergangenheit, der als »Vorgeschichte« akzeptiert wird, an die Gegenwart hat – neben anderen Gründen – dazu geführt, daß sich auch bei den Mediävisten immer mehr eine eindeutige Vorliebe für jene »alteuropäische« Zeit nach dem Jahr 1000 entwickelt. Hier, und insbesondere in der Spanne zwischen dem 12. und dem 14. Jahrhundert, haben die Fachleute heutzutage das Herzstück der Epoche entdeckt, die Zeit, in der das Mittelalter einfach »am mittelalterlichsten« war.

Das Verfahren einer mehr oder weniger bewußten Wahl, einer Auswahl aus der unendlichen Fülle der Vergangenheit, die vor allem von Bedürfnissen der Gegenwart geleitet wird, fördert so auch bei den Wissenschaftlern die Versuchung, einen dergestalt »interessanten« (und ihnen vertrauten) Teil für das Ganze zu nehmen. Jener Mechanismus, immer aus einer besonderen, individuell und zeitbedingten Disponiertheit heraus alle

Vergangenheit nur im Verhältnis und aus dem Blickwinkel einer jeweiligen Gegenwart zu sehen und zu beurteilen, bewirkt, daß bei aller Anpassung an den auch in der Wissenschaft bestimmenden Haupttrend jeder letztlich sein eigenes Mittelalter hat. Somit befindet sich Eco durchaus in guter Gesellschaft. Denn auch er präsentiert in seinem Roman eine wohlüberlegte und persönliche Auswahl von Personen, Institutionen, Problemen und Gedanken aus jener »alteuropäischen« Kernzeit (12. bis 14. Jahrhundert), auch er erzählt von einem besonderen Stück Mittelalter, nicht vom »Mittelalter« schlechthin.

Der allgemeine Wandel in der Einstellung einem bestimmten Mittelalter gegenüber macht deutlich, daß auch Wissenschaft sich nicht von Denkmoden und vom Zeitgeschmack abkoppeln kann. Immerhin sind ihm eine Vielzahl der thematischen Erweiterungen in der Mittelalterforschung zu verdanken, die, wenn sie auch keine direkte Linie von heutigen Erfahrungen und Problemen zurück in die Vergangenheit ziehen wollen, davon doch wichtige öffnende Impulse und manche heuristische Nachhilfe empfangen. So haben, dem von möglichen aktuellen Bezügen ausgehenden Anstoß folgend, in der letzten Zeit viele einstmals als unwichtig oder »exotisch« angesehene oder ganz und gar verpönte Themen stärkere Beachtung gefunden: z. B. die Stellung der Frauen (Ennen), der Kinder und der Familie; Ernährung und Kleidung, Wohnung und Arbeit, Gemeinschaftsleben, Spiele und Feste, kurz alles, was mit dem sogenannten Alltag zu tun hat (Kühnel, Goetz); Reisen (Ohler), Umwelt (Herrmann) und Technik; Krankheit (Schipperges) und Medizin; Erziehung und Bildung, Schule und Universität; Armut, Unterschichten und Randgruppen der Gesellschaft; insbesondere die »Mentalität«: Denken, Vorstellungswelt und Werthaltungen von Gruppen und Individuen (Gurjewitsch, Goez, Fichtenau, Borst).

Doch muß sofort der Eindruck korrigiert werden, als hätten sich die Mediävisten jetzt geschlossen und mit Begeisterung auf solche Themen geworfen, die zum Teil schon um die Jahrhundertwende unter »Kulturgeschichte« abgehandelt wurden. Die hier angedeuteten Arbeitsgebiete und die Autoren, die – vielleicht durch ein Verlagsangebot zusätzlich motiviert – die Neigung oder die Notwendigkeit spüren, für ein breiteres Publikum zu schreiben, bilden nämlich immer noch die Ausnahme. Die normale mediävistische »Produktion« ist von anderer, »langweiligerer« Natur. Es handelt sich dabei – neben den wichtigen Quelleneditionen – um ernsthafte und gründliche Arbeiten zu meist klassischen Themen – nicht selten um Gesellen- und Meisterstücke, wie sie eine gestrenge Zunftordnung verlangt. Spezialuntersuchungen von und für Spezialisten (und Fachbibliotheken), die nur im eingeschränkten Sinn eine Öffentlichkeit haben und diese in der Regel auch gar nicht suchen. Sie sind als Lesestoff für den Nichtfachmann auch kaum geeignet, wird in der Zunft doch verlangt, daß sie in einer normalerweise als belehrend und gespreizt empfundenen Fachsprache gehalten sind und mit imponierendem Anmerkungsapparat und enzyklopädischer Bibliographie aufwarten. Wissenschaftler, Mittelalterforscher sein bedeutet nicht nur, die Dinge in einer besonderen Weise sehen und verstehen zu lernen, sondern es führt, da man sich in einem besonderen Arbeitsgebiet und Berufsfeld mit bestimmten Traditionen, Hierarchien und Spielregeln bewegt, unausweichlich zu einer »déformation professionelle« – und dies nicht ohne Folgen.

Wissenschaftlichkeit gegen Phantasie und Unterhaltung

Wenn historische Romane und Biographien sich verstärkter Nachfrage erfreuen, wenn es Umberto Eco so leicht gelingt, mit einer spannenden Kriminalgeschichte eine große Leserschaft zu einem Ausflug ins Mittelalter zu ködern, dann verweist dies auch auf bestimmte (unumgängliche?) Defizite, die sich aus der freiwilligen Isolation auch der Mittelalterwissenschaft erklären. Eine Ausbildung, d.h. der sanfte Zwang zu einem Arbeits- und Denkstil, der stark auf Qualifikation und Reputation (»Ruf«), auf Rechthaben, Besserwissen und Karriere fixiert ist, und auch die unvermeidliche Spezialisierung erziehen zur Gleichgültigkeit allen Externa und so auch der Öffentlichkeit gegenüber.

Man ist vorwiegend unter sich und mit sich selbst beschäftigt, bildet eine Art geschlossene Gesellschaft, eine Zunft, die argwöhnisch über ihre Fachmonopole wacht und zu ihrer Umgebung bisweilen ausgesprochene Berührungsängste entwickelt. Wenig sensibel für die Bedürfnisse eines größeren Publikums, dessen wachsende Neugier durch eine bedauerliche Stagnation, wenn nicht einen Rückgang des historischen Wissens behindert wird, überläßt man die »Massenverkündigung« zumeist flinken Publizisten und Journalisten. Denn weit mehr als bei den Nachbarn Frankreich, England und Italien gilt in Deutschland

Popularisierung immer noch als leichtfertig bis wenig seriös, und ein Publikumserfolg kann geradezu rufschädigend wirken. Was jedoch nicht daran hindert, mit Ärger und Verachtung zu reagieren, wenn etwa die Herren Fischer-Fabian, Horst, Pörtner und Schreiber wieder einmal den geschlossenen Kreislauf der Spezialisten anzapfen und mit flott geschriebenen Büchern einem begierigen Publikum einen meist überholten Forschungsstand präsentieren.

Wissenschaft, die zum Beruf wird, bringt auch mit sich, daß Meinungsverschiedenheiten in der Sache und die notwendig daraus folgenden Diskussionen nicht selten zu Prestige-, Macht-, ja Existenzfragen werden. Daher verwundert es kaum, wenn die stromlinienförmige Anpassung an die »herrschenden« Auffassungen eher gefragt (und erfolgreicher) ist als kritischer, auch selbstkritischer Zweifel oder gar Selbstironie. Geschichtsschreibung kann so leicht zu positivistischer Faktensuche ausarten oder zu langweiliger Gelehrsamkeit verkrampfen. Marc Blochs auffordernde Feststellung, daß Geschichte doch vor allem »unterhaltsam« sei und man ihr ihren Anteil an »Poesie« nicht entziehen solle, wird wohl mehr zitiert als befolgt. Die Historiker haben oft zu wenig Humor und nehmen sich und ihre Arbeit einfach zu ernst. So ernst, daß das Gespür für die Verpflichtung und die Neigung, auch Nichtfachleuten etwas von ihrer Arbeit mitzuteilen, nicht selten total verlorengeht, man sich lieber hinter einem defensiven Anspruch der Wissenschaftlichkeit verschanzt. Aber das Spezialistentum macht nicht nur unsensibel und manchmal auch hochmütig, es macht vor allem blind für Zusammenhänge (auch zum Umfeld der eigenen Arbeit), und es schädigt die Fähigkeit der Phantasie.

Aber Phantasie scheint für das ernsthafte Geschäft des Historikers ohnehin wenig gefragt, wenn nicht störend. Wie jedes intellektuelle Wagnis gilt sie als verpönt und riskant. Deshalb wird unkonventionelles Denken, außerhalb der eingefahrenen Bahnen, nicht besonders geschätzt und auch nicht die Bereitschaft, mit neuen Fragestellungen zu experimentieren, auch auf die Gefahr hin, eine Antwort vorerst schuldig bleiben zu müssen. Die Reaktion der Fachgenossen auf solcherart von den »herrschenden« Leitlinien abweichendes Verhalten kann vom schlichten Ignorieren über die Bescheinigung mangelnder Seriosität bis hin zu einer Art »Verketzerung« führen. Unbefangenheit und Sinn für Humor, etwas Selbstironie, eine unernste Einstellung der eigenen Arbeit gegenüber, das Bewußtsein vom

Wert der Elemente des Spielerischen und der Phantasie, keine fraglose Unterwerfung unter Autoritäten, die eine derart unehrerbietige Haltung nicht gerade schätzen, die gegen das »Lachen« allergisch sind – wem öffnete ein solches Plädoyer nicht eine (überstrapazierte?) unmittelbare Verbindung vom Innenleben des modernen Wissenschaftsbetriebs zu den ernsthaften Hintergründen von Ecos Kloster-Krimi? Wem käme angesichts dessen nicht die Idee, daß es auch noch andere geben könnte, die den Verlust des zweiten Buchs der Poetik des Aristoteles nicht sonderlich bedauern?

Dabei ist der Historiker natürlich mehr auf Phantasie angewiesen, als er sich und den anderen – vielleicht aus Angst, die Wissenschaftlichkeit seiner Arbeit zu kompromittieren – zugestehen möchte. Geschichte ergibt sich bekanntlich aus »Geschichten«, und die sollen möglichst unterhaltend erzählt werden. Geschichtsschreibung war und ist eine literarische Gattung und mit der Kunst des Erzählens auf engste verwandt. Geschichtswissenschaft und historischer Roman stehen sich daher auch näher als man denkt, unterscheiden sich nur graduell, nicht prinzipiell. Beide operieren mit einer gelenkten, disziplinierten Einbildungskraft. Beide schaffen, rekonstruieren für den Leser eine der Logik der Erfahrung folgende, stimmige Welt.

Dabei ist der Historiker nicht ganz so frei wie ein Romanautor, sondern an seine – allerdings generell auslegungsbedürftigen – Informationen (Dokumente, Chroniken, archäologische Befunde usw.), die Welt der historischen »Fakten«, gebunden. Aber auch der Autor eines historischen Romans kann die Geschichte nicht einfach auf den Kopf stellen. Demgegenüber sieht sich der Historiker wegen der Zufälligkeit und Lückenhaftigkeit seines Materials oft zu Konjekturen und Hypothesen genötigt. Auch der Historiker »erfindet« also: ›Auch Klio dichtet‹ (Hayden White).

Die gute Hypothese, die intelligente Vermutung (gestützt auf Quellenbefunde) sind das Salz in der Suppe des Historikers. Aber wenn er ehrlich ist, weiß er auch, daß für seine Rekonstruktionsarbeit Phantasie unverzichtbar, Gewißheit unerreichbar und Subjektivität unüberwindbar bleiben. Daß er sich bei fast allen seiner Aussagen mit einem relativ hohen Grad an Ungewißheit abfinden muß. Schließlich »gehört zu den kleinen Unehrlichkeiten, ohne die auch das Gewerbe des Historikers kaum gewinnbringend zu betreiben ist« (Alexander Demandt), auch die Neigung, die grundlegende Kategorie des Möglichen stillschweigend zu übergehen und die jeweils bevorzugten Alternativen nicht immer als solche kenntlich zu machen oder eigens zu begründen. Die beträchtliche Rate an Ungewißheit, die wohl den meisten historischen Urteilen anhaftet – Gewißheit kann es lediglich für die methodische Sorgfalt, nicht aber für die Ergebnisse geben –, spricht weder für ein allgemeines »laisser faire«, noch bedeutet sie eine ernsthafte Beeinträchtigung des Wissenschaftscharakters der Geschichte. Denn diese ist, wie alle Erfahrungswissenschaft, nur zu vorläufigen und prinzipiell verbesserungsfähigen Erkenntnissen fähig. Demgegenüber kann der historische Roman derartige Unsicherheiten und allgemein die Bruchstückhaftigkeit der Überlieferung mittels der schriftstellerischen Phantasie zu einem geschlossenen und damit wesentlich eindrucksvolleren Bild ergänzen. Der Unterschied zur wissenschaftlichen Darstellung liegt allerdings nur in der höheren Zahl der Mutmaßungen und in der sprachlichen Form, d.h. im Erzählstil.

Georges Duby hat die grundsätzlichen Schwierigkeiten der Detektivarbeit des Historikers – auch er rekonstruiert ja Ereignisabläufe, sucht Täter und Motive – in das vielleicht extreme Bild vom »kontrollierten Traum« gefaßt: Der Historiker erträumt die Vergangenheit nur noch, seine Geschichtsschreibung ist, wenn auch von Informationen und »Fakten« geleitet, bloße Projektion aktueller Sorgen, Wünsche und Hoffnungen, dazu ständigem Wandel unterworfen; die vergangene Zeit als »historische Realität«, als etwas Wirkliches, wird so seinem direkten Zugriff entzogen. Dies rückt den Altmeister der französischen Mediävistik nicht nur in verblüffende Nähe zu Eco und dessen wenigstens zehn erträumbaren Mittelaltern. Das z.B. auch in Italien immer häufiger gebrauchte Schlagwort vom »Traum vom Mittelalter« (Il sogno del Medioevo) verweist allgemein auf das Problem der Möglichkeiten des Zugangs zur Vergangenheit, wobei derjenige der Wissenschaft eben nur einer von vielen ist, andere dagegen auch in ein »anderes Mittelalter« führen.

Damit wird zugleich die emotionale Seite aller historischen Rekonstruktionsarbeit angesprochen. Die Historiker tun immer so, als sei es die natürlichste Sache der Welt, sich mit der Vergangenheit zu beschäftigen. Sie geben sich und anderen normalerweise keine Rechenschaft darüber, was sie an dieser Arbeit interessiert, was sie zu ihr hingezogen hat. Nur zu gern möchten sie glauben machen, Geschichte würde allein mit dem Kopf geschrieben, und der Rest der Person sei daran nicht beteiligt. Versteckt hinter dem Postulat wissenschaftlicher Objektivität, scheuen sie sich meist, die persönliche Betroffenheit auch zu zeigen, die sie bis in den Untergrund der Affekte und Emotionen bewegt und ihre Arbeitsweise wie ihre Wertvorstellungen wesentlich beeinflußt. Dabei läßt sich kaum leugnen, daß – ob nun bloßer Traum, ohne Chance an die Realität heranzukommen, oder mehr Werk schöpferisch-geleiteter Phantasie – neben den Zeitumständen, Fach- und Sachzwängen nicht zuletzt das Innenleben, die Gefühlswelt die jeweilige Sicht der Vergangenheit erheblich mitbestimmt. Vielleicht ist es die Unterschätzung dieser gefühlsbetonten Seite des Geschichtsbildes, die die Historiker so unsensibel macht für die Wünsche eines breiteren Publikums und die es ihnen am Gespür für offensichtlich tiefliegende, psychologische Phänomene wie z. B. die modische Wiederentdeckung des »neuen Mittelalters« mangeln läßt.

Spezialistentum macht betriebsblind, führt dazu, daß es nicht mehr als Mangel empfunden wird, wenn man nur noch für Teilbereiche von Teilbereichen zuständig und kompetent sein darf, deswegen eigentlich nicht mehr viel zu sagen, geschweige denn zu »erzählen« hat, sich schließlich darauf verläßt, daß andere die zahllosen Einzelergebnisse irgendwann einmal zu einem großen Bild verarbeiten, was aber immer weniger geschieht. So droht mit der Zeit die recht umtriebige Schar der Historiker, wie in einem Bienenstock, arbeitsteilig gespalten zu werden: in immer mehr Arbeiter, denen die Mühsal der Detailforschung obliegt und die so eine Art Entfremdung erleiden, und in die wenigen Königinnen, denen das Monopol der Synthese, der Gesamtvision und deren Verkündigung zusteht.

Trotz aller einschlägigen Wahrnehmungstrübung, Situation und Arbeitswelt auch des Historikers haben sich verändert, ändern sich weiter, und er muß auch nach außen hin, seinem gesellschaftlichen Umfeld, einer Öffentlichkeit gegenüber, von der er ja schließlich ausgehalten wird, zu einem neuen Verhältnis finden. Denn der Beruf des Historikers verliert seinen Sinn, er wird zum ziemlich nutzlosen Hobby, wenn er sich von der Außenwelt abschließt. Der Erfolg von Ecos Mönchs-Krimi und die ganze Mittelalter-Welle sollten ihm Herausforderung genug sein oder wenigstens helfen, in einer veränderten Zeit, derjenigen von Konsumgesellschaft und Massenkultur (die ihm gefallen mögen oder nicht), zu einem veränderten Rollenverständnis zu finden. Oder er überläßt anderen das Feld.

Wenn er es aber zu seinen Pflichten rechnet, Geschichte auch weiterzuerzählen, anderen näherzubringen (und sie nicht aus egoistischen Motiven zu monopolisieren), dann kann er nicht nur für wenige, die Experten und Eingeweihten, schreiben, sondern muß sich hinabbegeben in die vermeintlichen Niederungen der Popularisierung, der Vereinfachung, ja, man erinnere sich an Marc Bloch, auch der Unterhaltung. Im sogenannten Informationszeitalter, in dem der Wettlauf um die Möglichkeit der Beeinflussung sich steigert, in dem alles – werbewirksam und für den leichten Konsum aufbereitet – zum Schauspiel wird und auch alle Kulturaktivitäten entsprechend inszeniert werden (müssen), sollte der Historiker nicht vornehm und vielleicht naserümpfend abseits stehenbleiben, sondern versuchen, seine – sicherlich bescheidene – Chance zu nutzen.

Das will nun nicht heißen, daß er jetzt zum Show-man werden und Geschichte erzählen unbedingt zur Show verkommen muß, mit allen negativen Folgen. Entgegen dem Vorurteil, Wissenschaft habe spröde bis unverständlich zu sein, zeigen uns die angelsächsischen und romanischen Nachbarn, daß es auch anders geht, daß Gelehrsamkeit sich durchaus mit unterhaltsamer Aufbereitung verträgt, daß Verständlichkeit und Vereinfachung solide Ernsthaftigkeit keineswegs ausschließen. Es sei nur an die »Stars« Georges Duby und Jacques LeGoff (und ihre Schüler) erinnert, die mit ihren Fernsehauftritten und Büchern in Frankreich eine große Öffentlichkeit erreichen. Oder natürlich auch an Umberto Eco, für den der Kontakt zum Publikum immer – und nicht nur in der Theorie – wichtig war und der ja auch seit Jahren, über Gott und die Welt fabulierend, »seine« Kolumne in der italienischen Wochenzeitschrift ›L'Espresso‹ hat. Er folgt damit einer im Vergleich zu Deutschland anderen, alten Tradition der französischen und italienischen Intellektuellen, die immer von sich aus die Öffentlichkeit gesucht und daher, ob über ihre Arbeit berichtend oder zu allgemeinen Fragen Stellung nehmend, einen festen Platz auf der klassischen »Seite drei« der großen Tageszeitungen erobert haben.

Daß angesichts eines allgemein dürftigen Wissensstandes (bei oder trotz zunehmendem Interesse) neben den spektakulären Auftritten und Aktivitäten der »Star-Historiker« aber auch eine ständige, unermüdliche Aufklärungsarbeit nötig und mit ermutigenden Ergebnissen sogar möglich ist, beweisen etwa die Bücher von Arno Borst, Emmanuel LeRoy Ladurie und Barbara Tuchman, in denen zwar auf verschiedene Art und Weise, aber nie abstrakt und schulmeisterlich, sondern lebendig und unterhaltend vom Mittelalter erzählt wird.

Das »andere« Mittelalter

Ein »anderes« Mittelalter – dieses Schlagwort, im Französischen (un autre moyen âge) und vor allem im Italienischen (l'altro medioevo) längst eingebürgert, sagt im Deutschen nicht viel. Schon der sprachliche Befund gibt Aufschluß darüber, daß in Deutschland das nichtwissenschaftliche Interesse am Mittelalter kein Thema ist. »Anderes« Mittelalter, das meint, im Gegensatz zu dem »offiziellen«, akademischen der Fachleute, das Mittelalter bzw. die Vorstellungen davon, die, weit verbreitet, daneben existieren, in der Form von kulturellem Allgemeingut, populär, vereinfacht und häufig auch verzerrt, wie sie durch die Massenmedien, Literatur, Theater, Kino, Fernsehsendungen, Zeitungen, Illustrierte, Comics, die bildende Kunst, Architektur und manchmal auch am Stammtisch oder durch die Werbung vermittelt werden. Während man sich in Frankreich und Italien (vor allem im Umkreis der Zeitschriften ›Médiévales‹ und ›Quaderni medievali‹) schon seit Jahren mit dem Mittelalter-Bild bzw. den Mittelalter-Bildern der anderen beschäftigt und wissen will, wo und auf welche Art diese entstehen, was sie charakterisiert und vor allem, was sie mit denen der Mittelalter-Historiker verbindet bzw. von ihnen trennt, scheinen derartige Fragen in Deutschland ein solches Interesse nicht wert zu sein – vielleicht weil sie zu weit aus dem geschlossenen Garten der Wissenschaftlichkeit hinausführen.

Dabei gab es dieses »andere« Mittelalter schon immer, ist es mindestens genauso alt wie das der Mediävisten, mit und neben diesem entstanden und in gewissem Sinn dessen Stiefbruder. Deshalb und wegen der ständigen gegenseitigen Beeinflussung von Wissenschaft und Lebenswelt läßt sich auch eine exakte Trennlinie zwischen beiden schwerlich festlegen. Auch das Mittelalter-Bild von »Otto Normalverbraucher« oder »Lieschen Müller«, so schemenhaft es sein mag, lebt bis heute von einem Grundstock aus Vorstellungen der Romantik, wenn nicht von Mythisierungen, die noch bis in die Zeit der Ritter und Edelfräulein selbst zurückreichen. Kann der auch noch so methodisch-skrupulöse Fachmann den Einfluß der Gefühlswelt nicht ausschalten, so dominiert diese unangefochten die Vorstellungen der Laien, zumal hier fast jedes kritische Korrektiv fehlt. Und es fehlen auch die Kontakte zum Mittelalter der Wissenschaftler, insbesondere das Bewußtsein davon, daß dieses sich mit der Zeit und mit der Forschung erheblich gewandelt hat.

Das »andere« Mittelalter führt daher unmittelbar in den Bereich der Welt-Anschauungen, der Vorurteile, Klischees und Stereotypen, des Kollektiven Unbewußten, der Mythen und Bilderwelten, der Visionen und Träume, Sehnsüchte und Ängste, Hoffnungen und Utopien. Wo, ob »verfinstert« oder romantisch verklärt, sicherlich vieles, nicht nur die Zeitrechnung, ganz schön durcheinandergewirbelt und entstellt, Phantastisches mit Realem verwechselt, alles in einen Topf geworfen wird: Robin Hood und Richard Löwenherz, Jeanne d'Arc und Blaubart, Wilhelm Tell und der heilige Benedikt, edle Kreuzfahrer, finstere Raubritter, revoltierende Bauern, schmachtende Burgfräulein und Minnesänger, Attila und Prinz Eisenherz, Hexen und Scheiterhaufen, Folterwerkzeuge und Neuschwanstein, Gotik und Disneyland.

Die zünftige Mediävistik legt Wert darauf, sich von derartigen – höchst fragwürdigen – populären Geschichtsbildern abzusetzen. Dabei verkennt sie, daß unreflektierte Geschichtserzählung, daß Sagen, Märchen, Legenden, Geschichten, erzähltes Schicksal, Anekdoten lebendiger sind, eine lange Lebensdauer haben und das Bewußtsein der Menschen nachhaltiger prägen als gelehrte historische Untersuchungen. Sie unterschätzt die Kraft und die Wirkung des gefühlsbetonten Geschichtsbilds, das viel größere Verbreitung findet und dem akademischen, spezialisierten, an Geschlossenheit und Fähigkeit zur Sinngebung überlegen ist. Die im Bereich des »anderen« Mittelalters entstehenden Vorstellungen leben aus der gefühlsmäßigen, lebensweltlichen Bindung an ein »Vorher«, das, ob verklärt oder verachtet, immer als Teil der eigenen Vergangenheit verstanden wird. Auch das Mittelalter-Bild des Nichtfachmanns wird von der Gegenwart her bestimmt. Auch er kann dieser Zeit gegenüber nicht neutral sein, sieht sie mit einem Schuß Nostalgie als besser, als verlorenes Paradies (z. B. einer heilen Umwelt) oder modern-fortschrittlich denkend, als überwundene Epoche (z. B. der niedrigen Lebenserwartung) – nicht selten als beides zugleich.

Zum kritischen Naserümpfen der Experten besteht wenig

Anlaß. Vielmehr kann es auch ihnen angelastet werden, wenn fragwürdige oder falsche Vorstellungen von einer Vergangenheit entstehen, der man jedoch mit einer starken gefühlsmäßigen Bindung begegnet. Die von den Fachgelehrten weitgehend im Stich Gelassenen müssen sich an landläufige, als Plunder verachtete Klischees halten, die gleichwohl in der Lage sind, Visionen und Mythen zu schaffen, die die Bilderwelten von Generationen bevölkern. Außerdem gibt es keine einzige verbindliche, richtige Sicht des Mittelalters, kein Monopol der Auslegung der Vergangenheit nur für Wissenschaftler, die darüber befinden dürfen, was erlaubt ist und was nicht. Die Geschichte, in welcher Bewußtseinsform auch immer, gehört allen.

Das »andere« Mittelalter zeigt: Es gibt einen dauernden nichtwissenschaftlichen Gebrauch von Geschichte, und es gibt, mit gewissen Schwankungen, manchmal auch eine starke gesellschaftliche Nachfrage nach Geschichte. Die Mittelalter-Welle, d.h. das verstärkte und gesteigerte Auftreten von Äußerungen des »anderen« Mittelalters, kann als Indiz dafür genommen werden, daß wieder einmal eine solche Konjunktur besteht. Das Mittelalter zieht viele wieder in den Bann. Ein kurzer Blick auf einige Erscheinungen, die zwar nicht grundsätzlich neu sind, sich in den letzten Jahren aber unübersehbar gehäuft haben, soll zum Beweis dafür genügen:

Mittelalter-Ausstellungen, von den Staufern bis zu den Codices der Bibliotheca Palatina ziehen ein Millionenpublikum an, das geduldig auch lange Wartezeiten in Kauf nimmt, um sich dann z.B. schwitzend an dem für mehr als 30 Millionen erstandenen Evangeliar Heinrichs des Löwen vorbeischieben zu lassen. Unübersehbar eine Massenerscheinung! Mit den prestigeträchtigen Großausstellungen hängt, auf anderer Ebene, jenes gleichfalls zur politischen Selbstdarstellung genutzte, verordnete Mittelalter der Jubiläen, Gedenktage, Feste und der Folklore zusammen, die auch ein großes Publikum anziehen. Weiter in Richtung auf eine pure Kommerzialisierung findet sich dann eine Art freischwebendes, geldbringendes Mittelalter mit Bilderbuch- und Amüsiercharakter, zu dessen Angebot echte Ritterturniere und deftige Gelage an der Tafel eines adligen Burgherrn gehören. Fremdenverkehrsämter preisen das romantische Mittelalter an (das sich bei näherem Hinsehen meistens als Renaissance entpuppt), und die Spielehersteller werfen nach »Monopoly« und der Jagd auf »Mister X« plötzlich ein »Zunftspiel«

auf den Markt. Die Comic-Industrie erinnert sich wieder eines Klassikers und gibt die Abenteuer des Prinzen Eisenherz – Hal Fosters ›Prince Valiant‹ von 1937 – neu heraus, neben modernen Mittelalter-Comics, z.B. von Jacques Martin/Jean Pleyers oder Gilles Chaillet, deren Helden (»Vasco«, »Jhen«, »Xan«) im Italien bzw. Frankreich des Spätmittelalters ihre Abenteuer zu bestehen haben. Oder man läßt, didaktisch geschickt, einen gewissen Daniel Düsentrieb jungen Lesern die Welt der Ritter erklären.

Der Film kann da nicht zurückstehen. Sieht man von vereinzelten Vorläufern – wie z.B. Ingmar Bergmann mit ›Das siebte Siegel‹ und ›Die Jungfernquelle‹ (beide 1956) – und klassischen Mehrfachstreifen (Robin Hood, Ivanhoe) einmal ab, so häufen sich besonders seit Beginn der siebziger Jahre Filme, die das Mittelalter entweder unmittelbar zum Gegenstand nehmen, oder auch solche, die in mehr unterschwelliger Form und über bestimmte Motive darauf verweisen. In die erste Gruppe gehören z.B. ›Lancelot du Lac‹ (1974, Robert Bresson), ›Robin and Marion‹ (1976, Richard Lester), ›Excalibur‹ (1981, John Boorman), ›Perceval le gallois‹ (1983, Eric Rohmer) oder auch Akira Kurosawas Filme über das Mittelalter der Samurai. Zur zweiten zählen einmal Filme, die immer mit dem symbolträchtigen Grundmuster des Kampfes zwischen Guten und Bösen in ein mythisch-phantastisches oder auch barbarisch-gewalttätiges Mittelalter (»heroic fantasy«, »swords and sorcery«) führen, so ›Conan‹ von John Milius (1981); dann aber auch solche aus dem Genre der Science fiction, die entweder mit optimistischem Glauben in Technik und Fortschritt den Sieg des Guten (die Erlösung) und Wege zu neuen Anfängen oder aber, negativ-apokalyptischem Muster folgend, die Selbstzerstörung der Menschheit kommen sehen, wobei bestimmte Symbole und gleichsam ikonographische Leitmotive (der Zauberer, der fahrende Ritter, die Befreiung Unschuldiger, die Burg, der Zweikampf usw., die zum Teil ja auch im »Western« ihren Platz haben) sich in einer unmißverständlichen Bildersprache wiederholen (›Star Wars‹, ›The Ultimate Warrior‹, ›Soylent Green‹, ›2001, a Space Odyssey‹ usw.).

Neben dem Theater, der Musik, besonders der Oper, und (auch wieder) der Architektur, ist vor allem die Literatur, das Buch, das traditionelle und durchgängig verbreitete Medium des »anderen« Mittelalters. Die Mittelalter-Mode wird daher hier sprichwörtlich mit Händen greifbar. Seit den gut deutschnational gesinnten Professoren Felix Dahn und Gustav Freytag und so grundverschiedenen »Klassikern« der mittelalterlich eingefärbten Belletristik wie den Romanen von Mark Twain, Frans G. Bengtsson, John R. R. Tolkien, John Steinbeck (und auch der Mediävisten-Enttarnung von Angus Wilson) hat sich die Zahl der einschlägigen Titel ins nur noch schwer Übersehbare vermehrt, mit einem deutlichen Schub seit dem Beginn der achtziger Jahre. Auch hier läßt sich nach Stereotypen, den hauptsächlich verbreiteten Mittelalter-Bildern gruppieren:

Die Fantasy-Literatur, die seit Tolkiens ›Der Herr der Ringe‹ eine feste Lesergemeinde hat und in der der Kampf der Guten mit den Bösen unter den Augen von durch die Nebel von Avalon huschenden Elfen und Feen hin und her wogt. Ein heroisch-verzaubertes Mittelalter bildet auch den Hintergrund zu den um König Arthur und seine Tafelrunde (Geoffrey Ashe, Terence H. White) und im Nibelungen-Dunstkreis (Wolfgang Hohlbein) angesiedelten Romanen. Ein viel realistischeres und daher noch brutaleres Frühmittelalter spricht aus den auch wieder aufgelegten Abenteuern des Wikingers Röde Orm (Frans G. Bengtsson). Ein philologisches Mittelalter, d.h. mittelhochdeutsche Texte in moderner Übertragung und einfühlsame Beobachtungen zu deren Autoren, ihrem Leben und ihrer Welt, bietet Dieter Kühns große Trilogie, vortrefflich ergänzt durch die Beschreibung des gesellschaftlichen Umfelds der höfischen Literatur von Joachim Bumke. Das Mittelalter in Form einer Abtei oder einer Burg kann auch den bedeutungsschweren Dreh- und Angelpunkt in modernen Romanen abgeben, z.B. in den hintergründig zeitkritischen Werken von Alois Brandstetter.

Neben einigen herausragenden Ereignissen, wie z.B. den Kreuzzügen oder dem Kinderkreuzzug (Eugen Rhodes, Robert Shea; Robert Payne), die hier und da die dichterische Phantasie anregen, ist es vor allem eine klassische Gattung, die sich seit jeher mit Erfolg – auch für andere Zeiten (Robert von Ranke-Graves, Marguerite Yourcenar) – und jetzt immer mehr des Mittelalters annimmt: die zwischen Dokumentation und Fiktion wechselnde Biographie oder der um eine historische Person, wie Lothar von Supplinburg (Reinhold Schneider) oder Karl der Große (Siegfried Obermeier) angelegte Roman. Vor allem aber die Staufer, und insbesondere die Figur Friedrichs II. (meist nach der klassischen Biographie von Ernst Kantorowicz) scheinen von einer besonderen Anziehungskraft zu sein, denn hier häufen sich geradezu die Buchtitel (Henry Benrath, Eberhard Cyran, Humbert Fink, Horst Stern). Und auch Jugendbuchautoren, die ihre Leser ebenfalls immer öfter und sehr geschickt ins Mittelalter führen, haben den großen Staufer und seine Zeit schon entdeckt (Ingeborg Engelhardt).

Nimmt man ihn als historischen Roman, dann gehört natürlich auch ›Der Name der Rose‹ zu den Büchern, die auf unterhaltsame Weise ein Mittelalter darbieten, zu unseren Belegexemplaren für eine verbreitete Mittelalter-Mode, die – verfolgt man die einschlägige Werbung (›Einladung ins Mittelalter‹) – nicht zuletzt auch von einer die Zeichen der Zeit gut beobachtenden, gezielten Verlagspolitik beeinflußt scheint. Aber er paßt nicht recht in diese Reihe. Denn sein Mittelalter ist nicht von der Art der klassischen Klischees, weder dem der heroisch-phantastischen Literatur, die die »archaische« Zeit zum Hintergrund hat, noch dem der biographischen Romane, die Personen des »alteuropäischen« Mittelalters bevorzugen. Es ist ein komplizierteres, anderes »anderes« Mittelalter, es steht wie sein Autor zwischen dem der Fachleute und dem der Dilettanten – ein neues, verlängertes Mittelalter.

5. ›Der Name der Rose‹ – das verlängerte Mittelalter

Die Welt, die der Roman schafft, erscheint auf den ersten Blick sehr real, historisch, aber sie weist auch gleich schon unübersehbare Beimengungen von Unzeitgemäßem auf. Dennoch bleibt der Eindruck von einer durchaus plausiblen Geschichte: so hätte es wirklich gewesen sein können. Erzählt wird die Geschichte in der zwar nicht gerade typischen, aber möglichen Form der autobiographischen Chronik, der Schilderung von denkwürdigen Ereignissen, deren Zeuge der Autor gewesen ist. In ihr wimmelt es von Personen, die wirklich gelebt haben und die entweder als unmittelbare Protagonisten (wie Bernard Gui, Bertrand du Poujet, Bonagratia von Bergamo, Johannes von Belna = Jean de Beaune, Michael von Cesena, Ubertino von Casale) eingeführt oder aber als Zeitgenossen bzw. Gewährsleute für bestimmte politische und philosophische Positionen direkt oder indirekt zu Wort kommen (wie Adson von Montier-en-

Der, Angelo Clareno, Arnold von Brescia, Beatus von Liébana, Bentivegna von Gubbio, Bernhard von Clairvaux, Bernhard von Morlas, Bernhard von Chartres, Bonaventura, Clara von Montefalco, Fra Dolcino, Gherardo Segarelli, Heinrich von Thalheim, Hildegard von Bingen, Honorius von Autun, Isidor von Sevilla, Jacques Fournier=Benedikt XII., Joachim von Fiore, Johannes von Fécamp, Johannes von Jandun, Johannes Lutterell, Johannes XXII., Marsilius von Padua, Meister Eckhart, Michele von Calci, Petrus Cantor, Petrus Johannes Olivi, Robert Grosseteste, Roger Bacon, Salimbene von Parma, Suger von St. Denis, Thomas von Aquin, Wilhelm von Ockham u.a.). Nur die Opfer, die ermordeten bzw. ums Leben gekommenen Mönche sind, aus begreiflichen Gründen, frei erfunden, ebenso der Berichterstatter Adso. Die beiden großen Gegenspieler, Jorge von Burgos und William von Baskerville, sind natürlich gleichfalls fiktive Personen, in einem anderen »unzeitgemäßen« Sinn, der eng mit Ecos Dramaturgie und Intention zusammenhängt, allerdings auch teil-authentisch, als Verkörperung zweier entgegengesetzter Prinzipien, Personifikation bestimmter Denkmuster und Haltungen.

Ganz und gar authentisch und mit großem Geschick den einzelnen Handlungssträngen unterlegt, geradezu historisch verbürgt, ist wiederum der allgemeine politisch-theologische Zeithintergrund, zu dem die meisten Protagonisten – gleichsam dem Register einer spätmittelalterlichen Kirchengeschichte entsprungen – als Akteure ja auch gehören oder wirklich gehört haben:

das avignonesische Papsttum zwischen dem französischen und dem deutschen König, mit Johannes XXII. (dem Franzosen Jacques Duèze), der nur noch in Avignon residiert, sich durch die Verdammung der Lehre von der absoluten Armut Christi große Teile des Franziskanerordens zu Feinden macht, wegen seiner theologischen Anschauungen sogar selbst in Häresieverdacht gerät, den Streit um den deutschen Königsthron zwischen Ludwig dem Bayern und Friedrich dem Schönen (dem französischen König und seinem Bundesgenossen) zum Ausbau seiner Machtstellung nutzt, sowie mit allen politischen und kirchenrechtlichen Mitteln gegen den mit der Franziskaneropposition (Wilhelm von Ockham, Michael von Cesena) verbündeten Ludwig vorgeht, als dieser am Beginn des Jahres 1328 in Italien aktiv wird;

der Franziskanerorden, in dem sich vor allem seit der Zeit

Bonaventuras die Gegensätze im Armutsstreit verschärfen und zur Absplitterung von radikalen Gruppierungen, der sogenannten Spiritualen, führt, die sich in Mittelitalien und Südfrankreich unter Angelo Clareno, Ubertino von Casale und Petrus Johannes Olivi bilden, in den Spiritualenkämpfen verfolgt, exkommuniziert und schließlich von der Papstkirche in den Untergrund gedrängt werden, wo ihre Ideen bei den häretischen Fratizellen bis ins 15. Jahrhundert weiterleben;

schließlich das Ketzerproblem, die Vielzahl der häretischen Bewegungen und Sekten sowie die Schwierigkeiten bei ihrer Verfolgung und Überführung durch die Inquisition, insbesondere die Apostelbrüder (Pseudo-Apostel, Arme Christi), eine von joachitischen Endzeiterwartungen bewegte Gruppe zunächst um Gherardo Segarelli, die sich unter dem Anführer Fra Dolcino bis zum bewaffneten Kampf gegen jede weltliche und geistliche Herrschaft radikalisiert und am Ende in einem regelrechten Kreuzzug aufgerieben wird.

Weiter in die Fiktion sowie auf eine vom Autor bewußt einkalkulierte und gewollte »Unzeitgemäßheit« hin führt die Wahl des Schauplatzes, eines abgelegenen Benediktinerklosters im Apennin, mit dem Hort des Verbrechens, jener einzigartigen – Babylon und Alexandria zugleich heraufbeschwörenden – Bibliothek und seinem nicht minder berühmten »internationalen« Skriptorium. Das eine ein schlichter Anachronismus, denn große Skriptorien passen besser zu Klöstern früherer Zeiten und schon gar nicht ins spätmittelalterliche Italien. In ein Land, das längst eine blühende Laienkultur, Heerscharen von Juristen, Notaren, Künstlern, Schulen und Universitäten, Schriftlichkeit bis in alle Lebensbereiche hinein kennt, wovon aber nicht einmal ein schwacher Abglanz hinter unsere Klostermauern dringt. Das andere die bewußte, das Außergewöhnliche des Schauplatzes natürlich betonende Ausblendung des Italiens der reichen und mächtigen Städte und Signorien, der Seehandelsrepubliken (um dieselbe Zeit entstehen z.B. in Genua die ersten Seekarten und in Venedig, dessen berühmter Sohn Marco Polo gerade eben gestorben ist, der erste öffentliche botanische Garten) und auch der Welt der Humanisten, denen – siehe Boccaccio – zu den Franziskanern und Dominikanern ihrer Zeit ganz andere Dinge einfallen als der gelehrte Streit um die Armut Christi.

Doch wäre es die Art von Pedanten, den Roman mit Fleiß nach Anachronismen und Ungenauigkeiten durchkämmen zu wollen (und es würde das sadistische Vergnügen, das der falsche Mönch aus Alessandria angesichts seiner historisch-philologischen Zensoren empfindet, sicherlich noch weiter steigern). Vielmehr sind solche angeblichen Ungereimtheiten durch Erfordernisse der Dramaturgie und die Intention des Autors bedingt, ja sie können geradezu als Achtungs-Signal dienen. Denn wie der mittelalterliche Fälscher durch sein handwerklich noch so geschicktes Tun eben genau seine Motive offenlegt, so entdeckt uns auch Eco mit dem bewußten Gebrauch des »Unzeitgemäßen« die Personen und die Zusammenhänge, die ihm besonders am Herzen liegen.

Dies ist vor allem natürlich sein Held, William von Baskerville, der exzentrische englische Detektiv in der Mönchskutte, aufgeklärt und abgeklärt, illusionslos, mit einem Hauch Resignation. Als Musterschüler Roger Bacons kennt er nämlich die Vorteile und Grenzen der Vernunft, weiß um die ständig und überall drohenden Gefahren des Irrtums, hat die Erfahrung gemacht (machen müssen), daß man sich mit relativen Wahrheiten abfinden muß, daß auch höchste Gewissenhaftigkeit keine Gewißheit der Ergebnisse verbürgt: unser Mann im Mittelalter!? Eine einsame, rationale Figur, wirkt er in seiner Umgebung wie ein Fremdkörper. Doch alles, was er denkt und sagt, hätte in dieser Zeit so auch gesagt oder gedacht werden können – nur nicht von ein- und derselben Person.

William könnte als Beispielfall für ein nach Rezept synthetisch herstellbares Mittelalter dienen, wie es Eco ja einmal vorgeschwebt hat. Er ist – mit den Füßen im Mittelalter und mit dem Kopf in der Gegenwart – eine Kunstfigur, durch deren Mund andere, historische Personen (und auch Eco?) reden, und daneben ein Orientierungspunkt, ein Prüfstein für die Beurteilung der anderen. Er leiht seine Gestalt vor allem Wilhelm von Ockham, aber auch Roger Bacon, Marsilius von Padua, Bernhard von Clairvaux und Robert Grosseteste sprechen aus ihm. In ähnlicher Weise wie William verkörpern auch andere Romanfiguren bestimmte Typen, bestimmte Weltanschauungen im Mittelalter und in der Neuzeit: Abt Abbo den protzige Herrschaftsdarstellung liebenden Abt Suger von St. Denis, dem William als Bernhard von Clairvaux widerspricht; Nicola von Morimond den naiven Techniker, den William als Robert Grosseteste belehrt; Jorge schließlich, der absolute Widerpart, dem William mit verschiedenen Leih-Argumenten begegnet, den rücksichtslosen Verteidiger der bestehenden, bewährten Ordnung, den Erzfeind des Zweifels und des Lachens, im Besitz unerschütterlicher Wahrheit.

Doch hat das Ganze auch Methode: Alle kommen nämlich immer nur in einer besonderen Weise zu Wort. Sämtliche Zitate und Aussagen werden mit Vorbedacht geordnet, zugespitzt, auf ein Ziel hin komponiert. Sie dienen dazu, unter dem Vorwand einer Kriminalgeschichte und in der Form eines mittelalterlichen Gelehrtenstreits von derart grundsätzlichen Problemen zu reden, daß sie uns Heutige unwillkürlich an die eigenen Fragen nach dem Sinn unseres Forschens und unserer Mühen, die eigene Unruhe, unsere Krisen des Denkens und der Orientierung erinnern, aus denen wir, gemeinsam mit William, so dringend und so vergebens einen Ausweg suchen. Es geht dabei um nicht weniger als die »letzten Dinge« von Erkenntnis und Verantwortung, die Schwierigkeiten der uns ständig aufgenötigten Unter- bzw. Entscheidung zwischen Wahrheit und Irrtum, Sicherheit und Zweifel, Gewißheit und Skepsis, zwischen Glauben und Wissen, zwischen Autorität/Herrschaft und Vernunft/Erfahrung, Leidenschaft und Gewissen, zwischen Bewahrung/Tradition und suchendem Forschen/»schändlicher Neugier«, dogmatischen Deutungsmonopolen und Irrlehren, zwischen »Frommen« und »Intellektuellen«, Rechtgläubigen und Ketzern, Ideologen/Fanatikern und Dissidenten, Heiligen/Märtyrern und Verbrechern.

Wenn William (alias Ockham, Bacon, Marsilius usw.) und die anderen dazu ihre Meinung oder ihre Zweifel äußern, dann werden deren Stellungnahmen meist durch einen Kunstgriff stilisiert (wie überhaupt ja die Kunstfigur William für die gewählte Methode steht). Ganz abgesehen davon, daß Argumente aus verschiedenen Zeitstufen zusammentreffen – was ja, bei Beachtung des richtigen Verhältnisses von vorher und nachher theoretisch immerhin möglich ist –, erscheinen diese Aussagen bzw. »Zitate« der mittelalterlichen Gewährsleute von Wilhelm von Ockham bis zu Marsilius von Padua immer in Hinsicht auf ihren »modernen« Gebrauchswert, in zweifacher Weise »aufbereitet«: Einmal dadurch, daß Eco sie aus dem Zusammenhang eines in der Regel umfangreichen theoretischen Gesamtwerks herauslöst, dessen für uns schwer verständliche oder gar absonderliche Seiten nicht zur Sprache kommen. Das heißt, die Autoren werden auf eine – sicherlich wichtige – Grundposition von vielen festgelegt. Vielseitigkeit reduziert sich damit zu Einseitigkeit. Zum andern gibt der Roman die so isolierten Aussagen oft nicht im vollständigen, ursprünglichen Wortlaut wieder, sondern verkürzt, vereinfacht, »modernisiert«, indem durch eine stillschweigend bevorzugte, bestimmte Interpretation die modernen Züge besonders hervorgehoben werden, andere Möglichkeiten und alles, was diesem Ziel nicht dienen kann, unter den Tisch fallen – wie bei einer unter ein Generalthema gestellten Anthologie.

Doch läßt sich auch daraus Eco kein Strick drehen. Wenn er mit seinen mittelalterlichen Gewährsleuten in einer ziemlich einseitigen Weise verfährt, wenn er deren Aussagen zuspitzt und durch die »interpretatio moderna« in eine vorbestimmte Richtung lenkt, dann will er damit – mittels Pointierung und Polarisierung der Standpunkte – zunächst den Dialogen des Romans die nötige Spannung und Eindringlichkeit verleihen. Schließlich legt er ja keine irgendwelcher Ausgewogenheit verpflichtete Kirchen- oder Philosophiegeschichte des späten Mittelalters vor (obwohl er sicherlich ohne Mühe mit einem beeindruckenden Anmerkungsapparat aufwarten könnte). Vor allem aber: Er macht dasselbe, was im Prinzip auch die Mittelalterforscher tun, und unter den gleichen Bedingungen. Auch diese treffen eine Auswahl aus einem schon durch die Überlieferung in besonderer Weise vorgegebenen Material, reduzieren dessen Komplexität, d.h. verkürzen und vereinfachen, indem sie bestimmte Zusammenhänge herstellen und andere, ebenso mögliche, ausklammern. Daher ist auch die Rekonstruktion der Vergangenheit durch die Wissenschaft immer eine einseitige, letztlich Ergebnis der von einer bevorzugten Fragestellung (von vielen) geleiteten Auswahl und ihrer durch ein jeweils persönliches und Zeitinteresse geleiteten Interpretation, ergibt sie sich aus der undurchschaubaren Mischung von Informationen und Ideen, Quellen und Vorstellungskraft, verarbeitet über die Innenwelt und im Kopf desjenigen, der die Fragen stellt.

Historischer Roman und Geschichtserzählung stehen sich deshalb prinzipiell nah, weil sie bei ihrer Entstehung ähnlichen Bedingtheiten unterliegen, wesentlich durch die Eigenart des Verhältnisses zwischen Vergangenheit und Gegenwart bestimmt bleiben. Denn Vergangenheitsdeutung, Gegenwartsverständnis und Zukunftsperspektiven gehören untrennbar zusammen. Die Vergangenheit präsentiert sich nie so, »wie sie war«, sie ist nur in einem naturwissenschaftlichen Sinn zeitlich abgeschlossen, vorbei; in ihrer durch Deutung gewonnenen Rekonstruktion jedoch, als Geschichte, dehnt sie sich ständig weiter aus, verändert sie sich auch inhaltlich. Geschichtsschreibung bewegt sich immer an der Nahtstelle, wo Vergangenheit, Gegenwart und Zukunft sich berühren, kann nichts anderes sein als die Beschreibung früherer vergangener Ereignisse im Lichte späterer vergangener Ereignisse. Sie muß damit – d.h. mit Bezug auf neu eintretende Ereignisse und die durch sie mögliche Neubewertung des Gewesenen – prinzipiell als offen angesehen werden. Es kann daher auch keine definitive Geschichte – und sei es auch nur die eines Ereignisablaufs – geben, sondern immer nur eine ständige Neuinterpretation und Wiederanordnung des Vergangenen in Form eines Erzählzusammenhangs. Mit Bezug auf die offene Zukunft bleiben auch alle Erzählungen von Vergangenem grundsätzlich überholbar, veränderbar, offen.

Dieser Mechanismus, der die historische Wirklichkeit mittels der Kategorie des Möglichen weitgehend auflöst, erlaubt nur den ständigen Dialog einer sich wandelnden Gegenwart mit einer sich entsprechend verändernden Vergangenheit, einen Dialog, bei dem die Historiker nur Zeichendeuter, Dolmetscher sein und bei dem die großen Themen häufig wechseln können, aber immer die Vergangenheit an der Gegenwart, an deren Erfahrungen und Bedürfnissen gemessen wird. Der aus einer unausweichlich egozentrischen Position geführte ständige Dialog hat zur Folge, daß die zeitlich abgeschlossene Vergangenheit in den Köpfen der Wissenschaftler, aber auch der anderen, z.B. der Romanautoren, immer wieder neu entsteht, als immer neues Bild, als Projektion aktueller Erfahrungen, Hoffnungen und Befürchtungen oder – wenn man Duby und Eco folgen will – als immer neuer Traum.

Derselbe Mechanismus, das heißt in der Vergangenheit lediglich Spiegelungen einer jeweiligen Gegenwart suchen und wahrnehmen zu können, wirkt nicht nur auf die Wissenschaft – deutlich erkennbar an den thematischen Erweiterungen der Mediävistik der letzten Jahrzehnte –, sondern läßt sich natürlich ebenso bei dem »anderen«, »neuen« Mittelalter der Mittelalter-Welle ausmachen, nicht zuletzt aber bei Eco und seinem Roman. Auch hier wird ein bestimmtes Mittelalter bevorzugt, jener nach derzeitiger Auffassung besonders mittelalterliche Teil der alteuropäischen Periode (12.–14. Jahrhundert), und nahe, vielleicht zu nahe an die Gegenwart herangerückt: ein »langes« Mittelalter als eine Art Hauptvergangenheit, mit der wir auf eine vielfältige Weise verbunden sind. Dieses Verlängern des Mittelalters bzw. der gezielte Vorgriff auf die Vergangenheit scheint vor allem dadurch leichtgemacht, daß es bei Eco ja nicht um die Schilderung von Lebensverhältnissen im 14. Jahrhundert, sondern vor allem um eine theoretische Auseinandersetzung, einen Gelehrtenstreit geht und daß auch eines der derzeitigen Leitmotive der Mediävistik, die Mentalitätsforschung, sich stark auf Denken, Werthaltungen und Weltverständnis konzentriert – also auf geistesgeschichtliche Aspekte, von denen die Verbindungslinien zur Moderne sich naturgemäß besonders reibungslos »ergeben« oder ziehen lassen. Das leichte Wiedererkennen, die Ähnlichkeiten, ja bisweilen geradezu die Präfigurationen bestimmter aktueller Probleme und Denkmuster in der mittelalterlichen Vergangenheit belegen zugleich die derzeitige Mittelalter-Konjunktur, die Neigung, diese Periode wieder allgemein in einem vorteilhafteren Licht sehen zu wollen.

In Ecos Roman findet sich allerdings keine uneingeschränkt positive Wertung des Mittelalters (immer als das sogenannte alteuropäische, wohlgemerkt) im ganzen, sondern nur in bestimmten Elementen von »Mittelalterlichkeit«, denen Werthaltungen, Erfahrungen und Problemlösungen gemeinsam sind, die sich erst in unseren Tagen durchgesetzt haben. Für Eco erscheint das Mittelalter deshalb *auch* als positiv, weil es auch die Zeit eines William alias Marsilius, Bacon oder Ockham sowie anderer Träger und Vermittler von Ideen und Gedanken war, die aus dem engeren zeitlichen Kontext herausgelöst und zu Vorläufern kommender Entwicklungen gemacht werden können: unsere Männer im Mittelalter. Doch verfängt er sich nicht in der Falle der kurzschlüssig-banalen Gleichsetzung Mittelalter – Moderne. Dennoch bleibt er dieser Sehweise verhaftet, wenn er die Grenzlinien verschiebt. Mit der neuen Periodisierung, dem Verlängern des Mittelalters, wird der Kontrast zur Gegenwart stark abgemildert und zum Teil aufgefangen durch Rückverlegung ins Mittelalter selbst:

Das Alte bereitet das Neue vor, das Neue wächst aus dem Alten, es verbirgt sich in den Köpfen der Denker, die wenigstens zum Teil die Welt vorwegnehmen, die schon heraufdämmert. Die erkennbare Absicht, positive, d.h. moderne und »vorläuferische« Züge zu finden, bedeutet, das Mittelalter bzw. Aspekte seiner Geistesgeschichte mit dem Blick auf heute positiv zu sehen, aber selbst und an sich ohne jeden Eigenwert und Eigenständigkeit: ein metaphorisches, nach vorne weisendes Mittelalter. Je mehr so die Zeithorizonte verschwimmen, um so mehr muß sich auch die Situation von Leuten des Mittelalters mit Daseinsbedingungen des modernen Menschen überlagern. Dies ist in der Tat der Eindruck, die einzige Schlußfolgerung, die Eco seinen Lesern ausdrücklich verbietet, das heißt natürlich die einzige, die er ihnen nahelegen möchte. Doch was bewirkt, daß wir uns heute so leicht im Mittelalter wiederfinden, wiedererkennen? Warum gerade im Mittelalter?

6. Warum Mittelalter?

Daß Eco und auch die Wissenschaftler das Mittelalter so ohne weiteres verlängern, daß wir an ihm neue, gar moderne Züge entdecken können, daß es als unsere kollektive Jugend, als unsere Hauptvergangenheit angesehen wird, muß an unserer Gegenwart liegen. Gewiß, eine Zeit, die sich wieder an apokalyptische Vorstellungen gewöhnt hat, in der die Idee des Fortschritts, die säkularisierte Version der Heilsgeschichte, mehr als fragwürdig geworden ist, kann das Mittelalter nicht mehr wörtlich als belanglose Durchgangsstation auf dem Weg in eine bessere Welt verstehen. Wo Skepsis, Ungewißheit und Desillusionierung als Lebensgefühl vorherrschen, öffnen sich die Periodengrenzen, rücken auch ferne Zeiten an die Gegenwart heran, lassen sich an sie heranrücken. Ob man, wie auf einer Reise in exotische Länder, sich vom Reiz des Fremdartigen gefangennehmen oder vom unterschwelligen Wunsch nach nostalgischer Entrückung treiben läßt, ob man aus dem »Elend des Kapitalismus« in den »Zauber des Mittelalters« flüchten möchte, ob man angesichts moderner Endzeitbefürchtungen und damit verbundener Erlösungshoffnungen für eine neue Religiosität empfänglich wird oder ob man, als Orientierungshilfe oder nur zum Trost, einfach nach Zeiten der Krise und des Umbruchs in der Vergangenheit sucht – der Blick zurück wird in jedem Fall verständnisvoller, offener, die Möglichkeiten des Wiedererkennens nehmen zu. Das Mittelalter (nach dem Jahr 1000) in seiner postiven oder negativen Wertgeladenheit scheint dafür besonders geeignet, eine Vergangenheit »nach Maß«, weit genug von der lästigen Gegenwart entfernt, doch gerade noch nahe genug, um nicht vollkommen unzugänglich oder unverständlich zu sein. Es ergeben sich rasch verblüffende Parallelen zur Gegenwart, die den Pluralismus so schätzt und die Konzentration von Macht und Einfluß so fürchtet, zu jener anderen Zeit vor der großen Vereinheitlichung, als alles noch mehr oder weniger in ein kleinräumiges Neben- und Gegeneinander der verschiedenen Kräfte und Gemeinschaften auseinanderfiel: das Mittelalter nicht mehr statisch, mit festen Ordnungen, sondern als offenes System mit einer ebensolchen Gesellschaft.

Genauso leicht können sich heute viele nachdenkliche Menschen mit den Gelehrten des 12.–14. Jahrhunderts in wesentlichen Einsichten verbunden fühlen. Die Philosophen – siehe auch Eco – finden immer wieder faszinierende, merkwürdig neuzeitlich anmutende Vorstellungen mitten im Mittelalter. Dies soll zwar nicht heißen, daß eben alles schon einmal dagewesen ist, hilft aber ebenfalls und verleitet dazu, das Mittelalter zu verlängern und an die Neuzeit heranzurücken. Wenn diese sich aber als gar nicht so neuzeitlich erweist, wie sie einst gegen das Mittelalter konzipiert wurde, dann muß eine solche Erkenntnis irgendwann Folgen für unser heutiges Selbstverständnis haben. Wir sind offenbar sehr viel mehr und sehr viel direkter im Mittelalter verwurzelt, als uns bisher bewußt war. Mittelalter-Forschung bedeutet dann aber auch mehr als bloß archivierendes Registrieren oder Rekonstruieren von Vergangenem, wird einer der unverzichtbaren Zugänge zu uns selbst.

Allerdings kann sich auch eine vorschnelle, falsche Vertrautheit mit dem Mittelalter ergeben, und die hat ihre Gefahren. So verlockend es auch sein mag, unmittelbare Parallelen zu ziehen, Ähnlichkeit mit der Vergangenheit bedeutet noch lange nicht Identität. Der von der Fortschrittsidee gehörig frustrierte und auch vom Christentum weitgehend entfremdete vielzitierte »postmoderne« Mensch – nebenbei auch Eco – sieht sich alleingelassen, ohne überzeugende Orientierungshilfen und ist daher um so eher geneigt zu glauben, es sei ohnehin alles schon einmal dagewesen, alles schon einmal gedacht und gesagt worden. Geschichte reduziert sich für ihn dann auf eine Wiederholung immer der gleichen Muster, auf Nietzsches »ewige Wiederkehr der Dinge«. Das Mittelalter bzw. Ausschnitte davon werden so zum Modell für unsere Zeit, zur Metapher für unsere Probleme, frei nach dem Motto »Nihil sub sole novi«.

Eine solche, voreilig-kurzschlüssige Perspektive hindert sich jedoch selbst daran, die auch vorhandenen Unterschiede wahrnehmen zu können. Sie verflacht die Chronologie, stört sich auch nicht viel an Anachronismen und löst damit letztlich die

Geschichte auf. Eine naive Überschätzung und Zeitlossetzung des Heute, die sich nicht Rechenschaft gibt vom notwendig engen Aufeinanderbezogensein des Begreifens von Gegenwart und Vergangenheit, übersieht leicht, daß Vorstellungen, Bilder von Vergangenem, auch vom Mittelalter, nur auf eine sehr komplexe Weise zustandekommen, daß daher in der Zukunft auch ganz andere Bilder möglich sein können (und werden).

Vergangenheit aber ausschließlich in der Form des gelangweilten »déjà vu« wahrnehmen zu wollen, hieße dem Bonmot Voltaires beipflichten, wonach die Geschichte nie, aber immer der Mensch sich wiederhole. Es bedeutete zugleich – als zwar verständliche, aber unangebrachte Reaktion auf die Enttäuschungen, die ein übertriebener Forschrittsglaube mit sich gebracht hat – das resignierende Sichabfinden damit, daß die Welt immer schon so war und auch immer dieselbe bleiben wird. Geschichte würde geradezu überflüssig, wenn die Menschheit ja doch nicht weiterkommt, nie weitergekommen ist, wenn sie ohnehin bloß die trostlosen Belege für ein repetitives Auf-der-Stelle-Treten liefern könnte – was vielleicht einem verbreiteten Zeitgefühl entspricht. Wie aber verträgt sich dies mit der zumeist salopp geäußerten, nichtsdestoweniger durch mancherlei Lebenserfahrung bestätigten Banalweisheit, daß nichts mehr so ist, wie es einmal war?

Es muß ja schließlich und es wird auch nicht immer das Mittelalter sein. Die zeitbedingten, modischen Identifizierungs-Mechanismen haben immer nur eine begrenzte Lebensdauer. Daher sollten wir das derzeit wohl schwer zu vermeidende Heranrücken der Gegenwart an das Mittelalter nicht einfach unkritisch mitmachen und vor allem nicht den auf den ersten Blick frappierenden, aber letztlich doch abwegigen Parallelisierungen und Vergleichen zustimmen. Wenn wir unser Verhältnis zur Vergangenheit in seinen Möglichkeiten kritisch überprüfen, dann wissen wir schließlich, daß die Gegenwart bald Vergangenheit und die Vergangenheit im Licht einer neuen Gegenwart gleichfalls eine andere sein wird, daß Geschichte als Ergebnis eines ständigen Dialogs zwischen den Zeiten immer wieder neu entsteht. Angesichts des nicht zu unterschätzenden, großen zeitlichen Abstands und der unübersehbaren, totalen Veränderung wenigstens der äußeren Lebensbedingungen, angesichts zudem der nicht unbeträchtlichen Schwierigkeiten (mit der Sprache und anderen Hürden des Verstehens), die den Fachleuten schon auf der handwerklichen Ebene ihrer Rekonstruktionsarbeit begegnen, wird deutlich, daß jeder Versuch der Annäherung an die Vergangenheit auch problematisch ist, seine Risiken enthält, daß daher Mißverständnisse grundsätzlich nicht ausgeschlossen werden können.

Wie William zu der Überzeugung gelangt, daß Ungewißheit und Vorläufigkeit das einzig Sichere sind, müssen auch wir damit rechnen, letztlich befürchten, daß die Vergangenheit anders war, als wir sie uns vorstellen, daß wir uns täuschen und daß wir auch in die Irre geführt werden können. Wir wissen, daß unsere Informationen über das Mittelalter höchst unzulänglich und bruchstückhaft sind, daß wir vieles gar nicht mehr erfahren, sondern lediglich erahnen können, was davon alles vergangen, untergegangen ist. Und wir wissen, daß das meiste nicht mehr weiterlebt, daß die Zeit der Mönche und der Ritter unwiederbringlich vorbei ist. Das Mittelalter als ferne Welt, die wir verloren haben, was hat es uns dann heute noch zu sagen?

Seit den Tagen Adsos ist gewiß einiges geschehen, das uns die Welt des Vorher fremdartig und zunächst unverständlich, das heißt dem sogenannten gesunden Menschenverstand unzugänglich macht. Das Mittelalter will als eine uns zugehörige, aber fremd gewordene Welt verstanden werden, und wir sollten uns bemühen, die Zeit möglichst für sich selbst zu nehmen. So kann es die Nachdenklichen unter uns auf eine andere Welt hinweisen, die zwar vergangen ist und nie mehr wiederkehrt, uns aber dennoch etwas Wichtiges zu sagen hat. Die Begegnung mit der Vergangenheit, d.h. mit einer anderen Zeit, kann zum Nachdenken über die Gegenwart, unsere gegenwärtige Existenz und deren vermeintliche Selbstverständlichkeiten führen. Gegen die bequemen Vereinfachungen der »ewigen Wahrheiten« kann sie uns lehren, wie wichtig das Erfahren und Sichtbarmachen von Unterschieden und das kritische Prüfen und Abwägen von Informationen sind, auf welch komplizierte Weise Wirklichkeit, relative Wirklichkeit sich letztlich ergibt. Sie kann die Grenzen des Verstehens wie die Gefahren des Mißverstehens aufzeigen und zugleich zu verantwortungsvollem Vorgehen anhalten, insbesondere dazu, Fragen, Wege und Maßstäbe ständig zur Diskussion zu stellen und sich immer dessen zu vergewissern, was man wissen kann.

Jede Zeit, die nicht vor den das eigene Nachdenken ersparenden großen Vereinfachern kapitulieren will, muß sich so mit ihrer Vergangenheit auseinandersetzen, sie in ständigem Dialog neu entdecken, um den Weg zu sich selbst finden zu können.

Auf diese Weise hilft auch die Kenntnis vom vermeintlich nahen, fernen Mittelalter, die Gegenwart besser zu verstehen. Und deshalb ist das Mittelalter auch noch nicht vorbei. Wenigstens vorläufig.

Bücher, auf die angespielt wird

Geoffrey Ashe, König Arthur. Die Entdeckung von Avalon. Düsseldorf 1986; engl. 1985.

Hans D. Baumann, Arman Sahihi, Der Film: Der Name der Rose. Eine Dokumentation. Weinheim 1986.

Frans G. Bengtsson, Die Abenteuer des Röde Orm. München 5. Aufl. 1986; schwed. 1941–1945.

Henry Benrath, Die Kaiserin Konstanze. 1935, Stuttgart 2. Aufl. 1986.

Helmut Beumann, Kaisergestalten des Mittelalters. München 2. Aufl. 1985.

Marc Bloch, Apologie der Geschichte oder der Beruf des Historikers. Stuttgart 1974; frz. 1949.

Arno Borst, Lebensformen im Mittelalter. Frankfurt a. M. 1973, 2. Aufl. 1980.

Ders., Mönche am Bodensee, 610–1525. Sigmaringen 1978.

Alois Brandstetter, Die Abtei. Salzburg 1977.

Ders., Die Burg. Salzburg 1986.

Joachim Bumke, Höfische Kultur. Literatur und Gesellschaft im hohen Mittelalter. 2 Bde., München 1986.

Eberhard Cyran, Begegnung in Bari. Friedrich II. von Hohenstaufen und Franziskus von Assisi. Heilbronn 1986.

Daniel Düsentrieb erklärt: Die Welt der Ritter. Durchblick-Comic. Band 3, Stuttgart 1986.

Documenti su il nuovo medio evo. Mailand 1973.

Georges Duby, Guy Lardreau, Geschichte und Geschichtswissenschaft. Dialoge. Frankfurt a. M. 1982; frz. 1980.

Umberto Eco, Auf dem Wege zu einem neuen Mittelalter. In: Ders., Über Gott und die Welt. München 1985; it.: Verso un nuovo Medioevo. In: Documenti, 1973, und in: Ders., Dalla periferia dell'impero. Mailand 1977.

Ders., Dieci modi di sognare il Medioevo. In: Ders., Sugli specchi e altri saggi. Mailand 1985; jetzt auch in: Il sogno del Medioevo.

Ders., Nachschrift zum ›Namen der Rose‹. München 1984; it. 1983.

Einladung ins Mittelalter. Ein Almanach aus dem Verlag C. H. Beck. München 1987.

Ingeborg Engelhardt, Im Schatten des Staufers. München 1981, 1985.

Edith Ennen, Frauen im Mittelalter. München 1984.

Heinrich Fichtenau, Lebensordnungen des 10. Jahrhunderts. Studien über Denkart und Existenz im einstigen Karolingerreich. Stuttgart 1984.
Humbert Fink, Ich bin der Herr der Welt. Friedrich II. der Staufer. Eine Biographie. München 1986.
Siegfried Fischer-Fabian, Die deutschen Cäsaren. Triumph und Tragödie der Kaiser des Mittelalters. München 1977, 1980.
Ders., Die ersten Deutschen. Ein Bericht über das rätselhafte Volk der Germanen. München 1975, 1980.
Ders., Der Jüngste Tag. Die Deutschen im späten Mittelalter. München 1986.
Horst Fuhrmann, Einladung ins Mittelalter. München 1987.
Carlo Ginzburg, Spurensicherungen. Über verborgene Geschichte, Kunst und soziales Gedächtnis. Berlin 1983.
Renato Giovannoli (Hg.), Saggi su Il nome della rosa. Mailand 1985.
Hans W. Goetz, Leben im Mittelalter vom 7. bis zum 13. Jahrhundert. München 1986.
Werner Goez, Gestalten des Hochmittelalters. Personengeschichtliche Essays im allgemeinhistorischen Kontext. Darmstadt 1983.
František Graus, Lebendige Vergangenheit. Überlieferung im Mittelalter und in den Vorstellungen des Mittelalters. Köln 1975.
Robert von Ranke Graves, Ich Claudius Kaiser und Gott. Leipzig 1934, München 1979.
Ders., Sieben Tage Milch und Honig. München 1986.
Aaron J. Gurjewitsch, Das Weltbild des mittelalterlichen Menschen. München 1972, 3. Aufl. 1986.
Bernd Herrmann (Hg.), Mensch und Umwelt im Mittelalter. Stuttgart 1986.
Wolfgang Hohlbein, Hagen von Tronje. Wien 1986.
Eberhard Horst, Friedrich der Staufer. Düsseldorf 1976.
Ders., Konstantin der Große. Düsseldorf 1986.
Klaus Ickert, Ursula Schick, Das Geheimnis der Rose entschlüsselt. Zu Umberto Ecos Weltbestseller ›Der Name der Rose‹. München 1986.
Ernst Kantorowicz, Kaiser Friedrich der Zweite. 1927, Stuttgart 6. Aufl. 1987.
Max Kerner (Hg.), »... eine finstere und fast unglaubliche Geschichte?« Mediävistische Notizen zu Umberto Ecos Mönchsroman ›Der Name der Rose‹. Darmstadt 1987.
Dieter Kühn, Ich Wolkenstein. Frankfurt a. M. 1977.
Ders., Herr Neidhart. Frankfurt a. M. 1981.
Ders., Der Parzival des Wolfram von Eschenbach. Frankfurt a. M. 1986.
Harry Kühnel (Hg.), Alltag im Spätmittelalter. Graz, Wien, Köln 1984, 2. Aufl. 1986.
Emmanuel LeRoy Ladurie, Montaillou. Ein Dorf vor dem Inquisitor 1294 bis 1324. Berlin 1983; frz. 1975.

Jacques LeGoff, Für ein anderes Mittelalter. Zeit, Arbeit und Kultur im Europa des 5.–15. Jahrhunderts. Berlin 1984; frz. 1977.
Lexikon des Mittelalters. München, Zürich 1980ff. (bisher 3 Bände).
Médiévales. Langue, textes, histoire. Zeitschrift, Paris 1982ff.
Siegfried Obermeier, Mein Kaiser, mein Herr. Ein Roman aus der Zeit Karls des Großen. München 1986.
Norbert Ohler, Reisen im Mittelalter. München 1986.
Robert Payne, Die Kreuzzüge. Zweihundert Jahre Kampf um das Heilige Grab. Köln 1986.
Perspectives médiévales. Zeitschrift, Paris 1975ff.
Rudolf Pörtner, Die Erben Roms. München 1964, 1981.
Ders., Das Römerreich der Deutschen. München 1967, 1985.
Ders., Die Wikinger Saga. München 1971, 1985.
Ders., Operation Heiliges Grab. Legende und Wirklichkeit der Kreuzzüge 1095–1187. Düsseldorf 1977, 1979.
Quaderni medievali. Zeitschrift, Bari 1976ff.
Eugen Rhodes, Die Armee der Kinder. Roman über den Kinderkreuzzug Anno 1212. Wien 1982.
Heinrich Schipperges, Der Garten der Gesundheit. Medizin im Mittelalter. München 1985.
Reinhold Schneider, Kaiser Lothars Krone. Leben und Herrschaft Lothars von Supplinburg. 1937, Zürich 2. Aufl. 1986.
Hermann Schreiber, Auf den Spuren der Goten. München 1977.
Ders., Die Vandalen. Siegeszug und Untergang eines germanischen Volkes. Bern 1979.
Robert Shea, Das Kreuz und die Laute. München 1986.
Il sogno del Medioevo. 1986 (Band 21 der ›Quaderni Medievali‹.).
John Steinbeck, Laßt uns König spielen. Konstanz 1958; engl. 1956: The short Reign of Pippin IV.
Horst Stern, Mann aus Apulien. Die privaten Papiere des italienischen Staufers Friedrich II., römisch-deutscher Kaiser, König von Sizilien und Jerusalem, Erster nach Gott, über die wahre Natur der Menschen und der Tiere, geschrieben 1245–1250. München 1986.
Ralf Theers, Sherlock Holmes im Mönchsgewand. ›Der Name der Rose‹ – gelesen als Kriminalroman. In: Umbruch. Zeitschrift für Kultur 4 (1986), daneben weitere Beiträge von K. Erbel, P. Kock u. H. Fecher.
John R. R. Tolkien, Der Herr der Ringe. Stuttgart 12. Aufl. 1985; engl. 1954/1955.
Barbara Tuchman, Der ferne Spiegel. Das dramatische 14. Jahrhundert. München 4. Aufl. 1984; engl. 1978.
Mark Twain, Ein Yankee aus Connecticut an König Artur's Hof. Engl. 1889, zahlr. deutsche Ausgaben.
Roberto Vacca, Il medioevo prossimo futuro. Rom 1971.
Hayden White, Auch Klio dichtet oder die Fiktion des Faktischen. Studien zur Tropologie des historischen Diskurses. Stuttgart 1986.

Terence H. White, Das Schwert im Stein. München 1986.
Angus Wilson, Späte Entdeckungen. Frankfurt a. M. 1984; engl. 1956.
Marguerite Yourcenar, Ich zähmte die Wölfin. Die Erinnerungen des Kaisers Hadrian. München 3. Aufl. 1986; frz. 1951.
Zu Gast bei den Elben. Das Dritte Fantasy-Buch. München 1986.
Paul Zumthor, Parler du Moyen Age. Paris 1980.

Die Herausgeber und Autoren

JÖRN GRUBER, geb. 1940; Studium der Romanistik und Germanistik an den Universitäten Kiel, Hamburg und Trier. Seit 1984 Professor für romanistische Literaturwissenschaft an der Universität Trier, seit 1985 an der Universität-GH Paderborn (Lehrstuhlvertretung). Wichtigste Veröffentlichungen: ›Laura und das Trobar car. Studien zur stilistischen Funktion des Enjambements in der provenzalischen und italienischen Lyrik von den Anfängen bis Francesco Petrarca‹ (Hamburg 1975, Dissertation); ›Die Dialektik des Trobar. Untersuchungen zur Struktur und Entwicklung des occitanischen und französischen Minnesangs des 12. Jahrhunderts‹ (Tübingen 1983, Habilitationsschrift). Aufsätze zur italienischen, französischen, occitanischen, katalanischen und spanischen Literatur.

ALFRED HAVERKAMP, geb. 1937; Studium der Fächer Geschichte, Germanistik und Philosophie in Münster, Würzburg, München; Dissertation 1964; Habilitation 1969. Seit 1970 o. Professor an der Universität Trier. Arbeitsschwerpunkte: Geschichte Deutschlands und Italiens im Mittelalter, vornehmlich unter verfassungs- und sozialgeschichtlichen Aspekten (Herrschaftsformen, Städtewesen, Sklaverei, Juden etc.).

ALFRED HEIT, geb. 1931; Studium der Geschichte, Germanistik und Philosophie in Saarbrücken; 1972 Promotion zum Dr. phil.; Akademischer Oberrat im Teilfach Mittelalterliche Geschichte an der Universität Trier. Arbeitsgebiete: Stadt- und Klostergeschichte; Historiographie, Wissenschaftsgeschichte.

HERMANN KLEBER, geb. 1949; Studium der Theologie, Philosophie und Romanistik an den Universitäten Straßburg und Trier sowie der Theologischen Fakultät Trier; 1973 Diplom in Kath. Theologie; 1976 Staatsexamen für das Lehramt an Gymnasien; 1981 Promotion mit einer Arbeit zum Glücksbegriff in der zweiten Hälfte des 13. Jahrhunderts (Thomas von Aquin, Boetius von Dacien, Rosenroman, Brunetto Latini, Dante); seit 1977 wissenschaftlicher Mitarbeiter an der Universität Trier. Arbeitsschwerpunkte: Romanische Literaturen des Mittelalters, insbesondere altfranzösische Kreuzzugsepik; Memoirenliteratur; moderner italienischer Roman.

MICHAEL THOMAS, geb. 1957; studierte an den Universitäten Münster, Freiburg/Br. und Trier die Fächer Kath. Theologie und Philosophie; 1982 Diplom in Theologie mit einer Untersuchung über Meister Eckhart; 1984 Magister Artium (M. A.) mit einer Arbeit über den

Neukantianismus; seit 1984 Assistent an der Theologischen Fakultät Trier. Arbeitsschwerpunkt: Philosophie des Mittelalters, insbesondere Nikolaus von Kues.

Ernst Voltmer, geb. 1946; Studium der Geschichte und Germanistik an den Universitäten Saarbrücken und Trier; 1980 Promotion mit einer Arbeit zur Geschichte der Stadt Speyer im Mittelalter; 1981–84 Stipendiat am Deutschen Historischen Institut in Rom; z. Zt. Hochschulassistent an der Universität Trier; Hauptarbeitsgebiete: Stadtgeschichte und mittelalterliche Geschichte Italiens.

Georg Wieland, geb. 1937; Studium der Philosophie, Geschichte, Theologie in Köln und Bochum; 1969 Promotion zum Dr. phil.; wissenschaftlicher Assistent in Bonn, dort 1979 Habilitation; seit 1983 o. Professor für Philosophie an der Theologischen Fakultät Trier. Arbeitsschwerpunkte: Philosophie des Mittelalters; Ethik. Wichtige Publikationen: ›Untersuchungen zum Seinsbegriff im Metaphysikkommentar Alberts des Großen‹ (1972); ›Ethica – Scientia practica. Die Anfänge der philosophischen Ethik im 13. Jahrhundert‹ (1981); ›Zwischen Naturnachahmung und Kreativität. Zum mittelalterlichen Verständnis der Technik‹ (1983); ›Plato oder Aristoteles? Zur Aristotelesrezeption im lateinischen Mittelalter‹ (1985).